S. FISCHER

Eva von Redecker

Revolution für das Leben

Philosophie
der neuen Protestformen

S. FISCHER

Aus Verantwortung für die Umwelt hat sich der S. Fischer Verlag zu einer nachhaltigen Buchproduktion verpflichtet. Der bewusste Umgang mit unseren Ressourcen, der Schutz unseres Klimas und der Natur gehören zu unseren obersten Unternehmenszielen.

Gemeinsam mit unseren Partnern und Lieferanten setzen wir uns für eine klimaneutrale Buchproduktion ein, die den Erwerb von Klimazertifikaten zur Kompensation des CO_2-Ausstoßes einschließt.

Weitere Informationen finden Sie unter:
www.klimaneutralerverlag.de

FSC
www.fsc.org
MIX
Papier aus verantwortungsvollen Quellen
FSC® C083411

Originalausgabe
Erschienen bei S. FISCHER
5. Auflage Oktober 2021

Satz: Dörlemann Satz, Lemförde
Druck und Bindung: CPI books GmbH, Leck
Printed in Germany
ISBN 978-3-10-397048-7

Inhalt

Einleitung 9

BEHERRSCHEN (Eigentum) 19
Der Stutenberg 20
Land und Leute, Land ohne Leute 23
Sachherrschaft 28
Phantombesitz 32
Verwüstung 39

VERWERTEN (Güter) 42
Die Knochenmühle 43
Fernhandel, Fabriken und Verpackungen 49
Sachliche Herrschaft 54
Selbstverwertung 57
Vermüllung 63

ERSCHÖPFEN (Arbeit) 65
Unter dem Pflaster die Hand 65
Fühllose Körper und verfügbare Zeit 69
Sachliche Sachherrschaft 75
Eigenverantwortung 83
Burnout und Stehaufmännchen-Monster 87

ZERSTÖREN (Leben) 91
Die-ins 92
Die kommende Katastrophe 101
Der Verlust der Welt 107
Der Verlust der Zeit 112
Die zärtliche Erzähler_in 121

REVOLUTION 127
O Fortuna! 127
Politik und ihr Radius 131
Das große Hamsterrad 136
Aneignen oder Ausbremsen? 142
Revolution für das Leben 147

RETTEN (Leben) 159
Übersprudelndes, unvergittertes Leben 160
Sachherrschaft zu See 169
Was heißt Leben? Virale Furcht vs. Pilzgeflecht 178
Regime der Nicht-Rettung 184
Atmen können 190

RE-GENERIEREN (Arbeit) 194
Wir wollen uns lebendig! 195
Flüssige Streikmacht 202
Solidarische Beziehungsweisen 210
Das eingekapselte Leben 222
Einander zur Welt bringen 229

TEILEN (Güter) 235
Im Boden lassen 237
Besetzung und Verwurzelung 243
Freie Gaben 249
Anonyme Liebe 255
Das Gegebene 260

PFLEGEN (Eigentum) 263
Wasser ist Leben 264
Weltwahrung 269
Standorte 274
Omnia sunt communia 280
Gegenwärtigkeit 285

Schluss 288
Danksagung 293
Literaturverzeichnis 294

Einleitung

> Sorgt doch, daß ihr die Welt verlassend
> Nicht nur gut wart, sondern verlaßt
> Eine gute Welt!
>
> Bertolt Brecht, *Die heilige Johanna der Schlachthöfe*

In diesem Buch geht es um das Leben. Es geht, zumindest zwischendurch, um das Leben als Tanzen, Erzählen, Ernten, Nachdenken und Handeln. Und es geht um natürliche Zusammenhänge, die unsere Lebensgrundlage bilden: Ozeane, Wolken, Böden, Wälder und Atemluft. Hauptsächlich geht es jedoch um das Leben in einer spezielleren Hinsicht: der Befreiung von kapitalistischer Herrschaft.

Diese Befreiung ist kein hehrer Anspruch, sondern eine dringende Aufgabe. Denn der Kapitalismus zerstört das Leben. Die Befreiung von kapitalistischer Herrschaft ist auch deshalb mehr als ein bloßer Anspruch, weil sie an verschiedenen Stellen bereits stattfindet. Wir erleben eine Revolution für das Leben. Seit knapp zehn Jahren zeigt sich ein neuer Typus von Protest. Dieser Protest ist weder eine Wiederaufnahme der sozialen Revolutionen von vor gut einhundert Jahren noch lediglich eine Fortsetzung der über fünfzig Jahre währenden Bürgerrechtsbewegungen. Die neuen Formen des Widerstands gehen von einer Mobilisierung für akut bedrohte Leben aus und kämpfen für die Aussicht auf geteiltes, gemeinsam gewahrtes und solidarisch organisiertes Leben. Eine Revolution für das Leben findet sich in der antirassistischen Mobilisierung gegen Polizeigewalt, im feministischen Kampf gegen Frauenmorde und in der Klimabewegung, die das Schreckbild eines toten Planeten ins Bewusstsein gehoben hat. Alle diese Bewegungen verstehen sich als antikapitalistisch, aber sie führen ihren Kampf nicht als Aufstand der Arbeiter_innen gegen die Lohnarbeit, sondern als Aufstand der Lebenden gegen die Lebenszerstörung.

Unter den Bedingungen einer globalen Pandemie wird dieser Kampf greifbarer und allgegenwärtiger. Er wird auch verzweifelter. Ganze Sektoren der Lohnarbeit entpuppen sich nämlich unmittelbar als Lebenszerstörung.

In Lohnarbeit wird, mit nahezu mechanischen Bewegungen und von Kälte geschwollenen Handgelenken, Fleisch von Schweinehälften geschnitten. Die schweren, steifen Stücke werden mit motorisierten Messern zerteilt und auf Fließbänder geworfen. Sie werden maschinell in Plastik eingeschweißt oder zusammen mit Fett und Eingeweiden zu Wurst und Katzenfutter geschreddert. Gelegentlich gleiten die Klingen bei der Lohnarbeit aus den klammen, glitschigen Fingern, oder sie schnellen von Knorpeln zurück; die Arbeiter_innen schneiden sich. Aber wer zu häufig zum Arzt geht, erhält eine Kündigung. Ein Großteil der Arbeitsverträge läuft über Subunternehmen, die Scheinselbständigkeiten und Probezeiten fingieren. Auch die ersten Covid-19-Infizierten werden angewiesen, die Krankheit zu verschleiern. Als fast ein Viertel der 7000 Beschäftigten erkrankt ist, übernimmt der Landesminister die Darstellung eines Firmensprechers. Die osteuropäischen Mitarbeiter_innen hätten sich vermutlich bei Heimatbesuchen angesteckt. Sicher. Im Inneren der westeuropäischen Wirtschaft ist schließlich alles in bester Ordnung.

Diese Mischung aus Ausbeutung, Brutalität und Diffamierung findet sich nicht in allen Betrieben. Schon im selben Unternehmen arbeitet der besagte Firmensprecher unter gehobenen Bedingungen. Aber selbst wenn es gelänge, derart brutale Arbeitsverhältnisse durch Reformen und Ahndung von Verstößen weiter einzudämmen, charakterisierte ihre viehische Logik doch weiter den Kern der kapitalistischen Funktionsweise. Auch wenn es nicht überall und nicht für alle so aussieht: So leben wir. So stellen wir unsere Nahrungsmittel her, so erwirtschaften wir Reichtum, selbst wenn alle Schlachthöfe geschlossen würden. Die Verbrennung fossiler Ressourcen im Laufe der letzten zweihundert Jahre, die Grundlage also nahezu all unserer Produktion, hat den Planeten in ein sich unaufhaltsam erwärmendes Treibhaus verwandelt. Und dieses Treibhaus ist ein Schlachthof. Jeden Tag sterben 130 Tier- und Pflanzenarten aus. Wenn man die Biomasse aller Wildtiere auf der Erde berechnet – also das Gewicht all ihrer Körper addiert –, dann ist diese Summe in den letzten fünfzig Jahren um 82 Prozent gesunken. Die Reproduktion des Alltags in den reichen Industriestaaten schlachtet schneller als jede Keulanlage beim Wurstfabrikanten. Dabei verderben wir nicht nur unsere Lebensgrundlagen, sondern schneiden uns auch fortwährend ins eigene Fleisch. Aber warum schafft der Kapitalismus – schaffen wir im Kapitalismus – solch viehische Verhältnisse?

Der Begriff »Kapital« bezeichnet ein bestimmtes Eigentum. Es lässt sich als Investition verstehen, die den Privatbesitzern der Produktionsmittel erlaubt, Gewinn zu erzielen. Die, denen die Fabriken gehören, kaufen Schweine und Arbeitszeit und verkaufen die Wurst für mehr, als sie dabei ausgegeben haben. Begriffsgeschichtlich bezeichnete »Kapital« zunächst nur den Anteil an Vermögen, den jemand in ein Handelsunternehmen einbrachte. Ab dem 17. Jahrhundert bürgerte sich dann die Verwendung ein, dergemäß der gesamte Grundstock einer Firma als »Kapital« zusammengefasst wird. Kapital ist, womit gewirtschaftet werden kann.

Im Wortstamm verrät sich aber eine noch ältere Bedeutung. »Caput« bedeutet lateinisch zunächst einfach »Kopf«, aber auch »Rind« und »Eigentum«. Denn das nach Köpfen gezählte Vieh war lange Zeit, in agrarischer Wirtschaft und bevor es stabile Währungen gab, die beste Einheit, um Vermögen einzuschätzen. Der Begriff kehrt als »chattel« in der Definition der modernen Sklaverei wieder, einem System weißer Herrschaft, das auf juristisch abgesichertem und ökonomisch übertragbarem Besitz an geraubten schwarzen Menschen basierte. Das Porträt des Kapitalismus, das ich in diesem Buch zeichne, rückt die Eigentumsform – nicht nur die Eigentumsverteilung – in den Vordergrund. Das Kapital kann den Besitz nur mehren, wenn das Besitzen eine besondere Gestalt hat; es erfordert ein destruktives Weltverhältnis. Diese Destruktivität ist im modernen Eigentum, das seine Besitzer_innen zur Willkür berechtigt, angelegt. Sie übersetzt sich in diverse soziale Herrschaftsverhältnisse. Den Kapitalismus als Ordnung der Eigentumsfixierung zu analysieren, heißt somit, die Schädel – das »caput« oder »chattel« – sichtbar zu halten. Wenn wir »Kapital« lesen, sollten wir nicht nur seine Rendite klingeln hören, sondern auch seinen Totenkopfaufdruck entziffern.

In seinem Werk *Black Marxism* hat der afroamerikanische Denker Cedric Robinson vorgeschlagen, den Kapitalismus weniger als eine vereinheitlichende Modernisierungsmaschine zu verstehen – wie es zum Beispiel auch die Frankfurter Schule tut –, sondern als ein Spaltungswerkzeug. Der Kapitalismus überzieht die Welt mit Unterscheidungen, die sich mehr und mehr an rassistischen Markern orientieren – man denke an die Finte, den osteuropäischen Arbeiter_innen den Dreck und Infektionsdruck ihrer Arbeit selbst anzuhängen. Robinson selbst erklärt diese Spaltungen als Fortsetzung der feudalistischen Hierarchien, die den europäischen Ursprungskontext des Kapitalismus charakterisierten. Aber der Kapitalismus spaltet auf eine ganz eigene Weise. Er fasst Hierarchien neu und anders, modelliert nach dem Eigentum, das er ebenfalls neu und anders fasst.

Das moderne Eigentum stiftet ein Weltverhältnis der Verfügungshoheit und der Verletzungslizenz. Für dieses Weltverhältnis verwende ich den Begriff der »Sachherrschaft«. Wir sehen Sachherrschaft am Werke, wenn die Schlachtereimitarbeiterin die Kreatur zerlegt. Und wir sehen Sachherrschaft am Werke, wenn das Leben der Arbeiterin selbst als entbehrlich behandelt und, während die Vermögenden gut isoliert an den Fleischtöpfen sitzen, der Ansteckungsgefahr ausgeliefert wird.

Aus Weltverhältnissen, aus vielen alltäglichen Praktiken und Vollzügen, werden Selbstverständnisse und Überlegenheitsansprüche. Moderne Identitäten sind im Gefüge von Institutionen entstanden, die Besitztitel an Menschen schufen – an der gesamten Person in der Versklavung, an der gesamten Lebenszeit in Zwangsarbeit, an Sexualität und Sorgetätigkeit in patriarchaler Ehe. Diese sachherrschaftsbasierten Identitäten überleben den Verlust der verfügungsgarantierenden Institutionen. Die vormalig Kontrollberechtigten gebärden sich oft sogar noch bestialischer, nachdem das Glied ihrer Herrschaft amputiert wurde. Sie verfechten ihren leeren Besitzanspruch weiter. Sie sind, was die ältere Frankfurter Schule als »autoritäre Charaktere« bezeichnete, und was ich »Phantombesitzer_innen« nenne. Dem Phantombesitz, den die einst und jetzt Herrschenden haben, entspricht der Phantombesitz, zu dem die Beherrschten verdinglicht werden. Auch nach dem Verbot der Sklaverei werden schwarze Leben als entbehrlich betrachtet, auch nach Abschaffung der patriarchalen Ehe gilt das weibliche Geschlecht als Beute, trotz Arbeitsrecht und Sozialversicherung wird Arbeitsvermögen ausgepresst. All das ist Phantombesitz, und auf all das – sowie auf Rohstoffe, Energie und Schlachtvieh – baut der Kapitalismus.

Der Kapitalismus, den Robinson als Spaltungswerkzeug beschreibt, trennt doppelt. Der erste Schnitt, der seine Ordnung bestimmt, ist vom Eigentum gesetzt und verläuft zwischen Sachherrscher_in und als verfügbar ausgestanztem Objekt. Der zweite Schnitt zerteilt das Objekt der Sachherrschaft. Die Verwertungsabsicht zieht eine Trennlinie zwischen Ware und Auswurf, zwischen Wert und Nichtigem. Oft ist es die Lohnarbeit, die angehalten ist, diese am Markt ratifizierte Scheidung vorzunehmen. Dreck und Gerippe in den Abfall, blutiges Wasser in die Kanalisation und Fleisch in die Büchse. Und als Ware verdankt sich die Lohnarbeit selbst dieser Scheidung: hier verwertbare Arbeitskraft, dort Freizeit oder unvermittelbare Kräfte. Hier die Hand, die das Messer führen kann, dort die Krankschreibung oder der verwundete Stumpf. Auch die Produktion veganer Schnitzel und die Arbeit im Homeoffice setzen solche Schnitte. Sojamonokulturen treiben Landnahme im globalen Süden voran; die Unterscheidung zwischen Kreativität und Prokrastination ist von der Verwertung diktiert. Wir reproduzieren dieses viehische System. Es herrscht durch und über uns. Mehr durch die einen und mehr über die anderen, aber doch auch wieder im Zusammenspiel beider.

Dieses Buch, das insgesamt etwas weniger blutig ist als seine Einleitung, spürt nichtsdestotrotz Auswegen nach. Es soll hier schließlich nicht nur um die kapitalistische Destruktion des Lebens gehen; es soll um eine in den Zwischenräumen bereits angebrochene Revolution gehen. Es ist eine Revolution um des Lebens willen und für ein anderes Leben, die sich im Versuch der »Selbstverständigung der Zeit über ihre Kämpfe und Wünsche« (so bestimmte Karl Marx einmal die Aufgabe kritischer Philosophie) erschließt. Unter der Rubrik der »Revolution für das Leben« versammle ich eine unvollständige Reihe politischer Gruppen, die ich als Beispiele des Aufbegehrens gegen die kapitalistische Sachherrschaft betrachte. Ich deute ihre Protestformen aber nicht nur als Widerstand gegen Missbrauch und Abspaltung, sondern auch als Vorwegnahme einer anderen Ordnung.

Bereits in der Katastrophenvergegenwärtigung durch Akteur_innen von Fridays for Future und Extinction Rebellion zeichnet sich eine Haltung ab, die die abgestumpfte Indifferenz gegenüber der Welt jenseits des eigenen Eigentums, die uns moderne Sachherrscher_innen auszeichnet, durchbricht. Wir könnten anders leben, wir könnten in unseren alltäglichen Handlungen andere Muster reproduzieren. Die Zerstörung ist nicht alternativlos. Black Lives Matter, mit ihrem unbedingten Beharren auf dem Gewicht rassistisch abgewerteter Leben, mit dem aktiven Einschreiten gegen alle rassistische Systemgewalt – die polizeiliche, aber auch die durch toxische Industrie und militarisierte Grenzsysteme –, eröffnen einen grundlegend neuen politischen Horizont. Wir könnten Leben retten, anstatt sie zu zerstören.

Die lateinamerikanischen Feminist_innen, die unter dem Motto »Ni una menos« – »nicht eine weniger« – zum Protest gegen die nicht enden wollende Zahl an Frauenmorden durch Partner und Expartner aufrufen, führen im Zuge von Frauen*streiks vor, dass wir anders arbeiten könnten. Anstatt nach der Parole von Profit und Phantombesitz uns selbst und die Natur zu erschöpfen, könnte menschliche Tätigkeit regenerieren: Nähren, Versorgen – und Tanzen. Im gezielten Angriff auf die Kohleverstromung in Deutschland drängen die Aktivist_innen von Ende Gelände darauf, dass es eine gesellschaftliche Frage sein muss, wie wir produzieren und mit Ressourcen umgehen. Anstatt Güter zu verwerten, könnten wir sie teilen – oder auch einfach mal in der Erde lassen. Das Rückgrat der internationalen Klimagerechtigkeitsbewegung, der sich auch Ende Gelände zuordnet, bilden indigene Widerstandsgruppen. Ein Beispiel ihrer Kämpfe ist die Blockade der Dakota Access Pipeline, die Öl durch das Stammesgebiet und Grundwassersammelbecken der Sioux leitet. Die Proteste unter dem Motto »Wasser ist Leben« – »mni wiconi« auf Lakota – berufen sich nicht auf moderne Eigentumsrechte, sondern auf Fürsorgepflichten gegenüber Land und Lebensgrundlagen. Wir könnten pflegen, was uns anvertraut ist, anstatt es zu unterwerfen.

Die Welt der kapitalistischen Sachherrschaft ist ein Schlachthof. Aber wie Bertolt Brecht den Impuls aller detaillierteren dialektischen Widerspruchsrekonstruktionen zusammenfasst: »Das Sichere ist nicht sicher. So wie es ist, bleibt es nicht.« Und wir brauchen keinen großen Knall, um vom Hier in ein anderes Jetzt zu kommen. Denn so wie es ist, ist es nicht durchweg. Wir können selbst Ansatzpunkte suchen und schaffen, um von vielen Seiten und Orten zugleich ein anderes als das destruktive Weltverhältnis einzugehen. Wir können Leben retten statt zerstören, Arbeit regenerieren statt erschöpfen, Güter teilen statt verwerten und Eigentum pflegen statt beherrschen. Überall, wo wir damit beginnen und weitermachen, wächst die Revolution für das Leben.

BEHERRSCHEN

(Eigentum)

Wenn wir uns vor dem inneren Auge die Natur vorstellen, oder wenn wir tatsächlich hinaus ins Grüne fahren, sehen wir eine gegliederte Landschaft. Hecken, Wälle und Zäune trennen einzelne Felder und Wiesen voneinander, Wälder haben Kanten und Gräben klare Konturen. Das Eigentum ist der Welt gewissermaßen eingewachsen.

In seiner *Abhandlung über Ungleichheit* beklagte der Philosoph Jean-Jacques Rousseau, dass es überhaupt Zäune gibt. Er schrieb 1755, dass es der Menschheit großes Leid erspart hätte, wenn »der erste, der ein Stück Land eingezäunt hatte und auf den Gedanken kam, zu sagen ›Dies ist mein‹« aufgehalten worden wäre. Wie zahlreiche kritische Denker_innen nach ihm wollte Rousseau verstehen, warum europäische Gesellschaften trotz ihrer vermeintlich aufgeklärten Ideale Unheil anrichten. Habgier und Eingrenzungen schienen ihm wichtige Faktoren. Er begeht dabei allerdings den Fehler, die Eigentumsvorstellung seiner Zeit mit dem Eigentum überhaupt gleichzusetzen – als würden stets alle Zäune dasselbe bedeuten. Das tun sie aber nicht. Rousseaus Kritik von Zivilisation überhaupt ist zu grobmaschig – deshalb lohnt es sich, die Natur der Zäune, an denen man rüttelt, eingehender zu betrachten.

Der Stutenberg

Ich bin mit einer Geschichte aufgewachsen, die sich auf die Eingrenzung eines Guts bezieht, das später auch eine Weile meinen väterlichen Vorfahren gehörte. Es ist die Geschichte vom Stutenberg.

Als sich im 15. Jahrhundert das vom Deutschen Orden kolonisierte Ermland der polnisch-litauischen Krone unterstellte, wurde einem Ritter für besondere Verdienste vom König so viel Land zugewiesen, wie er an einem Tag umreiten könne. Er ritt am Morgen im vollen Galopp von einer kleinen Anhöhe los und kam abends wieder am Ausgangspunkt an, wo sein Pferd tot unter ihm zusammenbrach. Deshalb »Stutenberg«.

Diese Geschichte kursiert in ähnlicher Form über so viele Orte, dass nicht nachzuprüfen ist, ob sie sich je wirklich irgendwo zugetragen hat. Mich hat allerdings immer schon irritiert, dass sie stets im Tonfall des Triumphs erzählt wird. Warum sollte man dem Kerl ein Gut gönnen? Wie können die letzten Morgen sumpfigen Landes mehr wert gewesen sein als die beste Stute des zukünftigen Besitzers? Wieso handelt die Geschichte nicht davon, dass der Mensch sich verritten hat?

Die Legende in genau dieser Form eignet sich indessen gut, um sich den Besonderheiten des modernen Eigentums anzunähern. Die erste Besonderheit äußert sich schon darin, dass der Kreis beim Umreiten geschlossen werden muss. Denn erst die eindeutige Eingrenzung einer Sache macht sie kontrollierbar. Man muss entscheiden können, was dazugehört und was nicht. Viele Dinge, so wie Land und natürliche Ressourcen, haben nicht von sich aus die klar definierte Form einer abgeschlossenen Sache. Anders als bei einem Pferd oder einem Apfel wüsste man nicht sofort, worin der Besitztitel überhaupt besteht – auch »natürliche Grenzen« wie Flüsse oder Bergketten müssen zu solchen erklärt werden. Und tatsächlich gibt es doch selbst beim Pferd Regelungsbedarf: Ein Pferd verkauft man mit Halfter, aber ohne Sattel – denn ein Pferd, das man nicht festhalten kann, ist als Eigentum zu flüchtig. Wenn uns Landschaften heutzutage klar in verschiedene Felder gegliedert scheinen, dann spiegelt sich in den Hecken und Wällen ihre jahrhundertelange Handhabung als Eigentum. Diese Gestalt hat die Natur erst gewinnen müssen. Sie ist nicht von Natur aus da, sondern wird in einer Vielzahl von Momenten wie der in der Legende beschriebenen Umrundung geschaffen. Fortschritte in Kartographie und Verwaltung erlaubten schließlich auch wieder, von den einverleibten Grenzmarken abzusehen. Nicht die Hecken, sondern die Katasterkarten im Grundbuch gliedern die Erdoberfläche heute so, dass ihre Übertragung zügig und eindeutig vonstattengehen kann.

Die Linienführung löscht Vorausgegangenes. Schon die Einkreisung per Tagesritt hat etwas von der abstrakten Distanz einer Landkarte. Die Zuteilung geschieht auf eine sonderbare, autokratische Weise: als ob da vorher nichts gewesen sei. Den Besitztitel besiegelt nicht die Beziehung zu dem in Frage stehenden Land, nicht das Wissen um seine besondere Beschaffenheit, sondern allein die effektive Gewalt. Die Phantasie, es mit unberührter Landschaft zu tun zu haben, verschleiert, dass es weiterhin der Gewalt bedürfen wird, um innerhalb des Kreises herrschen zu können. Tatsächlich waren aber die masurischen Niederungen nicht unbewohnt, dort lebten baltische Prußen. Weiße Flecken auf der Landkarte hat es stets nur aus der beschränkten Sicht der Eroberer gegeben. Indem einfach neu vermessen, ein neuer Kreis gezogen wird,

wird mit allen vorangegangenen Ansprüchen reiner Tisch gemacht. Das Eigentum erhält eine neue Geschichte – die seiner triumphalen Usurpation. Darin geht alles Vorausliegende unter, denn im Aneignungsmythos haben weder lebendige Bezüge noch Spuren der Vergangenheit Platz.

Der Eigentümer ist dem Eigentum in dieser Geschichte äußerlich. Die Eingrenzung des Guts ist zugleich die Abgrenzung von ihm. Vielleicht musste auch deshalb das Bindeglied geopfert werden. Die Stute ist schließlich einerseits Teil des Besitztums, andererseits ist sie der verlängerte Körper des Besitzers. Nur dank ihrer Kräfte konnte er sich zum Herrn aufschwingen. Und ihre Kräfte verweisen auf das Land. Sie wird vor Tagesanbruch gegrast haben, sie musste zwischendurch Wasser saufen. Sich ihrer zu entledigen, sie gewissermaßen dem Boden zuzuschlagen, hilft, den Übergang zwischen Herrscher und Beherrschtem zu verschleiern. Mit der Stute verscharrt der Ritter die Spuren seiner Anhängigkeit – dass er das Land nie allein errungen hätte. So kann dann der bloße Wille des Reiters – genau den richtigen Bogen geschlagen zu haben – dem leblosen Territorium souverän gegenüberstehen.

Das besondere Merkmal modernen Eigentums ist das neue Verhältnis zum vereinnahmten Objekt in Form uneingeschränkter Verfügung. Modernes Eigentum berechtigt den Besitzer nicht nur zu Kontrolle und Gebrauch, sondern auch zu Missbrauch und Zerstörung desselben. Die spätmittelalterliche Geschichte vom Stutenberg enthält diesen Aspekt nur in der Rahmenhandlung. Nach dem Ritt war es mit der Souveränität nämlich erst einmal wieder vorbei. Denn das Gut selbst, das Land, das da angeeignet wird, steht dem Besitzer nachher gerade nicht zur vollen Verfügung. Er selbst und seine erstgeborenen männlichen Nachfahren verwalten es im Namen der Krone. Das Land hat hier noch vormoderne

Hecken; es darf als Lehen weder zerstört noch veräußert werden. Die zuschanden gerittene Stute, die das Schicksal des modernen Eigentums vorzeichnet, steht zunächst noch für etwas anderes. Es geht gar nicht so sehr um Besitzmaximierung, denn das Land war tatsächlich nicht lukrativ genug, um sich für ein bisschen mehr dermaßen anzustrengen. Es ging um den Beweis aristokratischer Herrschaftsgewalt. Der Reiter kann sein Pferd nicht einfach deshalb opfern, weil es ihm gehört – diese Logik wird erst später selbstverständlich –, sondern weil er damit in dieser Situation seine frisch erworbenen Standestugenden demonstriert. Wenn man das denn »Tugenden« nennen will.

Land und Leute, Land ohne Leute

Die Version des Eigentums, die uns vollkommen selbstverständlich scheint, ist historisch einmalig. Nur ihrgemäß bedeutet »dies ist mein«, dass ich damit machen kann, was immer ich will. Die Form, die die westliche Moderne für das Besitzen gefunden hat, lautet »absolute Sachherrschaft«. Sie beruht auf einer Vorstellung grenzenloser Verfügung, und sie hat mit Kolonialismus und kapitalistischer Globalisierung jeden Winkel der Welt erobert. Das Prinzip der Sachherrschaft ist in unseren alltäglichen Weltbezug ebenso wie in unsere gewagtesten Vorstellungen eingesickert – auch da, wo wir uns gar nicht mehr direkt auf Eigentum beziehen.

Am Ende der Modernisierung des Eigentumsverständnisses stand die Auffassung des Eigentums als absolute Sachherrschaft, die uns heute selbstverständlich ist. Schon im 18. Jahrhundert definierte ein Zeitgenosse Rousseaus, der britische Rechtsgelehrte William Blackstone, diese neue Form des Besitzens mit Nachdruck als »die alleinige und despotische Herrschaft, die ein Mensch über die Dinge … beansprucht und ausübt«. Nach der Französischen Revolution wurde dann im Code Napoléon die »Despotie« der Eigentümer erstmals in der Geschichte explizit als Recht ausformuliert. Der Eigentümer besaß neben Nutzungs- und Übereignungsrechten auch das *ius abutendi*, das Recht zum Missbrauch seines Eigentums.

Auch heute verstehen wir Eigentum als, wie es im Bürgerlichen Gesetzbuch heißt, »volles Dingrecht«. Es berechtigt die Eigentümerin dazu, frei über ihr Besitztum zu verfügen. Etwaige Einschränkungen müssen nachträglich formuliert werden, sie gehen von den Interessen anderer Eigentümer_innen, nicht dem Eigentumsverständnis oder den Dingen selbst aus.

Damit das Eigentumsverhältnis solcherart zur absoluten Sachherrschaft werden konnte, musste es sich zuerst aus dem Gefüge feudaler Herrschaft lösen. Das Lehnswesen beruhte auf Frondiensten, Schutzpflichten und vielgestaltigen Gewohnheitsrechten. Die Herrschaft über Land und Leute fiel darin stets in eins. Erst in der Neuzeit gibt es eine Trennung zwischen beiden Formen der Obrigkeit. Die Bedeutung von Herrschaft und Eigentum spaltete sich so, dass Herrschaft, lateinisch *imperium*, sich fortan bloß auf die Regierung von Menschen bezog. Diese wurden als frei und zumindest potenziell zustimmungsfähig betrachtet. Das Eigentumsverhältnis, lateinisch *dominium*, wurde auf Dinge beschränkt und zugleich intensiviert.

Die Trennung von Regierung und Eigentum löste den Anspruch auf Besitztitel von der Standeszugehörigkeit. Eigentum stand allen männlichen Bürgern zu, wenn sie es denn erwerben konnten. Der Erwerb wurde mit Arbeit in Zusammenhang gebracht und als solcher auf neue Art legitimiert.

Die von John Locke vor über dreihundert Jahren ausformulierte Idee, dass einem zusteht, was man selbst erarbeitet, leuchtet noch immer ein, wenn wir sie uns an seinen Beispielen vor Augen führen: das Einsammeln von Nüssen oder das Ernten auf selbst urbar gemachtem Acker.

Tatsächlich erfolgte ein Teil der Aneignungsprozesse aber weiterhin durch Eroberung. Ins 17. Jahrhundert fiel die Hochzeit der niederländischen Kolonialmacht. Großbritannien baute seine Vorposten in Indien aus, nahm die karibischen Inseln in Besitz und besiedelte in wachsender Konkurrenz mit Frankreich Nordamerika. Der Umgang der in der vermeintlich »neuen« Welt lebenden Menschen mit der Natur wurde dabei als »Nicht-Arbeit« diskreditiert und das Land somit als »herrenlos« bestimmt. Gewitzten Kritikern fiel freilich schon zeitgenössisch auf, dass es nicht ganz ersichtlich sei, warum den nordamerikanischen Jägerstämmen ihre Prärie nicht, dem englischen König der Sherwood Forest hingegen schon gehören solle. Er ritt ja auch nur hindurch und erlegte ab und zu einen Hirsch.

Aber tatsächlich würde auch die königliche Hoheit bald nicht mehr allein als erbliche Würde zu rechtfertigen sein. Gemäß der neuen Vertragstheorien, wie Thomas Hobbes und John Locke sie formulierten, musste die moderne monarchische Regierung sich nicht nur durch Erbfolge legitimieren, sondern auch als Garant des Eigentums bewähren.

Unter männlichen Europäern schuf die Bejahung der Eigentumsordnung eine neue Ebenbürtigkeit, die sich in der beginnenden Aufhebung der Leibeigenschaft und der Übertragbarkeit von Ländereien durch Kauf widerspiegelte. Vor allem schuf sie aber ein vorher undenkbares Versprechen radikaler Freiheit: dass man seinem Hab und Gut gegenüber schalten und walten könne, wie man wolle.

Für westeuropäische Frauen verschlechterte sich indessen

im 17. Jahrhundert die Rechtslage, so dass sie nur noch in seltenen Fällen im eigenen Namen Besitz verwalten durften. Das Vermögen verheirateter Frauen ging gemäß der als *coverture* bezeichneten Ehegesetze ausnahmslos auf ihre Ehemänner über. Auch hier wurde erobert, und nicht nur – wenn überhaupt – das Herz.

Das moderne Eigentum entstand also aus der bröckelnden feudalen Ordnung. Zugleich brach es dem neuen kapitalistischen System Bahn. Mit dem Wandel der Eigentumsform – also der Frage, was »gehören« bedeutete – ging eine Verschiebung der Besitzverhältnisse einher, also der Frage, wem was gehörte. Diese Verschiebung fiel zu Gunsten der bereits Begüterten aus. Die Grundherren besaßen ihr Land nämlich nunmehr auf neue und radikalere Art – sie waren nicht mehr zur Wahrung von Gewohnheitsrechten und der Versorgung ihrer Untertanen verpflichtet. Das machten sie sich in den frühneuzeitlichen Einhegungen – insbesondere in Großbritannien und Süddeutschland – zunutze und schieden Land und Leute nochmals auf handgreiflichere Weise. Sie umzäunten Wiesen und Allmenden, vertrieben die Landbevölkerung und verwendeten den Boden anstatt für deren Selbstversorgung für rentablere Landwirtschaft oder Viehzucht. Karl Marx betrachtete diesen Prozess, den er vor allem am recht späten Beispiel der Landnahme im Schottischen Hochland studierte, als Vorbedingung kapitalistischer Wirtschaft. In der »sogenannten ursprünglichen Akkumulation« wurde einerseits Reichtum konzentriert und eine frühe Form von Agrarkapital geschaffen. Andererseits entstand eine Klasse entwurzelter Besitzloser, die als Arbeitskräfte für das wachsende Manufaktur- und Fabrikwesen einsetzbar waren.

Am Ausgang dieser Entwicklung bietet sich das Bild einer

paradoxen Emanzipation. Die freigesetzten Leibeigenen besaßen nun zwar das Recht, selbst Eigentümer zu sein, faktisch hatten sie aber gerade ihren Lebensunterhalt verloren. Als freie Personen galten sie als Besitzer ihrer Selbst. Das machte es den Besitzlosen aber zunächst überhaupt nicht schmackhaft, ihre Arbeitskraft in den neuentstandenen Fabriken und Manufakturen zu verkaufen. Gewöhnt an Allmendewirtschaft und feudale sowie gemeinschaftliche Versorgungsansprüche, suchten sie keine Anstellung, sondern alternative Formen der Selbstversorgung. Warum nicht umherziehen und auf den Straßen sein Glück suchen; warum sich nicht an der Wildnis und am Überfluss anderer bedienen? Trotz gesetzlicher Verfolgung zogen die meisten die Landstreicherei der Lohnarbeit vor und vereinigten sich immer wieder – oft angeführt von Frauen –, um die Hecken und Zäune um ihre vormaligen Äcker und Allmenden zu attackieren. Das Vagabundieren und Landstreichen war eine regelrechte Massenbewegung, die mit drakonischen Strafen gestoppt wurde. Aufgegriffene wurden mit Brandmalen versehen, wie sie auch für Tiere und versklavte Menschen gängig waren.

Die Ordnung hätte vermutlich nicht wiederhergestellt werden können, wenn nicht neben dem unter der Sachherrschaft privatisierten Land zusätzliche Formen fiktiver Eigentumsobjekte entstanden wären. Die gesellschaftliche Ordnung brauchte Kompensationsbesitztümer für die beraubten Selbsteigentümer. So etablierte sich zwischen der vermeintlich säuberlichen Trennung von Regierung und Eigentum, von *imperium* und *dominium*, eine neue Form der Herrschaft: »Sachherrschaft« unter Menschen.

Sachherrschaft

Das neue, maßlose Freiheitsversprechen des Eigentums – dass es etwas geben sollte, mit dem man absolut alles machen könne – musste für den Großteil der frühmodernen Bevölkerung ausgesprochen hohl klingen. Denn sie besaßen ja nichts. Die Befreiung aus der Leibeigenschaft mag lästige Fron beendet haben, aber anders als die Grundherren, die plötzlich uneingeschränkt über Wiesen und Wälder verfügten, fehlte den Landlosen der Gegenstand, an dem sie sich der neuen Freiheit hätten versichern können. Dies umso mehr, als sie ihre unmittelbarste Freiheit – gehen zu können, wohin einen die Beine tragen – im Zuge der Vagabunden-Verfolgung auch bereits wieder einbüßten.

Was gab es also zu gewinnen für die Unvermögenden? Warum machten sie nicht einfach damit weiter, alle Zäune auszureißen? Neben der Niederschlagung durch blanke Gewalt, wie etwa im Zuge der Bauernkriege im 16. Jahrhundert, wurden die Landstreicher und Rebellen befriedet, indem ein Teil von ihnen selbst in den Eigentümerstand einstieg. Nicht indem sie materielle Güter, sondern indem sie eigentumsförmige soziale Kontrollmacht gewannen. Die Verdinglichung sozialer Beziehungen nach dem Muster des Eigentums erlaubte es zumindest den weißen und männlichen Besitzlosen, sich ebenfalls zu Sachherrschern aufzuschwingen. Ihr »fiktives« Eigentum kann als geronnene Herrschaft verstanden werden; es besteht in den Verfügungsansprüchen, die die modernen Institutionen der Sklaverei und patriarchalen Ehe bereitstellen. Die Besitzlosen, so könnte man sagen, wurden auf Kosten der Machtlosen entschädigt.

Das Rätsel, warum einem das Eigentum an nichts als seiner Haut als attraktive Freiheit erscheinen solle, löst sich schlagartig, wenn als Kontrast nicht die allmendebegüterte

Leibeigenschaft, sondern die moderne Sklaverei herangezogen wird.

Die Institution der Sklaverei war nicht von Anfang an entlang rassistischer Grenzen konzipiert. Im 17. Jahrhundert gab es in den karibischen Kolonien und den Südstaaten noch etliche weiße Schuldknechte, darunter auch viele Frauen. In der »Bacon's Rebellion« im Bundesstaat Virginia kämpften 1676 englische und afrikanischstämmige Zwangsarbeiter_innen noch gemeinsam gegen die Plantagenbesitzer. Eine Generation später untermauerte der Virginia Slave Code die weiße Vorherrschaft mit gezielter Gesetzgebung, die den Zusammenhalt der Besitzlosen brechen und die Verdinglichung unfreier schwarzer Menschen kodifizieren sollte. Fortan durften keine gemischten Ehen mehr geschlossen werden, das Auspeitschen von versklavten Menschen wurde für legal erklärt und die Versklavung erblich. Weiß zu sein wurde selbst für Besitzlose zu einer Überlegenheitsversicherung, da freie schwarze Arbeitgeber keine Weißen mehr einstellen durften und Weiße unter keinen Umständen mehr versklavt werden konnten. Die Einordnung von Menschen nach äußeren Merkmalen und Abstammungslinien in entweder schwarz oder weiß wurde also ausdrücklich als Eigentumsmarker eingeführt. Hautfarbe galt in der Wirtschaftsordnung der Plantagen und im internationalen System des Sklavenhandels als Etikett, das auswies, wer als Eigentümer und wer als Eigentum zu betrachten war. Zwischenformen gab es in den USA nicht, da alle Kinder gemischter Herkunft kategorisch für schwarz erklärt wurden, um die versklavte Population zu vergrößern und uneheliche Kinder der Plantagenbesitzer von der Erbfolge auszuschließen. In der Geschichte von Kolonialismus und Sklavenhandel wurde die Klassifizierung als »schwarz« somit zum Zeichen der potenziellen Verfügbarkeit von Personenstatus, Arbeit und Mobilität.

Die Sklaverei diente nicht nur den überseeischen, sondern auch den über sie informierten europäischen Arbeiter_innen als Kontrastfolie für das eigene Los. Erst im Rahmen weißer Sachherrschaft war es möglich, der leidigen Freiheit als Selbsteigentümer genug abzugewinnen, um seine Arbeitskraft und Lebenszeit bereitwillig in der Lohnarbeit zu verdingen. Trotz dieses stabilisierenden Kontrasts fehlte aber den mittellosen Selbsteigentümern eine äußere Sphäre der Verfügung – die eigene Arbeitskraft musste man schließlich umgehend wieder den Fabrikanten, Manufakturbesitzern, Kapitänen und Herren übereignen. Es war die patriarchale Sachherrschaft, die es einem Teil der Besitzlosen in Europa – wie auch den Besitzenden und weißen Siedlern in den Kolonien – ermöglichte, die Willkürfreiheit des Eigentümers zu genießen.

Die Neufassung des Geschlechterverhältnisses ergab sich nicht ohne Gewalt. Die materialistische Feministin Silvia Federici hat in einer atemberaubenden Rekonstruktion der Hexenverfolgungen gezeigt, inwiefern diese zweihundertjährige Terrorkampagne gegen Frauen zur frühneuzeitlichen Transformation der Eigentumsverhältnisse beitrug. In der Dämonisierung des Wissens, das unter Frauen bezüglich Fragen der Geburt, Verhütung und Abtreibung kursierte, sieht Federici eine Fortsetzung der Enteignung von als Allmende geteilten Lebensgrundlagen. Sie entschlüsselt die historischen Kämpfe um weiblichen Gehorsam, um Zusammenschluss jenseits patriarchalem Einfluss, um Geschlechtsumwandlung und um Sodomie, sexuellen Exzess und sexuelle Unverfügbarkeit als Widerstand gegen die Enteignung von Frauen durch kirchliche und staatliche Obrigkeit. In der Inquisition und im verschärft patriarchalen Eherecht ging es aber nicht nur um die Übertragung vorher bestehender Vermögen – es ging darum, die vormodernen Geschlechterbeziehungen in eine neue Form zu überführen, die dem Verhältnis zwischen souveränem Eigentümer und verfügbarer Ressource entsprach.

Die Ehe unter Vormundschaft gewährte jedem Ehemann den Zugang zu einem Stück eingehegten Lebens. Ihm gehörte die volle Versorgungstätigkeit der Ehefrau: Anspruch auf ihr Vermögen, Entscheidungsmacht darüber, ob sie einer Lohnarbeit nachging, Recht auf sexuellen Zugriff, Verfügung über die Nachkommen. Diese verschiedenen Aspekte lassen sich als »Reproduktionsfähigkeit« zusammenfassen: all die lebendige Sorge und Regenerationstätigkeit, die ein Mensch aufbringen kann. Dass es überhaupt möglich wurde, diesen Komplex menschlichen Wirkens als »Weiblichkeit« einzuzirkeln, verdankt sich auch der modernen Sphärentrennung in häusliche Versorgungsarbeit und außerhäusige Lohnarbeit – ein bürgerliches Ideal, das mühsam gegen die Arbeiter_innenklasse durchgesetzt werden musste. Es war schließlich für Arbeiterinnen viel naheliegender, ihre Kleinkinder mit in die Fabrik zu bringen und dort zu stillen, als sie zu Hause in Obhut der Geschwister zu lassen oder sogar selbst ohne Lohn zu Hause zu bleiben. Räumliche Aufteilung ebenso wie bürgerliche Moral und Sexualität halfen, die Reproduktionsfähigkeit abzugrenzen und mehr und mehr als Attribut vergeschlechtlichter Körper statt als Aufgabenbereich menschlicher Tätigkeit darzustellen.

Es war die Ordnung der Sachherrschaft, die aus Frauen aneigenbare und in der Vereinzelung der Ehe jeweils dem männlichen Willen unterstehende Wesen machte. Als solche gaben sie Anlass zu dem Unbehagen, das Gewalt gegen Frauen bis heute strukturiert: dass sie ihrem Mann gehören sollen und doch lebendig genug sind, um ständig Zweifel an dessen exklusiver Verfügung aufkommen zu lassen. Schließlich wurden Hexen auch nicht als Verteidigerinnen der Allmende verbrannt, wie es bei Federici manchmal klingt, sondern als Eigentum – nur eben leider des falschen Mannes: in diesem Fall des Teufels.

Soziale Sachherrschaft ist die Verfügung über Aspekte lebendiger Gegenüber, als seien sie Eigentum. Dazu muss dieser Aspekt – etwa als Hautfarbe oder Geschlecht – eingegrenzt, abgelöst und externer Gewalt unterstellt werden. Und zwar, nach Maßgabe der modernen Eigentumsform, voll und uneingeschränkt unterstellt – als sei alles so umschriebene eine Sache. Was da übereignet wird, war nicht immer schon da, jedenfalls nicht in derselben Form. Es wird in der Markierung geschaffen. Unsere Körper sind das Ergebnis von vier Milliarden Jahren Evolution, aber sie sind zugleich die Reliefs menschlicher Herrschaftsbeziehungen. Eingewachsene Mauern sozusagen, auch hier.

Phantombesitz

Die Verheißung des modernen Eigentums schafft eine heikle Souveränität. Will sie sich ihrer selbst vergewissern, kann sie das nur im Exzess: Einmal in Frage gestellt, kann sie sich nur beweisen, wenn sie die Willkürfreiheit voll ausschöpft. So weiß der Sachherrscher erst, dass ihm etwas wirklich gehört, wenn es tot ist. Fjodor Dostojewski führt in seinem Roman *Schuld und Sühne* in einer düsteren Szene diesen Handlungsspielraum folgendermaßen vor Augen:

> ›Macht Platz!‹ brüllt Mikolka wie rasend, wirft die Deichsel fort, bückt sich abermals in den Wagen und holt eine eiserne Brechstange hervor. ›Aufgepaßt!‹ ruft er und läßt mit allen Kräften die Stange auf sein armes Pferd niedersausen. Der Schlag dröhnt dumpf; das Tier schwankt,

knickt ein, will noch einmal anziehen, aber die Eisenstange trifft es mit voller Wucht ein zweites Mal auf den Rücken, und es stürzt zu Boden, als hätte man ihm alle vier Beine zugleich abgehackt … . Mikolka stellt sich an der Seite auf und drischt mit der Brechstange sinnlos auf den Rücken des Tieres ein. Die Stute streckt den Kopf vor, schnaubt noch einmal schwer und ist tot. ›Aus ist's mit ihm!‹ schreit es in der Menge. ›Ja, warum ist es nicht im Galopp gelaufen!‹

›Es ist ja mein Eigentum!‹ kreischt Mikolka, die Brechstange in der Hand; seine Augen sind blutunterlaufen. Er steht da, als täte es ihm leid, daß niemand mehr da ist, den er prügeln könnte.

Dass rassistische Sachherrschaft und mitunter auch das Patriarchat seine Unterdrückten in die Nähe von Tieren rückt, hat nichts mit größerer Nähe zu Natur oder animalischen Regungen zu tun – es verdankt sich der geteilten Form des Eigentums, die auch Tieren gegenüber historisch entstanden ist. Dostojewskis grausige Szene markiert fraglos einen Extrempunkt eigentumsförmiger Gewalt, aber es ist ein Extrempunkt, der fest innerhalb der modernen Gesellschaft installiert ist. Mikolka handelt im Rahmen von Recht und Gesetz, ja mehr noch, er macht von eben jener Freiheit Gebrauch, die uns als moderne Selbsteigentümer auszeichnet. Man kann versuchen, Mikolkas Exzess einzuklammern. Dass die dumpfe Freiheit des Eigentümers ihn zur Willkür berechtigt, heißt ja nicht, dass er sie auch üben muss. Die meisten Menschen haben zartere Gefühle; meist hat doch gerade der Eigentümer Interesse daran, sein Eigentum zu erhalten. Aber all dies schafft die Sphäre nicht aus der Welt, die dadurch definiert ist, Zerstörung legitim zu machen. Sicher, als Eigentümer mag man sein Eigentum erhalten wollen, aber in welcher Form? Lebend hat das lahme Pferd Mikolka nichts mehr genützt.

Ein Mittel, um all die Domänen der Herrschaft einzudämmen, die in der modernen Geschichte zwischen Mensch-Regierung und Ding-Besitz gewuchert sind, ist rechtlicher Art. Viele Emanzipationsbestrebungen der letzten zweihundert Jahre haben darauf gedrängt, den vollen, unversehrten Selbstbesitz aller Menschen auf rechtlicher Ebene abzusichern. Es sind Fortschritte zu verzeichnen, auch wenn es in den Details schleppend geht: Vergewaltigung in der Ehe wurde erst 1996 verboten; volle Abtreibungsrechte bleiben Frauen vorenthalten; Mobilität wird vielerorts weiterhin eingeschränkt. Dennoch ist es in liberalen Demokratien gelungen, das rechtlich gesicherte Eigentum an anderen Menschen abzuschaffen und das an anderen Tieren durch Tierschutzbestimmungen einzuschränken.

Der Entzug ihrer Objekte schafft die Aspirationen der Sachherrschaft aber nicht automatisch aus der Welt. Auch hier gilt das Diktum von Theodor W. Adorno und Max Horkheimer: dass die vollends aufgeklärte Erde im Zeichen triumphalen Unheils strahlt. Denn der neuerrungene Selbst-Besitz der einen erscheint den anderen als Amputation, als Verlust einer äußeren Sphäre ihres Willens. Was übrig bleibt, ist ein gespenstischer Schatten der überwundenen Herrschaft. Anstelle der Sachherrschaft macht sich »Phantombesitz« breit. Wie ein Schmerz an einer leeren Stelle, dort, wo früher ein Glied war, dass man kontrollieren konnte, bleiben die gegenstandslosen Herrschaftsansprüche bestehen. Sie bilden »Phantombesitz«.

Phantombesitz ist ein Grundbaustein moderner Identitäten. Er besteht einerseits im Anspruch über bestimmte andere zu verfügen und andererseits darin, auf bestimmte Weisen als verfügbar zu erscheinen. Phantombesitz kann man also haben – oder sein. Phantombesitz ist keine volle Sachherrschaft, denn er beruht nach rechtlicher Emanzipation nicht mehr auf institutionell überschriebenem Eigentum.

Besitz, im Gegensatz zu Eigentum, ist ein abgeleiteter Titel, der demjenigen zukommt, der über ein Gut unmittelbar, aber nicht absolut verfügt. Derjenige also, dem zum Beispiel in Pacht oder Miete die Nutzung überlassen wurde. Moderne Identitäten sind in gewisser Weise eine Erbpacht der Sachherrschaft. Wir haben ihre Muster und Hierarchien verinnerlicht. Wir können die Sachherrschaftsgelüste beschränken, wir können die Grenzen des neuen, emanzipativen Selbstbesitzes befestigen, aber noch haben wir fast alle ein allzu gutes Gespür dafür, wer im Zweifelsfall nimmt und wer genommen wird. So reaktiviert der Phantombesitz die Sachherrschaft episodisch, indem er den Kreis um ihre Affekte und Begierden geschlossen hält.

Tatsächlich ist eine der bemerkenswertesten Begleiterscheinungen des Zugewinns an weiblicher Gleichberechtigung in den letzten Jahrzehnten eine Intensivierung der Markierung, eine Einteilung der ganzen Welt in Blau und Rosa. Frauen müssen sich längst nicht mehr alles gefallen lassen. Sie werden – zumal mit dem kapitalistischen Wettbewerb im Nacken – regelrecht darauf getrimmt, sich bloß nie über den Tisch ziehen zu lassen. Aber sie müssen die Welt mit rosaroter Schönheit ausstatten und weiter für andere mit aufräumen. Und sie haben kaum eine Ahnung, wie es sich anfühlen würde, keine Angst vor Übergriffen zu haben – sie wissen also sehr genau, was es heißt, Phantombesitz zu sein.

Was rassistischen Phantombesitz betrifft, können sich weiße Europäerinnen wie ich auf eine ganze öffentliche Infrastruktur verlassen, die mir nahezu weltweite Bewegungsfreiheit und einen gesicherten Personenstatus gewährt, während andere im Mittelmeer ertrinken oder – wie Sachen – in Lagern deponiert werden. Sie haben sich einer Mobilität schuldig gemacht, die für sie nicht vorgesehen ist. Und wo die Mobilität gewährt wird, lichtet sich die Verfügbarkeit nicht. Migrant_innen wird oft begegnet wie potenziellen Eindringlingen. Es ist ja nicht ihr Land; jede Lebensäußerung kann als Angriff auf den Phantombesitz der Eingesessenen empfunden werden.

Zugleich werden schwarze Deutsche, muslimische oder für muslimisch gehaltene Deutsche und andere People of Colour in der Öffentlichkeit, in Erziehungseinrichtungen und von Seiten der Polizei anders behandelt als weiße. Und dieses »anders«, das alle Rassismuserfahrenen bezeugen können und viele weiße Deutsche immer wieder aus der Welt zu reden versuchen, ist nicht einfach eine Abwertung oder Hierarchisierung. Einen Menschen rassistisch zu sehen heißt, ihn – als potenzielles Ding oder als potenziellen Dieb – in die Nähe des verfügbaren Eigentums zu rücken. Wo dieser Mensch sich aufhält, was er tut und worauf er Anspruch hat, ist plötzlich die Angelegenheit seines weißen Gegenübers – so äußert sich weißer Phantombesitz. Und gerade weil historisch die extremsten Formen dieser Verdinglichung und Kriminalisierung ausagiert worden sind, erlauben sich Weiße gegenüber denjenigen, denen diese historischen Traumata allzu präsent sind, ständig eine unheimliche Selbstgerechtigkeit. Denn es gibt unzählige Varianten der skalierten rassistischen Wahrnehmung. Als »wirklich rassistisch« setzt man dann immer die Variante, die man sich selbst »nie erlauben« würde, und profiliert dagegen seine eigene Verfügbarkeitsprojektion als legitim. Man fragt ja nur, wo jemand herkommt, man will die Person gar nicht dorthin zurückschicken. Die rechtsextreme Jugendorganisation »Die Identitären« beschreibt sich auch als nicht rassistisch. Sie hätten nichts gegen schwarze, muslimische, türkische, arabische und asiatische Menschen – solange diese woanders lebten. In einem genozidversierten Land gibt es immer noch eine Endlösung, dergegenüber der eigene Rassismus relativiert werden kann.

Gewalt findet weiter statt, auch wenn sie rechtlich sanktioniert ist. Und sie findet nicht in wahllosen, spontanen Exzessen statt, sondern folgt merklich den patriarchalen und rassistischen Aneignungsmustern. Jeden dritten Tag wird in Deutschland eine Frau von ihrem Partner oder Expartner ermordet. Im Jahr 2017 kam es zu 326 tätlichen Übergriffen auf Asylsuchende – mit Messern, Schlagstöcken, Schusswaffen und in einem Fall Hammerschlägen direkt ins Gesicht. Mikolka lässt grüßen, aber Mikolka macht von Mustern Gebrauch, die ihm unsere Gesellschaften überreicht haben. Die Gräben und die Verfügungsansprüche sind nach wie vor als Phantombesitz eingewachsen. Wir können uns eine Person kaum vorstellen, ohne die Markierungen abzumessen. Geschlecht. Hautfarbe. Status. Manche können vereinnahmt werden; andere vereinnahmen. Wenn man an einer Figur wie Mikolka nur die brutalen Mittel skandalisiert – den Knüppel in der Hand – und nicht die historisch vorgezeichnete Hiebrichtung erkennt, verleugnet man noch in der Kritik Phantombesitz.

Indessen finden sich mehr und mehr Kontexte, in denen direkt zur Verteidigung der amputierten Ansprüche übergegangen wird. Der Zerstörungswut, mit der einige Gruppen ihre vermeintliche Enteignung rächen und ihren Phantombesitz verteidigen wollen, begegnet frappierend viel Verständnis. Gejohlt wird nicht nur am Straßenrand, gejohlt wird auch am Katheder und im Kulturteil.

»Es geht ja auch alles ein bisschen zu weit!« (Nein, es hat noch gar nicht ernsthaft angefangen.)

»Man weiß gar nicht mehr, was man sagen darf!« (Umso besser, dann können wir vielleicht schönere Worte finden.)

»Das macht die Leute verrückt!« (Die Leute sind wir alle. Und verrückt waren wir schon vorher.)

Eigentlich ahnen alle, dass es außer dem abgelebten Phantombesitz nichts mehr gibt, womit man uns »Leute« bei der Stange halten könnte. Die gesetzlichen Schikanen, die seit den neoliberalen Reformen all jene treffen, die unter dem Verdacht stehen, sich nicht restlos dem Arbeitsmarkt verfügbar zu machen oder generell ihr Leben nicht im Griff zu haben, können sich ebenfalls am Sadismus eines Mikolkas messen lassen. Selbst wo sie nicht von Neonazis zu Tode geprügelt werden, sterben auf unseren Bordsteinen obdachlose Menschen. »Ja, warum ist er nicht Galopp gelaufen?«, scheint auch ihr Omen zu sein. Und all die kleinen Gängeleien, der Verlust der Freizügigkeit bei Erwerbslosigkeit, die Sanktionen, mit denen selbst das Existenzminimum unterboten werden darf, die Zumutung, in gänzlich sinnlosen Maßnahmen und Beschäftigungen nahezu unentlohnt buckeln zu müssen, schließlich immer wieder der Hinweis, für die eigene Lage selbst verantwortlich zu sein – das ist nicht die Nutzung von Arbeitskraft zu Produktionszwecken. Das sind Exempel der Sachherrschaft, statuiert an denen, die das Geheimnis zu verraten drohen: dass der Selbstbesitz allein ein leidiges Vermögen bildet. Er ist eine Zumutung, keine Freiheit. Man kann dieses Vermögen mit dem Phantombesitz an anderen garnieren. Aber man kann sich auch danach sehnen, dass die Zerstörung aufhöre.

Verwüstung

In seiner wegweisenden Kritik des Eigentums beschreibt der Philosoph Daniel Loick die Einstellung, die das moderne Eigentum uns andient, als »Feldherrenhügel-Wahrnehmungsweise«.

Wir haben Befehlsgewalt über unser Hab und Gut und üben uns deshalb ständig im Herrschen. Wenn die Sachherrschaft eine Feldherrenpose wäre, dann würde sie aber immerhin auf lebendiges Material schauen. Den Armeen wird befohlen, aber sie sind doch aus lebendigen Menschen zusammengesetzt. Nur in den kolonialen Völkermorden und in den totalen Kriegen des 20. Jahrhunderts – Kontexten, in denen längst anders kommandiert wird als vom Feldherrenhügel aus – begegnen wir dem Blick, der Menschen als bloße Verschiebemasse, als nichtiges, aufzubrauchendes Material, also tatsächlich wie Eigentum betrachtet. (Die Shoah, wie Hannah Arendt formuliert, überbietet dies noch: »Fabriken zur Herstellung von Leichen«.) Der moderne Eigentümer wäre ein sonderbarer Feldherr: einer, der davon ausgeht, immer schon über tote Seelen zu herrschen. Oder nicht einmal Seelen. Sachen.

Neurechte Wehrhaftigkeits-Rhetorik – man denke an Björn Höckes Äußerung, dass wir wehrhafter werden müssten – dient instabilen Charakteren dazu, ihre Männlichkeit zu sichern. Diese Rhetorik bezieht sich auf ein Kriegerideal, das es längst nicht mehr gibt. Vielleicht ist auch das Phantombesitz: die faschistoide Füllung der amputierten Leerstelle, als Wehrpflichtiger im Kriegsfall unter der Sachherrschaft des Staats zu stehen. Vielleicht verbirgt sich dahinter auch der heimliche Wunsch, wirklich eine tote Sache zu sein – das, worin jeder kommende Krieg uns verwandeln würde. Immerhin ist auch das eine Weise, der Bürde der sachherrschaftlichen

Souveränitätsanmaßung zu entkommen. Die Verzweiflung, aus der sich dieser düstere Wunsch speist, ist nicht vollkommen absurd, nicht in einer Welt, in der die, die der Sachherrschaft frönen, nirgends mehr Leben erblicken können, nichts Verbindendes. Da gibt es nur die Verlassenheit des Eigentümers toter Dinge, der andere Eigentümer fürchtet.

Es mag abwegig scheinen, dass wir uns in einer Welt, in der 7,7 Milliarden Menschen leben, verlassen fühlen sollten. Aber die Verlassenheit ist keine Frage der Existenz anderer, sondern der Beziehung zu ihnen. Genauso, wie man auch von wenigen Menschen beengt sein kann, kann man unter vielen verlassen sein. In Karl Marx' Formel unserer Aufgabe, »alle Verhältnisse abzuschaffen, in denen der Mensch ein erniedrigtes, ein geknechtetes, ein verlassenes, ein verächtliches Wesen ist«, scheint die Verlassenheit als eines der Anzeichen auf, dass die Revolution noch nicht gelungen ist. Wir haben als Menschen noch nicht die richtige »Beziehungsweise« gefunden, wie Bini Adamczak es formuliert. Folgen wir der Bedeutung, die Hannah Arendt der Verlassenheit zuschreibt, steht mit ihr die Politik als solche auf dem Spiel. Die Verlassenheit des modernen Menschen, die Arendt auf eine weltlose Massengesellschaft zurückführt, ist ihrer Analyse nach der Nährboden des Totalitarismus: »Was moderne Menschen so leicht in die totalitären Bewegungen jagt und sie so gut vorbereitet für die totalitäre Herrschaft, ist die allenthalben zunehmende Verlassenheit.« Als Verlassene sind Menschen auch ohne Kontaktbeschränkungen bereits isoliert, sie sind von jeder gemeinsamen Gestaltung der Welt abgeschnitten, sie verlieren, was Arendt zum menschlichen Wesensmerkmal bestimmt: etwas Neues beginnen zu können. Aus Sicht der Genealogie des Eigentums ist die Verlassenheit selbst ein Effekt der Sachherrschaft: Ergebnis dessen, seine Macht daran zu messen, ob man die Welt als leer und seine Gegenüber als tot behandeln kann. Totalitarismus ist die politische Ordnung, die diesen Wahn wahr zu machen versucht, indem sie jedwede menschliche Spontaneität auslöscht. Alle Menschen als Dinge. Arendt vergleicht diese Bedrohung mit einer ausufernden Wüste: »… als sei das Mittel gefunden worden, die Wüste selbst in Bewegung zu setzen, den Sandsturm loszulassen, daß er sich auf alle Teile der bewohnten Erde legt.«

Damit ist unwillkürlich ein anderes Register aufgerufen. Was bei Arendt Metapher bleibt – die fortschreitende Wüstenbildung –, hat uns real eingeholt. Und tatsächlich könnte man die Erderwärmung die ökologische Variante der Sachherrschaftskatastrophe nennen. Keine aktive Politik der Sachherrschaft wie der Faschismus, sondern eine passive Politik der Sachherrschaft qua Ressourcennutzung. Wir haben Erde, Flora, Fauna und Atmosphäre so lange als toten Stoff behandelt, dass nun etliche Arten – womöglich gar unsere eigene – als Todgeweihte auf diesem Planeten wandeln. Die kapitalistische Lebensweise ist verantwortlich für den Schaden. Aber es gibt nirgendwo einen Kommandeur, dessen Strategie die Verwüstung angestrebt hätte. Der Feldherrenhügel ist leer. Unter ihm liegt ein totes Pferd begraben.

VERWERTEN

(Güter)

Die Verwertung von Gütern als Waren lässt sich nicht so leicht vor Augen führen wie die Herrschaft über das Eigentum. Der Prozess ist schwer greifbar; er reorganisiert zwar ganze Landschaften, kann aber nicht von ihnen abgelesen werden. Es ist, als wolle man auf einen Wirbelsturm zeigen – zumal einen, in dem man mittendrin steht. Ware ist immer auch modernes Eigentum – eingrenzbar, übertragbar, zerstörbar. Aber der Charakter als Ware ergibt sich erst daraus, dass die Güter in eine zeitliche Logik eingespannt sind. Jede Ware ist eine Wette auf die Zukunft. Dass sie sich rentiert haben wird, dass sie mehr einbringen wird, als vorab hineingesteckt wurde. Diese Wette auf die Zukunft wirkt aber zugleich gegen die Zukunft. Der Wirtschaftshistoriker Karl Polanyi hat die Entstehung des Kapitalismus als »Teufelsmühle« bezeichnet, die die Menschen zu »formlosen Massen« zermahlte. Dabei greifen zwei Mechanismen: einerseits die im letzen Kapitel erwähnten Einfriedungen, die die Bevölkerung entwurzeln, andererseits der Übergang der neuentdeckten Wirtschaftsfaktoren Land und Arbeitskraft in die Warenform. Sie werden von einem Sturm ergriffen, der aus der spekulierten Zukunft zurückweht.

Die Knochenmühle

Als Karl Marx 1865 mit der Endredaktion des ersten Bandes des *Kapitals* beschäftigt war, legte er, wie stets bei seiner Arbeit, überquellende Notizbücher an. In einem kürzlich erstmalig edierten Heft findet sich ein kryptisches Exzerpt aus dem Hauptwerk des deutschen Agrarchemikers Prof. Dr. Justus Liebig:

> Großbritannien raubt allen Ländern die Bedingungen ihrer Fruchtbarkeit, es hat die Schlachtfelder von Leipzig, Waterloo u. der Krim bereits nach Knochen umgewühlt u. die in den Katakomben Siciliens angehäuften Gebeine vieler Generationen verbraucht …, einem Vampyr gleich hängt es an dem Nacken Europas, man kann sagen der Welt, u. saugt ihr das Herzblut aus.

Die Stelle klingt eher wie eine chauvinistische Phantasie. Warum sollte Marx sich dafür interessieren, dass ein deutscher Professor seine Exilheimat England als Vampir beschimpft? Und was hat Fruchtbarkeit mit Knochen zu tun? Die Antwort führt uns geradewegs ins Herz der kapitalistischen Verwertung.

Ab Mitte des 17. Jahrhunderts entfaltete sich, insbesondere in England, aber auch in den ostelbischen Gebieten, die sogenannte Agrarrevolution, in der die Erträge stark stiegen. Dies verdankte sich intensiveren Anbaumethoden, die nicht zuletzt durch die Einhegungen möglich geworden waren. Die Dreifelderwirtschaft mit ihren traditionellen Brachen wurde abgelöst. Neue Feldfrüchte wie Rüben und Kartoffeln konnten mit ihren tiefer wachsenden Wurzeln leichter Nährstoffe erschließen. Das von den landwirtschaftlichen Innovationen mit beförderte Bevölkerungswachstum schuf die Bedingungen für die einsetzende industrielle Revolution und, wie insbesondere Preußen demonstrierte, auch für militärischen Machtzuwachs.

Mit Beginn des 19. Jahrhunderts zeigte sich jedoch, dass die höhere Belastung die Böden ausgelaugt hatte. Der Nährstoffmangel wurde durch die Urbanisierung zusätzlich verschlimmert. Die meisten Esser_innen wohnten in den Städten, und weder ihr Küchenabfall noch ihre nährstoffreichen Fäkalien gelangten zurück auf die Äcker – eine Entwicklung, deren trauriger Höhepunkt im 20. Jahrhundert das Wasserklosett bildet, das unter Vergeudung von mehreren Litern Trinkwasser Ackergold in Sondermüll verwandelt. Justus Liebig selbst agitierte dafür, dem Nährstoffverlust entgegenzuarbeiten, indem der Kreislauf organischer Masse intakt gehalten würde. 1865, also im selben Jahr, in dem er den Weg in Marx' Notizhefte fand, schrieb Liebig einen vielbeachteten offenen Brief über die Verwendung städtischer Abwässer. Sein Vorschlag lautete, dass die Exkremente der Menschen und Tiere eingesammelt und zurück aufs Land geschafft werden sollten – eine Forderung, die August Bebel 1879 ganz selbstverständlich als Teil des sozialdemokratischen Programms ansah. Die Mist- und Kompostrückfuhr hielt der SPD-Vorsitzende für eine kurzfristige sozialistische Infrastrukturmaßnahme; auf längere Sicht erwartete Bebel, das eine befreite Gesellschaft das Landleben, das in dezentralisierter Form alle Annehmlichkeiten des städtischen kulturellen Lebens übernehmen würde, vorzöge.

Wie die Dinge lagen, griff die Landwirtschaft auf eine weniger nachhaltige Lösung zurück. Findige Unternehmer hatten Firmen gegründet, die die Schlachtfelder der Napoleonischen Kriege – neben Waterloo auch Austerlitz und Leipzig – aushoben. Die dort massenhaft begrabenen Knochen von Pferden und Menschen verkauften sie als Düngemittel. Angesichts der Panik um nachlassende Erträge florierte das

Geschäft – von 1823 bis 1837 erhöhten sich die Einfuhren nach England, zu denen als einzige gesicherte Zahlen vorliegen, von einem Gegenwert von 14 400 auf 254 600 britische Pfund. Die eigentlichen chemischen Grundlagen der Nahrungsmittelproduktion – was es überhaupt war, das den Dünger so wirksam machte – wurden erst ab den 1840er Jahren wissenschaftlich verstanden. Darin eben besteht Liebigs Pionierleistung, für die Marx sich unheimlich interessierte. Liebig widerlegte nämlich die simple These, dass der Boden nur eine bestimmte Obergrenze an Menschen ernähren könne. Die Fruchtbarkeit selbst erwies sich als variable Größe; sie spiegelt die Behandlung der Erde.

Inzwischen gehört es zum kleinen Einmaleins jeden Landwirts, zu wissen, welche Elemente unverzichtbare Nährstoffe sind. Ich erinnere mich noch, wie mein Vater das den Lehrlingen auf unserem kleinen Hof beibrachte. Wir saßen um den Mittagstisch – meine Mutter saß allerdings meist nur kurz, weil schon wieder die Ladentür geklingelt hatte –, und die Lehrlinge übten für die Prüfung in Bodenkunde. »N, P, K«, zählte mein Vater auf. Ich verstand noch nicht ganz, was chemische Elemente sind (darin in gewisser Weise Marx und Liebig ähnelnd, denn das Periodensystem wurde erst 1869 voll ausgearbeitet), sprach aber begeistert im Refrain mit. N, P, K: Stickstoff, Phosphor, Kali. Alle drei sind wichtig, aber Phosphor – wie mir inzwischen meine jüngere Schwester aus ihrem Agrarwissenschaftsstudium bestätigt – ist der eigentliche Grundbaustein. Er ist für den Aufbau von Blatt-, Wurzel- und Skelettstrukturen unentbehrlich. Mehr noch: auch die DNA, der Informationsträger allen uns bekannten Lebens, hat ein Rückgrat aus Phosphor. Im Gegensatz zu Erdöl, das wir zweifelsohne durch andere Energieträger ersetzen könnten, ist also Phosphor wirklich ein unersetzlicher Bestandteil unseres Lebens.

Anders als Stickstoff lässt Phosphor sich auch nicht künstlich synthetisieren. Will man ihn beliebig verfügbar machen, muss er abgebaut werden. Die Gebeine der nachrevolutionären Kriege boten das erste Reservoir. So traten zwischen die Schlachtfelder und die Äcker die Knochenmühlen – vor allem im Rheinland und an der englischen Ärmelkanalküste. Auf das Knochenmehl folgte dann ab den 1840er Jahren der Handel mit Guano, wie die Vogelmist-Ablagerungen auf Kalksteininseln in Pazifik und Atlantik genannt werden. Heute wird Phosphor als Bodenschatz unter desaströsen Arbeitsbedingungen vor allem in Marokko abgebaut. Wo die Förderung, wie auf der Südseeinsel Nauru, an ihr Ende kommt, hinterlässt sie eine vergiftete Mondlandschaft.

Dass kurzfristige Wachstumssteigerung an einem Ort zu irreparablen Einbußen anderswo oder in der Zukunft führt, war bereits der Kern von Liebigs Kritik am landwirtschaftlichen Raubbau. Liebig kritisiert diesen Effekt in dem von Marx exzerpierten Zitat allerdings ein wenig so, als ob England eine Planwirtschaft sei. Ihn ärgert, dass in einem Land eine Ressource verpulvert wird, die sich nicht regenerieren lässt und der Bodenverschlechterung ohnehin nicht nachhaltig abhilft. Aber die Knochen wurden überhaupt nicht eingeführt, um der Landwirtschaft zu helfen oder die Ernährung der Bevölkerung langfristig sicherzustellen. Sie wurden eingeführt, weil sie Gewinn versprachen. Die Profitaussicht erzeugt den Sog, der nachgerade die Toten aus den Gräbern hebt. Wie Stürme durch rapiden Druckausgleich entstehen, entsteht der Verwertungsfuror aus der Diskrepanz zwischen günstiger Produktions- oder Plünderungsmöglichkeit und teurer Verkaufsaussicht. Dieses Gefälle erstreckt sich räumlich – hier zwischen einer wallonischen Ebene und den Äckern Yorkshires –, aber es erstreckt sich auch zeitlich. Wenn in Wallonien investiert wird, liegt der Erlös noch in der Zukunft.

Zwischen der Schlachtfelderde und dem käuflichen Mehl wird gemahlen. Oder, im weiteren Sinne: produziert. Die Verwertung ist wie ein großes Mahlwerk, das gefüttert werden muss. Es verschlingt Dinge mit ganz unterschiedlichen Eigenschaften. Dinge mit einer Geschichte, Dinge, die Teil ganz eigener Kreisläufe und Zusammenhänge waren. Die Kadaverklumpen werden zur Knochenmühle gekarrt und verwandelt. Man braucht Produktionsmittel – in diesem Fall die Mühle – und Arbeit: Jemand muss das Zeug reinschütten und am anderen Ende absacken. Das Mahlwerk macht alles zu Staub, gleichförmig und transportabel. Verwandelt in etwas, das nur noch eine Qualität hat: dass es sich verkaufen lässt. Die Ware wird ausgeliefert und gegen den ultimativen Gleichmacher – Geld – getauscht. Denn aufseiten der Unternehmen soll immer dasselbe herauskommen: Profit. So weht der Sturm, der die Gerippe tanzen lässt, gewissermaßen nicht über die Fläche, sondern rückwärts durch die Zeit. Ein Sandsturm aus der Zukunft. Wer richtig spekuliert hat, gewinnt, an dessen Mühle bleibt der Gewinn hängen. Das Kapital ist angewachsen, als würde sich der Staub auf dem Trichter des Mahlwerks absetzen und ihn vergrößern. Der Trichter fasst dann mehr und saugt in weiterem Radius: von Waterloo in die ägyptischen Pharaonengräber, von dort zu Felsen mitten im Pazifik, schließlich in marokkanische Phosphatminen, immer auf der Suche nach der nächsten pulsierenden Ader.

Im modernen Eigentum sterben die Dinge einen gewissen Tod – sie werden unter der absoluten Sachherrschaft als abgetrennte Objekte fixiert. In ihrer völligen Verfügbarkeit können sie daraufhin von der kapitalistischen Verwertung exhumiert werden. Die Warenform versieht die Dinge mit neuem Leben. Ihr Lebenselixier ist der Tausch. Solange sie gewinnbringend zu vermarkten sind, können die Güter weiterzirkulieren. Wo der Profit zu schwinden droht, müssen sie sich radikaler Verjüngungskuren unterziehen – Knochenmehl lässt sich auch als Hühner- und Schweinefutter vermarkten (pflanzenfressende Rinder bekommen es seit dem BSE-Skandal immerhin nicht mehr). Die Waren erfinden sich neu, lassen sich noch mal zermahlen, anders verwerten. Denn sonst fallen sie als Überreste – meist hässliche und giftige Überreste – in die Natur zurück. Währenddessen sucht und schafft sich ihr konzentrierter Profit, das Kapital, bereits neue Güter. In Windeseile wird aufgeweckt, was sich über Tausende und sogar Millionen Jahre aufbaute: erst Guano, dann phosphathaltiges Erdreich und immer so fort, solange es Phosphor, also Leben, gibt. Aber auch die neu vom Kapital aufgewirbelten Güter sind nicht anders. Alle sind Doppelgänger. Sie kommen sich allzu bekannt vor, denn als Ware begehrt jedes Ding unstillbar dasselbe. Jedes sehnt sich nach rückwirkender Rechtfertigung dafür, produziert worden zu sein, also danach, mehr einzubringen, als es kostete.

Der »Vampyr« im Nacken der Welt, das wird klar, sobald man das Liebig'sche Zitat in den Kontext von Marx' Hauptwerk stellt, ist nicht ein einziges Land, nicht einmal eine einzige Nationalökonomie. Das Prinzip, das die Lebensgrundlagen absaugt, ist die kapitalistische Verwertung selbst. Sie zielt, selbst wenn sie mit dessen Grundbaustein handelt, nicht aufs Leben, sondern auf den Profit. Marx hat sich zeitlebens darum bemüht, zu zeigen, dass diese Verwertung selbst Widersprüche gebiert, die ihr ein Ende bereiten. Dass der Kapitalismus sein eigenes Grab schaufele, in das ihm dann seine Totengräber – so bezeichnet *Das Kommunistische Manifest* die Arbeiterklasse – nur noch hineinverhelfen müssen. Diese Wette ist noch offen. Vielleicht arbeitet die kapitalistische Verwertung sich nicht selbst entgegen. Dass sie aber dem Leben entgegenarbeitet, darüber besteht kein Zweifel. Es ist nur zu spät, als dass noch irgendwer triumphieren könnte, wenn dies vollends demonstriert wäre.

Fernhandel, Fabriken und Verpackungen

In seiner Eigenwerbung bezeichnet sich der Kapitalismus gern als »freie Marktwirtschaft«. Das »frei« bedeutet dabei im liberalen Verständnis, dass der Staat die Zäune um das Privateigentum sichert und die individuelle Entscheidungsfreiheit garantiert – mit mir und meinen Sachen kann ich machen, was ich will. »Marktwirtschaft« erweckt den Eindruck, dass der Kapitalismus einfach die Ausweitung einer urmenschlichen Tauschaktivität wäre: Märkte hat es zu fast allen Zeiten und in etlichen Gesellschaften gegeben – oft auch mit einem allgemeinen Äquivalent wie Gold, Geld oder Muscheln. Und der Kapitalismus beschert uns nun diesen herrlich umfassenden Markt, auf dem es an nichts mangelt, was das kaufkräftige Herz begehrt.

Über die Entstehung des Hofladens, dem der Betrieb meiner Eltern letztlich sein wirtschaftliches Überleben verdankte, erzählen wir oft eine ähnliche Geschichte. In einem Sommer, in dem die Obsternte besonders gut ausfiel, kochte meine Mutter mehr Marmelade, als wir hätten essen können, und stellte die Gläser neben einem Glas mit Wechselgeld an die Straße. Später hatten wir dann einen Erdbeerstand in der Fußgängerzone, und irgendwann war das Ganze zu einem Naturkostladen mit Vollsortiment angewachsen. Aber nicht von selbst. Ein gelegentliches Vermarkten von Überschüssen, wie es auch für Märkte in traditionellen Gesellschaften charakteristisch ist, hätte den gepachteten Hof auf kargem Sandboden nicht über Wasser gehalten. Zusätzlich brauchte es einen kleinen Kredit zum Ladenausbau (der sich wiederum den Ersparnissen aus dem Tapetenladen meiner Großmutter verdankte), die Eingliederung unseres Geschäfts in den Großhandel einer expandierenden Branche und die unablässige rechnerische Disziplin meiner Mutter.

Der Kapitalismus als Gesellschaftsform ist erst recht nicht aus lokalen, traditionellen Märkten erwachsen, sondern entsprang einer speziellen historischen Konstellation. Er brauchte spezifische Eigentumsverhältnisse: eine Konzentration von wirtschaftlich lukrativen Gütern und Produktionsstätten in privatem Besitz einerseits und andererseits Lohnarbeitskräfte, die von der Möglichkeit zur autarken Selbstversorgung abgeschnitten waren.

Die Gewinnspannen, mit denen sich die Verwertungsspirale ankurbeln lässt, entstehen ebenfalls nicht in der Ausweitung lokaler Märkte, sondern vor allem im Fernhandel. Was den Kapitalismus ankurbelte, waren neue Produktschienen – Düngemittel, Eisenbahnteile, fabrikgefertigte Textilien – und Einfuhren. Neben Guano brachten Tabak, Zucker, Rum, Kaffee und Baumwolle ihren Anbietern Vermögen ein. Diese Güter wurden aus den Plantagen von Kolonialherren in Lateinamerika, der Karibik und den Südstaaten der USA eingeführt und waren in ihrer Herstellung allesamt auf das System der Sklaverei angewiesen. Entsprechend waren Menschen – als durch schwarze Hautfarbe abgezirkelter Phantombesitz – bis zum Verbot des transatlantischen Sklavenhandels 1807 eine der lukrativsten Kolonialwaren. An der Sklaverei zeigt sich auf besonders infame Weise, wie Eigentumsform und Warenform ineinandergreifen. Außer wenn es ihnen gelang zu fliehen, wurden die Sklav_innen in den Plantagen mit brutalen Mitteln zur Arbeit gezwungen. Die Profitinteressen boten einen besonderen Anreiz, den Spielraum der Sachherrschaft voll auszunutzen. Als Waren wurden schwarze Menschen zum Objekt wirtschaftlicher Spekulationen. Bei schwieriger Überfahrt und schwindender Aussicht auf Verkaufserlös konnte das, wie der Fall des Schiffes *Zong* belegt, sogar dazu führen, dass sie über Bord geworfen wurden, damit ihre Besitzer die Versicherungssummen kassieren konnten.

Das Versicherungswesen wiederum bildet einen Teil dessen, was Polanyi als Vermarktlichung von Geld bezeichnet. Damit meint er, dass Geld nicht nur als Tauschmedium dient, sondern man aus bestimmten finanziellen Ansprüchen ein handelbares »Produkt« machen konnte – eine Kunst, die im Neoliberalismus zum Kerngeschäft geworden ist.

Zusammen mit der Vermarktlichung von Land und Arbeit stellte die Verfügbarkeit von Krediten dem durch Einhegung oder Fernhandel gewonnenen Kapital die Bedingungen zur Konzentration in Fabriken und zur Ausweitung der zu vermarktenden Produktion bereit. Im Wettstreit um den zukünftigen Gewinn sind schließlich die am besten gerüstet, die am meisten zu investieren haben. Auf die Zukunft kann man nicht nur wetten, man kann sie auch beleihen, um seinen Wetteinsatz zu erhöhen und teure Überfahrten oder schwere Maschinen zu finanzieren. So wächst dann das Kapital – der Trichter der Verwertung – bereits, bevor der Gewinn an ihm haftet. Und dieses Phänomen, das sich ständig selbst ausweitende Kapital, macht den Kapitalismus eigentlich aus. In ihm entstehen alle käuflichen Produkte nach dem unablässigen Muster der Profitorientierung und Profitreinvestition: Ein Wirbelsturm, gespeist von verfügbar gemachten Faktoren, getrieben von Verkaufserlösen.

In diesem Sturm wird allerdings stets mehr aus dem Boden gehoben als nur die Rohstoffe, die direkt in das Produkt eingehen. Irgendetwas muss schließlich die Räder antreiben. Fabriken brauchen Energie, und das hieß das gesamte 19. und

20. Jahrhundert hindurch: fossile Brennstoffe, wie der schwedische Humanökonom Andreas Malm besonders eindrucksvoll rekonstruiert hat. Kohle, Öl, Gas. Die oben erwähnten Knochenmühlen wurden, so wie die ersten Manufakturen, noch mit Wasserkraft betrieben. Mitte des 19. Jahrhunderts standen sie still. Es stellte in der Wirtschaftsgeschichtsschreibung lange ein Rätsel dar, warum überhaupt die gesamte Maschinerie der Fabriken so schnell auf Dampf, also Kohle und Öl, umgestellt wurde. Wasser war viel billiger und auch noch nicht an die Grenzen seiner Kapazität gekommen. Es machte aber eine andere Schwierigkeit. Fließende Gewässer ließen sich, zumindest nach der Einschätzung des 19. Jahrhunderts, schlecht zu Eigentum machen. Gerade die aufwendige Öl- und Kohleförderung erlaubte dagegen klare Zuordnung und schuf zählbare Einheiten. Das Gut war transportabel, seine Gewinnung konnte vermarktlicht werden und seine Nutzung den Produktionsstandorten angepasst werden. Es machte die Fabriken selbst mobil: Sie konnten sich in urbanen Zentren ansiedeln, ohne auf den Verlauf von Flüssen und Wasserfällen Rücksicht nehmen zu müssen, und sie konnten die Produktion ungebremst erhöhen. Güter entstanden fortan in einer Rauchwolke von Kohlendioxid-Abgasen. Mit den Waren zusammen, aber von ihnen abgespalten, wurde also etwas produziert, das nicht verwertbar war. Etwas, das ausgestoßen in der Atmosphäre herumgeistert.

Seit den sechziger Jahren des 20. Jahrhunderts sind Waren zudem in den meisten Fällen in dem Stoff verpackt, der zu ihrer Herstellung verbrannt wurde: kaum ein Konsumartikel ohne Plastikverpackung. Bereits diese Hülle führt ein Doppelleben als Verpackung und Werbung. Im Zuge der Digitalisierung vervielfachen sich nun die Informationen, die an Gütern haften. Online gehandelte Produkte wirbeln eine Unmenge an Daten auf. Wer kauft wann was wo, was hat die Person vorher und nachher angeklickt, wie alt ist sie und welche Schlagwörter stecken in ihren E-Mails? Paradoxerweise werden in der Datenwolke, die unsere Einkäufe umhüllt, gerade wir Konsument_innen zur Ware. Denn diese Daten sind für Firmen ausgesprochen reizvolle Güter, die Prognosen darüber ermöglichen, was sich an wen wird vermarkten lassen. Das ist keine Sklaverei, denn der Körper bleibt unberührt, aber die Person wird in etlichen ihrer Aktivitäten und Lebensäußerungen als Profil vermarktet. Unter den fünf Unternehmen mit dem weltweit größten Börsenwert sind die vier großen Technologiekonzerne, deren Produkte unter anderem wir selbst sind: Google (Alphabet), Microsoft, Apple und Amazon. Ressourcenneutral ist übrigens auch das nicht: Die Server verbrauchen Unmengen an Elektrizität, und ihre Hardware ist aus Plastik, Metallen und seltenen Erden gebaut.

Das Muster ist im Kern dasselbe: wie ein riesiger Trichter saugt das Kapital alles an, dessen Nachleben es als Gewinn festzuhalten hofft. Aber wir können jetzt sehen, dass die Akkumulation von Mehrwert, also die Ansammlung des Gewinns beim Kapital, gewissermaßen nur die Innenansicht des Vorgangs ist. Aus der Vogelperspektive sieht es anders aus: Die Produktion richtet sich auf den Profit, aber in ihrem Zuge entstehen weitaus mehr Dinge als die profitträchtigen Waren. CO_2, Produktionsabfälle, Verpackungen (und nach kurzer Zeit oft auch die abgenutzte Ware selbst) werden fallengelassen, aufgegeben, abgestoßen. Was die Verwertung eigentlich tut, ist, Güter in Waren und Ausschuss zu spalten. Anders als der Mehrwert kehren die von den Waren abgespaltenen Dinge aber gerade nicht zum Ausgangspunkt zurück. Delfinmägen sind von Plastikmüll verstopft, nicht die Trichter des Kapitals. Freie Marktwirtschaft eben, frei von Windschutzhecken, die das Wüten des Markts einschränken würden.

Sachliche Herrschaft

Die Produktion spaltet die Waren aus dem heraus, was ausgestoßen übrig bleibt. Die Reste, Abgase und Verpackungen werden preisgegeben und herrenlos zurückgelassen. Wo die Sachherrschaft im Sinne des modernen Eigentums eine beispiellose Herrschaft der Menschen über die Dinge ermöglicht hatte, greift nun eine andere Logik: die Trennung zwischen Vielversprechendem und Nichtigem.

Die Produzenten, die auf Vielversprechendes zielen und dabei Nichtiges mit herstellen, sind aber selbst nicht Herren dieser Unterscheidung. Denn die tatsächliche Trennung zwischen Wertvollem und Wertlosem bleibt dem Markt vorbehalten. Man weiß nie vorher, ob sich etwas rentabel verkaufen lassen, ob nicht jemand anders günstiger produziert oder besser geworben haben wird. Selbst nachdem alle Nebenprodukte abgespalten sind, schwebt die Wertlosigkeit noch als Damoklesschwert über der Ware selbst. Die Kapitalistin spekuliert auf die Zukunft, aber es kann gut sein, dass das, was sie als Ware herstellt, sich als null und nichtig erweisen wird. Wenn plötzlich günstiges Guano auf dem Markt ist, das durch den zusätzlichen Stickstoffgehalt zudem ein überlegener Dünger ist, ist das Knochenmehl wertlos.

Dass die Trennung zwischen Wertvollem und Wertlosem nicht in unseren Händen liegt, erweckt den Eindruck, die Dinge hätten jeweils von selbst ihren unterschiedlichen Wert. Diesen Effekt benennt Marx mit dem schillernden Begriff des »Warenfetisch«.

Der Fetisch besteht darin, dass wir dem Ding eine Macht zuschreiben, die ihm gar nicht zukommt. Es erscheint uns nur so, als sei der Wert einer Ware ihre unverrückbare Eigenschaft. Und im Alltag muss es uns auch so erscheinen. Wenn der einzelne Landwirt zum Düngemittelhändler geht, hat das Knochenmehl offenbar seinen Wert. Und die Produzentin kann zwar den Preis festsetzen, aber auch sie steht unter der sachlichen Herrschaft, dem Zwang der Dinge. Weicht sie zu sehr von dem Wert ab, den die Waren untereinander ausmachen, wird entweder ihr Betrieb die Kosten nicht mehr decken oder ihr Kunde entrüstet anderswo kaufen – pleite, kreuzweise. Der Käufer muss bezahlen, die Produzentin muss konkurrieren. Darin lassen ihnen die Dinge keine Wahl und so herrscht – durch sie – die kapitalistische Verwertung.

Die Entscheidung über den Wert der Waren ist, in gewisser Weise, den Dingen selbst überlassen. Die Gesamtheit ihrer Relationen – was jeweils im Verhältnis wozu wie viel wert ist – bestimmt, welches der belastbare Preis für ein einzelnes Ding ist. Im Wert einer Ware spiegelt sich deshalb der gesamte gesellschaftliche Zusammenhang. Der Wert einer Ware misst sich an allem anderen, was in dieser Gesellschaft aufs Geratewohl der Profithoffnung hin produziert wurde. Auch alle unsere Konsumentscheidungen gehen in das Ergebnis ein – aber keine Einzelne vermag etwas dagegen.

Die Herrschaft, die die Verwertung über uns errichtet, indem sie Wertvolles von Nichtigem trennt, ist anonym und indirekt. Es ist eine »sachliche« Herrschaft, kein persönliches Abhängigkeitsverhältnis. Dass wir den Wert als natürliche Eigenschaft eines Dings wahrnehmen, macht es so schwer, diese Herrschaft zu durchschauen. Man weiß gar nicht, dass man beherrscht wird. Oder selbst wenn man es vage spürt, weiß man nicht, wovon – jede Verschwörungstheorie, ganz besonders aber der moderne Antisemitismus, zehrt von dieser Undurchschaubarkeit.

Die sachliche Herrschaft besteht in unserer aus der kapitalistischen Verwertung herrührenden Ohnmacht gegenüber den Dingen. Ein umfassendes Bild von ihr muss aber neben dem Wert auch den Ausschuss ausleuchten. Dem Warenfetisch gegenüber steht der *horror vacui* – die panische, schwindelerregende Angst vor der Leere. Wir sehen das, was in der Verwertung als Ausschuss entstand, als nicht existent. Da ist nichts, was als Wert auszudrücken wäre, also können wir auch ganz davon absehen. Alle machen einen Bogen um den Abgrund des Nichtigen. Dabei birgt er unsere Zukunft, denn das Nichtige ist weder wirkungs- noch eigenschaftslos.

Aus Sicht des planetaren Lebens besteht die sachliche Herrschaft, also die Tyrannei des Profits, vor allem darin, dass die kapitalistische Verwertung die Natur auf eine vollkommen blinde Weise reorganisiert. Sie behandelt, abgesehen von ihren eigenen Wertzuschreibungen, alles als entbehrlich. Im Dienste der Warenproduktion werden punktuell bestimmte Güter extrahiert, aber ihre gesamte Umgebung wird dabei als überflüssige Randbedingung ausgeklammert – nichtsdestotrotz aber grundlegend verwandelt. Wo entnommen wird, wird gewütet, was entnommen wird, wird nicht wiederhergestellt, und wo hergestellt wird, entsteht auch aggressiver Abfall. So ist der Abbau von Phosphor zugleich der Aufbau von Mondlandschaften, und das Ausbringen von Phosphor ist die Vermehrung ausgewaschener Äcker in der Zukunft. Aber diese Seite der Verwertung ereignet sich im Verborgenen, wie etwas, das gar nicht passiert. Die Begeisterung für die in der Tat ungeheuerliche Produktivität des Kapitalismus lenkt leicht davon ab, wie viel unerwünschtes Material er nebenbei noch aufwirft. Regulierungen kommen immer zu spät – wer hätte das gedacht, dass das Industriezeitalter die Erde in Treibhausgase hüllt. Marx auch nicht. Die punktuelle Pietätlosigkeit der Knochenmühlen, die wahllos Gebeine aus der Erde rissen, ist vollkommen harmlos verglichen mit dem Trümmerhaufen, den das Kapital seither im Zuge seiner Akkumulation aufgetürmt hat.

Den Sturm der Verwertung kümmern weder Sturmschäden noch Schiffbruch, ihn kümmert nur der Druckausgleich zwischen Investition und Rendite. Aus der Zukunft zurückblasend hat der Sturm auch in ihr bereits seine Spuren hinterlassen. Wer in diese Zukunft hineinwächst, untersteht ohnmächtig ihren Effekten – so, als ginge die Herrschaft, als sachliche, tatsächlich von den Dingen aus.

Selbstverwertung

Eine kleine Weile, während der Systemkonkurrenz des Kalten Krieges, gewährte der Kapitalismus der im Massenkonsum schwelgenden Mittelschicht in den Industrienationen, sich selbst als Bonzen zu fühlen. Hatten sie nicht Teil am Reichtum, der da erwirtschaftet wurde? Konnten sich nicht selbst die Arbeiter_innen Dinge leisten, von denen ihre Großeltern nicht zu träumen gewusst hätten? Inzwischen braucht der Kapitalismus niemanden mehr zu bestechen, um sich gegenüber der grauen, realsozialistischen Alternative beliebt zu machen. Aber natürlich muss er weiter für den Konsum sorgen, um seine Absatzmärkte zu sichern. Zum Teil besorgt er das mit immer raffinierterer personalisierter Werbung, zum Teil auch durch absichtlich schnell verschleißende Markenartikel sowie Betriebssysteme, die sich schon nach einigen Jahren nicht mehr aktualisieren lassen. Stellenweise hat sich die Wertschöpfung allerdings sogar davon entkoppelt, noch auf die Abnahme produzierter Güter angewiesen zu sein. Informationsplattformen stehen umsonst zur Verfügung, während sie hinterrücks mit Daten handeln.

Finanzmarktspekulationen betreiben eine Art übergeordnetes Wettbüro auf Kurs- und Währungsschwankungen. Wachstum gibt es vor allem im Segment der exorbitanten Luxusgüter.

Der Konsum erfüllt indessen immer öfter die Funktion, Menschen in Schuldenspiralen zu locken. Nicht über gutsituierten Vermögens-Phantombesitz, sondern als auf die Zukunft wettende Kreditnehmer_innen stehen sie dann genauso da, wie die Firmenchefs und Funktionäre. Nur dass sie die Wette natürlich automatisch verlieren, weil einfache Leute gar kein Kapital besitzen, an dem sich der von der Zukunft erheischte Gewinn verfangen könnte – und auch Rettungsschirme werden anderswo aufgespannt.

Dass es aussichtslos ist, je seinen Schulden zu entkommen, kaschiert jedoch die Suggestion, die im Neoliberalismus zum Allgemeinplatz geworden ist: dass wir nicht nur Eigentümer unseres Selbst seien, sondern dieses Selbst auch Kapital. Jeder eine kleine Firma, mit, nun ja, sich selbst im Angebot. Auch das Selbst ist ein Gut, dass seiner Abtötung durch Sachherrschaft ein Nachleben als Ware abringen kann. Also müssen wir uns selbst verwerten. Was heißt: Man muss konkurrieren können, um jeden Preis. Die New Yorker Essayistin Jia Tolentino skizziert die Idealfigur des Selbstverwerters in Form des effizienten Kunden einer besonders teuren Salat-Kette:

> [D]er ideale Schnittsalat-Konsument ist selbst effizient: Er muss seinen Zwölf-Dollar-Salat in zehn Minuten essen, weil er die zusätzliche Zeit braucht, um in dem Job zu funktionieren, der es ihm überhaupt erst ermöglicht, sich regelmäßig einen Zwölf-Dollar-Salat zu leisten. Er hat ein körperliches Bedürfnis nach diesem Zwölf-Dollar-Salat, da dies der zuverlässigste und bequemste Weg ist, um eine Vitaminbarriere gegen die allgemeine Funktionsstörung

aufzubauen, die mit seinem Salat fordernden und ermöglichenden Job einhergeht.

Insofern es den wenigsten mühelos liegt, sich in der Zwölf-Dollar-Schnittsalat-Schlaufe einzurichten, ist es oft der Vergleich mit den Menschen vor und hinter einem in der Schlange, mit den Kolleg_innen und flüchtigen Bekannten, der uns unseres Werts versichert. Daraus folgt ein zwischenmenschliches Gesetz, das die französische Schriftstellerin Virginie Despentes folgendermaßen auf den Punkt bringt: »Eliminiere Deinen Nächsten!«. Anders als in der athletischen Konkurrenz ist man in der kapitalistischen nämlich erst sicher, wenn die Konkurrentin vollends aus dem Spiel ausgeschieden ist. Die sozialen Medien kommen uns entgegen, indem sie die vage Buchführung über den eigenen Wert durch zählbare Likes ablösen. Da hat man es schwarz auf weiß, ohne dass das Ergebnis durch Megalomanie oder Selbstzweifel verzerrt wäre. Es ist wichtig, über die bei jeder Werteinbuße aufflackernde Nervosität nicht die blanke Angst zu übersehen, die das Geschehen von den unteren Maschinenräumen der Gesellschaft her antreibt. Die Niederlagen im Wettstreit einer Verwertungsgesellschaft lassen sich nicht mit der Gediegenheit eines guten Verlierers wegstecken. Man geht nicht gefasst nach Hause und weiß, dass beim nächsten Mal wieder alle mit dem ersten Level beginnen – so ist es gerade nur in den Videospielen, deren graphischer Härte die Gnade eines nie endgültigen Game over entgegensteht. Die anderen behalten ihren Vorsprung. Nicht nur, ob man sich den angesagten Salat leisten kann, sondern ob man überhaupt ein Zuhause hat, hängt vom Marktwert ab, vom eigenen und von dem der Immobilien.

Je höher man in die Ränge der gesellschaftlich begehrten Bereiche gerät, desto offener werden Machtpositionen nach dem Eliminationsprinzip vergeben. Und da im Fernsehen schließlich auch ununterbrochen sadistische Casting-Shows laufen und es in jedem Liebesfilm um die Ausschaltung der Mitbewerber_innen geht, fällt das auch niemandem mehr groß auf. In diesem Rahmen lösen Skandale keine Erschütterung mehr aus, sondern nähren eine bittere Genugtuung: es doch schon vorher gewusst zu haben, dass alle Mittel recht sind. Auch hier hebt das eine Produkt alle möglichen weiteren Reserven aus. Kein Bereich, der nicht indirekt mitverwertet würde. Der unlautere Wettbewerb ist zur Norm geworden. Das zieht häufig auch lautere Versuche, Diskriminierung zu kritisieren, in Mitleidenschaft. Sie werden als Schachzug im Spiel der universalen Konkurrenz wahrgenommen, nicht als Forderungen universaler Gleichheitsrechte. Und in der Konkurrenz muss man immer erwarten, dass – wie von VW im Abgasskandal – offen betrogen wird. Bist Du Dir sicher, dass Du Dir die Belästigung nicht nur einbildest? – will sagen: Kann ich mir sicher sein, dass Du mich nicht bloß übervorteilen willst? Warum sollte, wo alle Bereicherung den Planeten weiter verwüstet, die menschliche Natur ausgespart bleiben? Hannah Arendt diagnostizierte schon für das Ende des 19. Jahrhunderts eine heimliche Bewunderung der guten Gesellschaft für die Kriminalität, in der das Bürgertum ihre eigenen Methoden erkennt. Was den größten Scharlatanen die Wählergunst sichert, ist, dass sie offen so handeln, wie man selbst es doch noch eher verschämt und stümperhaft im Verborgenen tut. Alle Mittel einsetzen. Sonst wird man schließlich am Ende selbst eliminiert.

Die Bedingung dieses Spiels ist eine andere Elimination: die Auslöschung der Hoffnung auf andere, zärtlichere Verhältnisse. Diese Elimination wird mitunter tätlich an jenen vollstreckt, die an diese Hoffnung, die keinem fühlenden

Wesen gänzlich fremd sein kann, erinnern. Die Hoffnung muss zerstört werden, weil man sich keine Blöße leisten kann – und vielleicht auch nicht eine einzige weitere Enttäuschung verkraften würde. Deshalb bringen Gutmenschen und »Snowflakes« alle so auf die Palme. Ein T-Shirt, das von US-amerikanischen Rechten paradiert wird, gefällt mir sehr, weil es gerade noch die Waage hält zwischen resignierter Affirmation und aggressiver Reaktion:

> Hey snowflake / In the real world / You don't get a participation trophy / Not everybody is a winner / No one owes you anything / Screaming doesn't make you right / Sometimes you actually lose / Crying doesn't solve problems / Nothing is free in this world / And you are not special*

Es stimmt ja. Es ist nur eben nicht richtig so. Die männliche Härte, die den Kummer darüber begräbt, in diesem System weder auf Liebe noch auf Versorgung vertrauen zu dürfen, schmiedet indessen bereits das Werkzeug, größeren Kummer weiterzureichen. Die Verheißung rechter Politik besteht in der Eskalation der Systemgewalt zum eigenen Vorteil. Statt auf den Wert der eigenen Zukunft zu wetten, kann man auch auf die Wertlosigkeit der Zukunft der anderen setzen. Und sei es, dass der Vorteil nur darin bestünde, das Gefühl eigener Wertlosigkeit im Adrenalinrausch einer rassistischen Hetze oder in einer Alltagsquälerei gegenüber Schwächeren

* Hey Schneeflocke / In der echten Welt / Bekommst du keine Teilnahme-Trophäe / Nicht jeder ist ein Gewinner / Niemand schuldet dir etwas / Nur weil du schreist, hast du nicht recht / Manchmal verlierst du tatsächlich / Weinen löst keine Probleme / Nichts ist umsonst in dieser Welt / Und du bist nichts Besonderes

rauszulassen. Man kriegt dann weiterhin nichts geschenkt, aber die eigenen ungeweinten Tränen geben einem das Gefühl, eben doch etwas Besonderes zu sein – zumindest vor den Weicheiern, die rumjammern, während man sie schikaniert.

Und diese Schikane, anders als der unterwerfende Phantombesitz, zielt direkt auf Auslöschung. Womöglich lässt sich der eigenen Verächtlichkeit zuvorkommen, wenn man die anderen als Auswurf produziert. Adorno und Horkheimer haben in ihren Überlegungen zum Antisemitismus den Zusammenhang zwischen sachlicher Herrschaft und dem modernen Vernichtungswillen besonders eindrücklich ausgedeutet. Die eben eingeführte Idee, dass den in die Verwertung Eingespannten das Versprechen auf ein Aussetzen der Herrschaft unerträglich würde, findet sich in der *Dialektik der Aufklärung* in folgenden Worten:

> Noch als Möglichkeit, als Idee müssen sie den Gedanken an jenes Glück immer aufs neue verdrängen, sie verleugnen ihn um so wilder, je mehr er an der Zeit ist. Wo immer er inmitten der prinzipiellen Versagung als verwirklicht erscheint, müssen sie die Unterdrückung wiederholen, die der eigenen Sehnsucht galt. Was zum Anlaß solcher Wiederholung wird, wie unglücklich selbst es auch sein mag, Ahasver und Mignon, Fremdes, das ans verheißene Land, Schönheit, die ans Geschlecht erinnert, das als widerwärtig verfemte Tier, das an Promiskuität gemahnt, zieht die Zerstörungslust der Zivilisierten auf sich, die den schmerzlichen Prozeß der Zivilisation nie ganz vollziehen konnten. Denen, die Natur krampfhaft beherrschen, spiegelt die gequälte aufreizend den Schein von ohnmächtigem Glück wider. Der Gedanke an Glück ohne Macht ist unerträglich, weil es überhaupt erst Glück wäre.

»Ahasver und Mignon« – die Migrant_innen und die Queers oder Transmenschen – trifft auch heute ein Eliminationswille, der sich in drastischster Form im modernen Antisemitismus konzentriert. Mit ihren weiteren Überlegungen zur Opferwahl knüpfen Adorno und Horkheimer an das Motiv des Warenfetischs an. Wenn es so ist, dass die sachliche Herrschaft uns unerkannt bleibt, weil wir den Wert als dingliche Eigenschaft der Waren betrachten und nicht als Effekt des gesellschaftlichen Gesamtzusammenhangs, dann kann sich der Hass auf diese Herrschaft immer nur auf Stellvertreter entladen. Wo sich Menschengruppen finden, denen sich die Attribute der Verwertung anhängen lassen – die ungreifbar, zirkulierend, bodenlos wirken –, entlädt sich ein Ausmaß von Hass und Eliminationswut, das schwer durch bloße Vorurteile zu erklären ist. Auch hier fügt sich neben dem Zerrbild der Jüdinnen und Juden das Unbehagen an Gender und Migration ins Raster. Der *horror vacui* der scheiternden Selbstverwertung wird weitergereicht, so als solle an diesen Menschen persönlich Rache geübt werden für die stete Gefahr der Verwertung: die Gefahr als nichtig abgespalten zu werden, während anderswo Wert eingesackt wird.

Vermüllung

Das Bild des Kapitalismus als frei schwebender Jongleur, der stets noch mit einem Ball mehr zu jonglieren weiß, ist zu schmeichelhaft. Man soll dem Kapitalismus nicht durchgehen lassen, sich als Ekstase, als unstillbares Verlangen, als schlaflose Nacht zu inszenieren. Er lässt nicht alle Puppen tanzen, selbst wenn er die Gebeine der Vergangenheit aufwirbelt. Das, was funkelt wie ein Karussell, ist nur die wacklige Spitze eines riesigen Bergs aus Müll, Langeweile und Leichenteilen.

Es ist die lebendige Natur, die Zyklen schafft, in denen alle Teile in Bewegung bleiben und sich immer wieder neu in regenerierende Kreisläufe einspeisen. Der Kapitalismus zapft daraus nur partiell etwas ab und schert sich nicht um den Gesamtzusammenhang. Sein Ziel ist schließlich ein anderes: schneller, konkurrenzgejagter Profit. Überall, wo der Trichter angesetzt hat, bleiben Unmengen von Abfall zurück. Der aufgewirbelte Wert-Staub verschleiert, wie viel Bruch, Überrest und Nutzlosigkeit da produziert wird. Die Menschen, deren Fähigkeiten und Daten nicht mehr verwertbar sind: Schutt. Die leerstehende Fabrik, die verlassene Tagebaugrube, der ausgelaugte Acker: Schutt. Das quecksilbervergiftete Grundwasser, der ölverseuchte Boden, die ausgedienten Atombrennstäbe: Schutt. Schutt die Schrankwand, Schutt die Mode vom Vorjahr, Schutt das alte iPhone. Schutt der Essensrest, Schutt der Klärschlamm.

Der Biologe Bernd Heinrich fasst seine Forschungen zu natürlichen Nährstoffzyklen folgendermaßen zusammen: »… wir sind nicht aus Staub. Und wir kehren nicht zum Staub zurück. Wir sind aus Leben und wir sind ein Übergang in ein anderes Leben. Wir kommen von den unvergleichlichen Tieren und Pflanzen und kehren zu ihnen zurück.« In diesen Kreislauf hat sich der Kapitalismus als eine Lebensform eingefügt, die alles zu Staub zermahlt und die Erde als Schutthalde hinterlässt.

ERSCHÖPFEN
(Arbeit)

Um aus dem, was man beherrscht, Wert zu schöpfen – Eigentum in Waren zu verwandeln –, braucht es Energie. Wasser, fließend oder als Dampf, Öl, Gas, Kohle, Strom – etwas muss das Mahlwerk antreiben. Und zudem müssen die verwertbaren Dinge der Erde entrissen, weiterverarbeitet, verpackt und verkauft werden. Die Ware ist nicht einfach die Wiederauferstehung des zugrunde Beherrschten. Nicht die Aussicht auf Wert haucht ihr Leben ein, oder zumindest nicht diese Aussicht allein. Es muss auch etwas gezielt Tätiges dazukommen. Arbeit ist das Zwischenglied, das aus Herrschaft Wirtschaft macht.

Unter dem Pflaster die Hand

Manchmal, wenn ich durch die Nebenstraßen einer fremden Stadt gehe, befällt mich eine hartnäckige Verlorenheit. Lampenfiebrig um den Block eines Vortragsortes tigernd, bin ich mir plötzlich sicher, dass diese Welt nicht für uns eingerichtet wurde. Nicht hier, um mich herum, und auch nicht zwischen Hotel und Hauptbahnhof. Die Fassaden sind ausdruckslos, Firmenschilder verblasst, Eisengitter vor allen Auffahrten. Ein versiegelter Büroturm verstellt meine Sicht auf Himmelsrichtung und Wetter. Ich senke den Blick und murmele die Eröffnungsworte des Vortrags vor mich hin. Überall schnurgerade Linien, Betonplatte an Zementputz, Bordstein an Asphalt, ohne Perspektive. Die Erde um einen kümmerlichen Baum ist blank getreten, jemand hat einen Plastikbeutel mit Hundekacke darauf stehengelassen. Meine Füße spüren nur ihre eigene Müdigkeit, nicht den Gehweg.

»Unter dem Pflaster liegt der Strand« war ein beliebter, dem Anarchisten Pierre-Joseph Proudhon entlehnter Slogan im Mai 1968, der die Hoffnung einer ganzen Generation auf Umsturz und Ungezwungenheit ausdrückte. Von wegen. Nicht, dass ich mich nicht fast immer im Leben nach dem Meer sehnen würde. Aber nun, wo die Meeresspiegel tatsächlich steigen, kann man sich die Küste ja schlecht nach Frankfurt wünschen. Was sollte das für ein Strand sein, am Rand einer Lagune voller Giftmüll? Und die Utopie eines ewigen Badeurlaubs hält der realen Katastrophe auch nicht recht stand.

Was mich an überteuerten Stadtzentren ebenso wie an abgelegeneren Industrie- und Einzelhandelsbrachen so abstößt, ist die Starre. Man kann das alles nicht benutzen, man kann nichts kultivieren, und schon ein einfacher Verschönerungsakt mit der Spraydose ist illegal. Unter dem Pflaster ist kein Strand, sondern aufgeschütteter Kies und darunter eine Lehmschicht. Wenn man sie auflockerte und Kompost eingrübe, wäre das fruchtbarer Boden. Unter dem Pflaster das Land. Aber auch das ist eine beschränkte Vision. Utopien, die darauf angewiesen sind, dass man sich die Welt erst mal wegwünscht, sind falsch.

Ich habe mir irgendwann eine tröstende Vorstellung angewöhnt, mit der ich meine Zement-Verzweiflung zerstreuen kann. Ich schaue auf die Gehwegplatten, auf die Metalltore, auf die Kunststofffenster und erinnere mich daran, dass sie alle von Menschen gebaut wurden. Sicher, da waren Kalkmühlen, Kräne und Computer beteiligt. Aber auch da immer wieder: Hände. Menschliche Hände. Manche waren hier, haben mit Gummihämmern das Pflaster gelegt, andere waren am LKW-Steuer, in den Fabriken, in der Buchführungsabteilung. Hände mit Tattoos, Hände mit Nagellack, Hände mit Goldringen. Hände am Mainhafen, die mit dem Gabelstapler Paletten von Containern fahren, Hände in den Zuliefererbetrieben. Hände in der Phosphatmine. Hände, die Overalls waschen und Teller hinstellen und Hände, die Hände halten. Es ärgert mich, dass sie nicht etwas bauen konnten, was schöner, recyclebarer, teilbarer wäre, dass sie auf die Firmenschilder die Namen von Marken statt ihre eigenen drucken mussten und dass so viele Hände von Chlorreiniger oder Kalkstaub oder Karpaltunnelsyndrom zerfressen sind. Aber jedes rostige Garagentor und jede abweisende Straßenecke erfüllt mich mit Andacht. Produkte menschlicher Arbeit. Alle Speicher von Zeit, Mühe und Überlegung. Die Hände sind längst mit anderem beschäftigt, manche alt und faltig, andere unter der Erde. Aber jede Gehwegplatte zeugt von einem Netz aus menschlichen Gliedern. Es umspannt den Erdball und reicht weit in die Vergangenheit zurück. Ich atme durch und lächle zerstreut in die leere Straße hinein. Egal, was falsch ist an dieser Welt. Wir haben sie gebaut. Wir können weiter bauen. Mehr Hände denn je auf der Welt. Wir können anders weiterbauen.

Für Karl Marx war die Tatsache, dass Menschen sich selbst, ihre Umgebung und ihre Versorgungsgüter planvoll herstellen können, der Inbegriff unseres Wesens. Der Mensch: das sich selbst produzierende Tier. Seine Hochachtung für die moderne Arbeit ging aber mit deren Kritik einher. Entfremdung heißt der Begriff, in dem diese Kritik zusammenläuft. Denn die Dinge werden den Händen, die sie schaffen, immer schon entwunden. Lohnarbeitend lassen sie die Güter beim Besitzer der Werkbänke zurück. Und lohnarbeitend haben sie die Kontrolle über ihre Tätigkeit abgegeben. Es ist nicht der eigene Kopf und nicht das eigene Bauchgefühl, das steuert, wie der Produktionsprozess abläuft. Vor allem aber greifen all die Hände nicht ineinander. Die Güter werden nicht geschaffen, um sie einander anzuvertrauen oder sie geteilt zu halten. Nicht die Bedürfnisse der Abnehmer_innen, nicht die Vision der Produzent_innen, sondern die Spekulation der Firmen auf Profit steuert das Geschehen. Unsichtbare Fäden knüpfen alle Hände an die Verwertung. Eine vielgliedrige Marionette, kein lebendiges Aufeinandereingehen.

Demgegenüber erblickt Marx in unserer produzierenden Natur ein großes Potenzial: dass wir füreinander produzieren könnten. Man würde es den Dingen ansehen. Und die Hände verschwänden dann nie mehr hinter den gleichgültigen Dingen. Keiner Hand würde versagt, beizutragen. Keine Hand bliebe leer. Die Fäden zum Diktat der Verwertung wären gekappt. Das wäre, nach Marx, die Realisierung menschlicher Freiheit.

In seinem Fokus auf planvollem Schaffen neigt Marx allerdings mitunter dazu, die Welt in unseren Händen zum Material zu degradieren. Die Lebendigkeit des Ganzen gerät aus dem Blick, der Besitzanspruch der Sachherrschaft lüftet sich nicht. Aber die menschliche Vorstellungsgabe erlaubt uns nicht nur, umeinander zu wissen und füreinander zu arbeiten. Sie erlaubt uns auch, im Schaffen innezuhalten, all unser erarbeitetes Wissen zusammenzutragen und uns zu fragen, was für eine Welt wir da bauen, während wir sie umbauen. Es müsste ein Gespräch aus systemrelevanten Erfahrungen heraus sein, keine isolierte Kontemplation derjenigen, für die der Lockdown vorübergehend Entschleunigung brachte. Wir können nicht nur abklären, was unsere Gegenüber brauchen.

Wir können auch versuchen zu erforschen, wie unser Gebrauch und unsere Gebrauchsgüter auf die Welt zurückwirken. Der Profitorientierung ist es gleichgültig, ob sie die Welt belebt oder abtötet. Sie sieht nichts als ihre Waren. Auch die Eigentumsfixierung ist blind für die Welt; Zäune verstellen den Blick. Unentfremdete Arbeit würde jedoch unter unseren Händen ein lebendiges Ganzes wahrnehmen. Oder: unsere Hände als Glieder einer freien Welt begreifen. Denn Entfremdung heißt nicht nur, in der Welt unsere Hände nicht mehr erkennen zu können, sondern auch: in unseren Händen keine Welt.

Fühllose Körper und verfügbare Zeit

Die Arbeitskraft, die wir verkaufen, wenn wir für Lohn arbeiten, liegt nicht in den Händen. Man verkauft ja auch nicht seine Hände. Selbst sogenannte Handarbeit könnten die Hände nicht allein verrichten. Seinen Körper verkauft man in der Arbeit – selbst in der Sexarbeit – aber auch nicht. Man verkauft seine Zeit, und die Tätigkeit in ihr.

Um seine Tätigkeit als Ware anbieten zu können, muss man also erst einmal auf eine bestimmte Art über seine Zeit verfügen. In England entstand durch die Einhegungen schon ab dem 16. Jahrhundert eine Klasse »freier« Tagelöhner und Wanderarbeiter. In Frankreich wurde die Leibeigenschaft in der Nacht des 4. August 1789 von der revolutionären Nationalversammlung aufgehoben. Die 1807 einsetzende preußische Bauernbefreiung wurde nach den Napoleonischen Kriegen 1816 so gefasst, dass eine Art Entschädigung an die vormaligen Herren zu entrichten war. So bedeutete die Befreiung faktisch meist eine Überführung in die Schuldknechtschaft.

Aber der rechtliche Tatbestand – als jemand zu gelten, der

sich selbst gehört – schafft noch nicht das zugrundeliegende Vermögen: Besitzer seiner selbst und seiner Arbeitskraft zu sein. Dieses Vermögen ist im Zusammenspiel von staatlicher Verwaltung, materiellen Zwängen und Selbstbildung geschaffen worden. Zwei frühneuzeitlich einsetzende Entwicklungen – die Befestigung des Privateigentums und die Rationalisierung des Individuums –, steckten das Terrain der Arbeitskraft ab. Ab dem 18. Jahrhundert kulminieren diese Entwicklungen in der Disziplinierung von produktiven Körpern. Man könnte sagen, dass die bürgerliche Gesellschaft um das Zeitaufgebot der Arbeitenden geritten ist. Inzwischen zeichnen wir alle selbst Tag für Tag diese Linie nach.

Das fiktive Eigentum an der eigenen Arbeitskraft ist eine besondere Ausprägung der modernen Sachherrschaft. Sie wird nicht im Zuge einer einfachen Enteignung abgezirkelt. Der Kapitalistin gehört die Arbeitskraft schließlich nie restlos als Eigentum, sondern immer nur als vertraglich gewährter Besitz. Trotzdem bleibt für die Arbeitenden das Selbsteigentum, das ihnen ermöglicht diesen Vertrag einzugehen, immer ein Stück weit Chimäre. Ganz einwandfrei gesichert ist es nur in dem einen Moment, in dem der Arbeitsvertrag geschlossen wird. Nur in der Übereignung weiß sich der Arbeiter im Besitz seiner Arbeitskraft. Sie gehört ihm, aber nur als abzutretende. Danach untersteht sie der Arbeitgeberin, und der Arbeiter spürt seine Arbeitskraft nicht mehr als Besitz, sondern als fremdbestimmte Bürde.

Und auch wenn der Arbeitsvertrag die Fiktion des Selbsteigentums voraussetzt, liegt diese doch bei den Besitzlosen immer nur schemenhaft vor. Volles Selbsteigentum gewährt die moderne Gesellschaft nur dem vermögenden bürgerlichen Individuum. Der Selbstbesitz der Arbeiter_innen bleibt doppelt gebrochen.

Den ersten Bruch proletarischen Selbsteigentums bewirken die Besitzverhältnisse. Die materielle Besitzlosigkeit in einer Welt voller Eigentum schließt die Möglichkeit aus, sich selbst – oder in Gemeinschaft – zu versorgen. Es gibt also, wie im Marxismus stets betont, bestenfalls eine Wahl zwischen verschiedenen Arbeitgeber_innen, aber keine andere Wahl, als für Lohn zu arbeiten. Die freigesetzte Landbevölkerung der Frühneuzeit versuchte sich diesem Zwang zwar zu verweigern, wurde aber durch unerbittliche Strafen auch auf kleinste Diebstahlsdelikte zum Respekt des ihnen entzogenen Reichtums gezwungen. Freie Hände, die keine Arbeiterhände werden wollten, wurden abgeschlagen, und Wiederholungstäter endeten am Galgen.

Neben dem Stehlen wurde das Betteln zunehmend suspekt gemacht. Die Hexenprozesse erlaubten, bettelnde Frauen zu eliminieren. Die meisten verfolgten Frauen waren arm, so wie etwa die fünfundsechzigjährige Witwe Margaret Harkett, die 1585 im englischen Tyburn gehängt wurde. Ihr wurden eine ganze Reihe von Rachezaubern nach abgewiesenen Bittgängen nachgesagt. Der Historiker Keith Thomas listet auf, was er den Studien der Anklageakte entnahm:

> Sie hatte ohne Erlaubnis auf dem Feld ihres Nachbarn einen Korb Birnen gepflückt. Als sie aufgefordert wurde, diese zurückzugeben, warf sie diese wütend zu Boden. Seitdem wuchsen auf dem Feld keine Birnen mehr. Später verweigerte William Goodwins Diener ihr Hefe, woraufhin seine Brauvorrichtung austrocknete. [Harkett] wurde von einem Gutsverwalter geschlagen, der sie dabei erwischt hatte, wie sie Holz vom Grund des Herrn stahl; der Gutsverwalter wurde wahnsinnig.

Diese Liste zeigt vielleicht, dass der Anspruch zu teilen manchmal noch renitent vorgebracht wurde. Es ist zudem bemerkenswert, dass Harkett sich bei Dingen bedient, die in der Natur eigentlich im Überfluss entstehen und zwei Generationen zuvor vielleicht noch als Gemeingut behandelt worden wären – Birnen, Hefe, Reisig. In jedem Fall verrät die Quelle, welch tödliche Rückendeckung die neu begüterten Grundherren und Braumeister brauchten – nicht nur, um ihren Besitz garantiert zu bekommen, sondern auch, um sich nicht mehr von den Zweifeln heimsuchen zu lassen, ob man der Bitte einer alten Frau nicht doch hätte nachgeben sollen. Zumindest dieser Galgen wurde auch errichtet, um die Vermögenden in einer neuen Fähigkeit zu bestärken: dem Ausschlagen von Hilfsgesuchen. Diese selbstgerechte Gleichgültigkeit gegenüber von Bedürfnissen sollte zum Kern der bürgerlichen Individualität werden.

Die Verfolgung von Bettelei, Magie und Diebstahl zwang die Besitzlosen dazu, entweder anzuheuern oder sich in der Nähe von Fabriken und Manufakturen niederzulassen. Von nun an besaßen sie Arbeitskraft in Form der Bereitschaft, ihre Zeit zu verkaufen. Aber damit diese Zeit überhaupt etwas wert ist, muss auch sie entsprechend zugerichtet werden. Die vom Eigentum in die Schranken gewiesene körperliche Tätigkeit muss in übertragbare Einheiten portioniert und – als Ware – reaktiviert werden. Das disziplinierte bürgerliche Subjekt, das selbst weder hungern noch schuften muss, gibt dafür den bewusst unerreichbaren Maßstab ab. Durch diesen Maßstab lässt sich der proletarische Selbstbesitz an Arbeitskraft ein zweites Mal brechen.

Bürgerliche Individualität ist nur auf Grundlage eines bestimmten Körperbildes und Selbstverhältnisses praktikabel. Die von René Descartes formulierte Zweiteilung der Welt in eine materielle und eine höhere, geistige Substanz wird in diesem Zusammenhang oft als Grundlage angeführt. Es ist aber wichtig, das ökonomische Modell dieser Zweiteilung nicht zu übersehen. Descartes formuliert zwischen Geist und Materie keine einfache dualistische Hierarchie, sondern abermals ein Ebenbild des Eigentumsverhältnisses. Die als souverän imaginierte Substanz verfügt über leblosen Stoff. Um sich so verstehen zu können, musste das Weltbild des Mittelalters gebrochen werden, das den ganzen Kosmos im menschlichen Leib gespiegelt und diesen wiederum als auf vielfältige Weise mit seiner Umwelt verbunden ansah. Neben der Hexenverfolgung bot die um 1530 neuetablierte Anatomie ein Experimentierfeld zur Überwindung des alten Verständnisses. Das Sezieren von Leichen, das in anatomischen Theatern vor Publikum durchgeführt wurde, bot als Spektakel dar, wie sich die besitzenden und wissenden Klassen die Körper der Armen aneigneten. Zumal der Aberglaube hinsichtlich des Nachlebens von Leichen bei weitem noch nicht abgeklungen war, stellte niemand seinen Körper freiwillig der Anatomie zur Verfügung. Wer im Armenhaus oder am Galgen starb, wurde umgehend zum Seziertisch gekarrt, was, wie Peter Linebaugh rekonstruiert hat, oft zu Handgemengen, Streit und Erpressungszahlungen am Fuße des Galgens führte, weil Angehörige ihren Toten nicht ans Messer liefern wollten.

Die Erforschung des Menschen am Modell der Leiche förderte die Durchsetzung der Annahme, es beim Körper mit einer Art leblosen Maschine zu tun zu haben, die durch die Seele in Bewegung gesetzt würde wie eine aufgezogene Uhr. Descartes selbst überzeugte sich in einer Reihe grausamer und offenbar obsessiv betriebener Tierversuche davon, dass Tiere, die seiner Philosophie nach keine Seele haben dürften, auch keinen Schmerz empfänden. Das ist kein zufälliger Spleen. Es entspricht dem Dogma der Sachherrschaft, dass der besitzbare Körper leblos ist.

Gemessen an solcher als taub phantasierten Reglosigkeit erweisen sich die Armen nie vollends im Besitz ihrer selbst.

Und das ist aus kapitalistischer Sicht gut so. Der Selbstbesitz des Arbeiters muss defizitär bleiben, ergänzungsbedürftig durch die Disziplin der Fabrik, der Volksschulen und des Militärs. Diese Disziplin besteht vor allem im neuen Regiment der zeitlichen Synchronisierung. Stechuhr und Appelle lehren den Körper, die Spontaneität zu überwinden, mit der er lebendige Zeit füllen würde. Es ist nicht irgendeine Disziplin, sondern eine Disziplinierung in das fremdverwertbare Selbsteigentum hinein. Beweisen, dass man über seine Zeit verfügt – aber als tote, leere Zeit, die mit fremden Zwecken gefüllt werden kann. Diese Disziplinierung ist nie abgeschlossen. Sie ist, wie Tempo und Effizienz der konkurrenzgetriebenen Produktion, nach oben offen. Im 19. Jahrhundert geben schwere, von fossilen Brennstoffen getriebene Maschinen und Fließbänder der Arbeit einen Takt vor und stellen sicher, dass die Arbeitskraft so restlos wie möglich der Produktion dient; im 21. Jahrhundert messen Algorithmen die Geschwindigkeit. Das Interesse der Kapitalistin besteht immer darin, so viel ihren Zwecken dienende Tätigkeit wie möglich in der von ihr unter Vertrag genommenen Zeit zu erwirken. Sie hat ein Interesse an Beschleunigung, was nicht heißt, dass außerkapitalistische Zeit nicht auch extrem heiße Phasen kennen würde. Wer versucht, mit vier Kindern um sich herum Essen zuzubereiten oder eine Fuhre Heu vorm Gewitter vom Feld zu holen, erschöpft sich womöglich mehr, als die Fabrikarbeiterin. Aber das Maß der Anstrengung ist ein anderes, es liegt in den Erfordernissen der konkreten Aufgabe und ist mit ihr absolviert, es liegt nicht im System der Profitmaximierung, die darauf baut, dass das zu langsam beziehungsweise zu teuer produzierte gegenüber dem effizienteren Angebot nichtig wird.

Aber selbst wenn ein Arbeiter wie ein Uhrwerk fremden Zwecken folgt, lassen sich Zweifel an seiner Selbstbeherrschung hegen. Auch qualitativ ist die Disziplinierung unabgeschlossen. Der Arbeiter hat ja nicht bewiesen, auch seinen eigenen Zwecken restlos folgen zu können. Das kann nur das bürgerliche Individuum, das seine Zeit in Bildung und Gefälligkeit investieren kann. Der Gesellschaft kommt es gelegen, immer wieder Zweifel daran zu schüren, ob der Prolet sich ganz im Griff hat. Das heißt, dass er der Führung und Leitung bedarf, dass vor allem nicht ihm die Führung und Leitung übertragen werden darf. Nur die Bürger, in ihrer durch materiellen Komfort und sadistisches Selbstverhältnis gänzlich verschleierten Bedürftigkeit, gehören sich selbst. Der Arbeitskraft muss immer eine Spur rohe Natur beigemischt bleiben, um ihre Produktivität und ihre Aneigenbarkeit zu rechtfertigen.

Die beiden Brechungen des proletarischen Selbstbesitzes, durch materielle Armut und bürgerliche Moralisierung, wirken auf eine wunderbar selbsterfüllende Weise zusammen: Die Armut macht unbändig, die Unbändigkeit bedarf der Disziplin. Die Arbeitskraft als in der Schwebe gehaltenes Selbsteigentum ist somit immer schon im Phantombesitz der bürgerlichen Gesellschaft. Ihre Gewalttätigkeit kaschiert diese Gesellschaft damit, dass sie die arbeitenden Unvermögenden angeblich nicht beraubt. Man nimmt dem Arbeiter nichts weg, man bildet und beschäftigt ihn. Und siehe da, der Reichtum wächst. In Händen, die nicht gearbeitet haben.

Sachliche Sachherrschaft

Der Kapitalismus ist die Wirtschaftsform, in der auf Grundlage von Eigentumsfixierung profitorientiert produziert wird. Die sachliche Herrschaft – die Wette auf kommenden Profit – ist ein *perpetuum mobile*, ein scheinbar selbstlaufendes Gebilde. Auch der drohende Kollaps des Planeten stört den Kapitalismus als Kapitalismus nicht. Nach der Krise, nach der Kriegs- oder Corona-Wirtschaft, ist wieder Konjunktur. Solange irgendwer übrig bleibt, wird sich ihm etwas verkaufen lassen. Beste Aussichten für neue Start-ups. Die blässlichen Jungs im Silicon Valley können aus neuseeländischen Bunkern weiterwirtschaften; sie träumen bereits von Headquarters auf dem Mars.

Die Wertschöpfung als Spaltung des Werts vom Auswurf ist allerdings darauf angewiesen, dass verschiedene Teile ineinandergreifen. Mit der besitzergreifenden Sachherrschaft haben wir so etwas wie das Konstruktionsmuster aller bisherigen Bausteine vor Augen – Arbeitskraft, Sorgetätigkeiten, natürliche Ressourcen: Alles muss Eigentumsform annehmen, damit die Verwertungsmühlen laufen. Es kann uns für kommende Kämpfe wappnen, nachzuvollziehen, wie diese Elemente sich historisch zugunsten der anonymen Herrschaft des Kapitals verzahnt haben. Das Kapital selbst ist derweil ohne Frage bereits damit beschäftigt, irgendwo in den Trümmern neue Bausteine zu finden, die in seinen Mechanismus passen.

Im Industriezeitalter hat die zur Ware beförderte Arbeitskraft für die Wertschöpfung eine besondere Rolle. Sie wird gebraucht, um in der Produktion die Waren aus Rohstoff und Abfall herauszupräparieren. Und sie verbindet wie eine Kupplung sachliche Herrschaft und Sachherrschaft, Eigentumsfixierung und Profitmaximierung. Denn die sachliche Herrschaft stellt die Arbeitskraft nicht selbst her. Sie ist dafür auf die Sachherrschaft angewiesen. Arbeitskraft entstammt zumindest teilweise Bereichen, die jenseits des Marktes angesiedelt sind. Klassischerweise ist es die weibliche Reproduktionsarbeit, die das Leben nicht nur gebiert, sondern auch tagein, tagaus wieder herstellt. Die Kapitalistin kostet die Zeit, in der im Privathaushalt Socken gewaschen, Mäuler gestopft und Tränen abgewischt werden, nichts. Sie bezahlt nur die Zeit, die der erwachsene, halbwegs gefasste und ausgeruhte Mensch am Arbeitsplatz verbringt. Das ist sehr praktisch für die Kapitalistin – es wäre andernfalls deutlich schwerer, profitabel zu produzieren. Dass diese Dienste umsonst sind, verdankt sich patriarchalen Verhältnissen. Historisch war die weibliche Reproduktionsfähigkeit fiktives Eigentum der Ehemänner. Das verschleiert ihren Charakter als Arbeit zum Teil bis heute. Die Sorgetätigkeiten wurden wie Eigenschaften, nicht wie Leistungen der Frauen betrachtet. Irgendwie liegt es in ihrer Natur, dafür zu sorgen, dass am Ende alle satt und befriedigt sind. Aber das ist nicht Natur, nicht Natur als freier, wilder Gesamtzusammenhang. Warum sollte Letztere sich auch um Bedürfnisse derer kümmern, die von umweltschädlicher Lohnarbeit erschöpft sind! Das ist Natur als eingehegte, abgetrennte, beherrschte Sache. Die Ausbeutung, die zur Sachherrschaft hinzutritt, entspringt genau dieser Differenz: dass das, was da als Sache behandelt wird, in Wahrheit immer weiter tätig ist, immer weiter das Leben wiederherstellt, immer weiter Energie aufwendet, um aus einem bestimmten Vermögen eine Ware zu machen. So wird nicht Leben zur Welt, sondern Arbeitskraft zur Verwertung gebracht.

Die dort verarbeiteten Dinge sind ebenfalls eingehegte, abgetrennte, beherrschte Natur. Natur in diesem Zustand wird Rohstoff genannt, aber »roh« ist sie gerade nicht. »Roh« wird sie behandelt: der Erde entrissen, herausgesprengt, abgepumpt. Ohne Rücksicht auf die jeweiligen Orte, immer bis zur Erschöpfung. Einmal registriert und vermessen – schon hat Sachherrschaft die Güter aneigenbar gemacht. Je kruder über sie verfügt werden kann, desto billiger schlägt es in der Produktion zu Buche.

Während in der patriarchalen Ehe Reproduktionsarbeit zum fiktiven Eigentum der arbeitenden Männer wurde und dadurch nur indirekt ihren Arbeitgeber_innen zugutekam, wird versklavte Arbeit direkt von den Plantagenbesitzer_innen angeeignet. Im auf weißer Sachherrschaft beruhenden System der Versklavung behandelt der Kapitalismus selbst tätige Menschen als Rohstoff. Die erplünderte Arbeit ermöglichte der kapitalistischen Plantagenwirtschaft eine Produktion ohne Lohnkosten. Zudem unterfütterte die Sklaverei die Ausbeutung der bezahlten Lohnarbeit. Sie schuf weltweit einen Kontrast, demgegenüber sich den freien, weißen Arbeiter_innen ihr Schicksal in einem günstigen Licht darstellte. Auch materiell hing der Lebensstandard und die Versorgung der weißen Arbeiter_innen im späten 18. und 19. Jahrhundert ganz maßgeblich von Baumwolle, Tabak, Rum und Zucker – also Produkten aus Sklavenwirtschaft – ab (so wie sie im 20. Jahrhundert auf Massenkonsumartikel aus Billigproduktion im globalen Süden angewiesen war). Weil Zucker bis zur Durchsetzung von Rübenzucker in der ersten Hälfte des 19. Jahrhunderts nur aus überseeischem Zuckerrohr gewonnen wurde, führten Befürworter_innen des Sklavenhandels ihn sogar immer wieder explizit als zwingenden Grund für dessen Fortsetzung an.

Aber auch das Ende des Diebstahls schwarzer Menschen bedeutete nicht den Wegfall europäischer Plünderungspolitik. Der Historiker und Rassismustheoretiker W. E. B. Du Bois formulierte den Gedanken, dass die Landnahme auf dem afrikanischen Kontinent selbst eine Verschiebung der weißen Bereicherung war, nachdem 1807 der transatlantische Sklavenhandel verboten worden war:

> Vierhundert Jahre lang war das weiße Europa die vornehmliche Stütze jenes Menschenhandels, der das schwarze Afrika um insgesamt hundert Millionen Menschen beraubte ... Anstatt Arbeiter aus Afrika in die ferne Sklaverei zu verschleppen, nähert sich die Industrie, die auf einer neuen Sklaverei aufbaut, heute Afrika, um die Bewohner ihres Landes zu berauben, sie zur Arbeit zu zwingen und den ganzen Profit für die weiße Welt zu ernten.

Der Kolonialismus dient als kartierende Vorhut des Kapitals; gemeinsam ernten sie Profit für die weiße Welt. Insbesondere gilt das für die zweite kolonialistische Phase, als unter anderen der afrikanische Kontinent von den europäischen Mächten – darunter auch Deutschland – vermessen und vereinnahmt wurde. Die Verwertung gewinnt Zugang zu neuen Rohstoffen, billigeren Ressourcen, Ländereien – allesamt abgesichert von sachherrschaftlichen Verwaltungsstrukturen.

In ihrer Überarbeitung des Marx'schen Werks kam Rosa Luxemburg zu dem Schluss, dass solcher Imperialismus notwendig sei, um die wiederkehrenden Konjunkturkrisen des Kapitalismus abzufangen und neue Investitions- und Absatzmöglichkeiten zu erschließen. Der Öko-Marxist Jason Moore reformuliert diesen Gedanken noch abstrakter. Die Eroberung ferner Länder ist nur einer der Schauplätze, an denen neue Eigentumsfixierung weitere Profitmaximierung verspricht. Gegenüber Reproduktionsarbeit, Gemeingütern, Tieren und Ökosystemen begegnen wir jeweils derselben Logik. Die sachliche Herrschaft muss stets ihre Grenze verschieben, um die Trichter zu füttern, zumal sie dazu neigt, das bereits betretene Gebiet in der Plünderung zu ruinieren. Moore beschreibt diese Aneignungs-Grenze, als träfen an ihr Wertschöpfung und Natur, die Moore das »Gewebe des Lebens« nennt, direkt aufeinander. Aber diese Linie ist imaginiert. Wilde Natur wäre für die sachliche Verwertung gar nicht zu fassen; die Sphären der kapitalistischen Produktion und der freien Regeneration begegnen sich nicht unvermittelt. Tatsächlich ist die Grenze immer ein Gebiet, auf dem die Sachherrschaft bereits Vorarbeit geleistet hat. Sie stellt durch Unterwerfung die Verwertbarkeit sicher.

Eigentlich bilden diese Zusammenhänge keine neue Einsicht. So fragt Mary Wollstonecraft schon 1792 ob »die Hälfte der menschlichen Spezies … brutalen Vorurteilen unterworfen werden« solle, »only to sweeten the cup of man?« – um also den Männern ihren Tee zu zuckern beziehungsweise das Dasein zu versüßen. Die von der sorgenden Frau mit freundlichen Worten überreichte Kolonialware kurbelt nicht nur die Konjunktur an, sondern macht dem Empfänger auch das Schicksal schmackhafter, einen Großteil seiner Zeit verkaufen zu müssen. Die Tee- oder Kaffetasse vereint also gleich mehrere Bausteine der Sachherrschaft: Reproduktionsarbeit, Sklav_innenarbeit, kolonial angeeignetes Land, landwirtschaftlichen Raubbau. All diese Bausteine arbeiten. Die Frau versorgt, die versklavten Menschen schuften, das eingenommene Land trägt. Der Rahmen der Sachherrschaft erlaubt es, diese Arbeit zu plündern. Und diese Plünderung hält die Kosten für die »natürlich« reproduzierte Lohnarbeit niedrig und stellt zugleich sicher, dass diese sich nicht restlos erschöpft.

Die Verkoppelung von Eigentumsfixierung und Profitmaximierung, sachlicher Herrschaft und Sachherrschaft besteht fort, sogar nachdem ihre Knotenpunkte vermeintlich aufgelöst wurden. Postabolitionistischer Kapitalismus, also Wertschöpfung nach offizieller Abschaffung von Sklaverei und patriarchalem Eherecht, baut weiterhin auf die Verdinglichung und Spaltung der Arbeitenden. Die Sachherrschaft hat jenseits ihrer Ausgangsinstitutionen ein Nachleben als Phantombesitz. Dieser Phantombesitz – dass manche immer schon weniger sich selbst gehören und anderen immer schon Zusätzliches zusteht – zerrüttet weiterhin Lohnniveau und Klassenkampf.

Arbeitskraft variiert nicht nur nach Ausbildung, sondern auch je nach Gruppenzugehörigkeit im Wert. Oder, anders gesagt: Ein Teil weiblicher und nichtweißer Arbeitskraft zählt eben gar nicht als Arbeitskraft, sondern immer noch als natürliche Ressource, als Aufschlag oder Beute, die man umsonst dazubekommt, wenn man die entsprechende Person beschäftigt. Frauen, wie zuletzt die #Metoo-Kampagne hervorhob, sind ständig der Zumutung ausgesetzt, ihre sexuelle Verfügbarkeit von der Arbeitskraft abzuziehen. Arbeitsmigrant_innen und rassistisch deklassierte Arbeitnehmer_innen treffen auf drastische Einschränkungen ihrer Mobilität und müssen immer wieder darum kämpfen, dass ihnen gegenüber arbeitsrechtliche Mindeststandards eingehalten werden. Rassismus schadet aber nicht nur den rassifizierten Arbeiter_innen. Er nützt den weißen. Sie sichern sich einen, wie W. E. B. Du Bois es nennt, zusätzlichen »Lohn des Weißseins«. Innerhalb des Systems sachlicher Herrschaft profitieren die weißen Arbeiter_innen von der Unterdrückung ihrer Genoss_innen. Ihre Arbeit ist im Vergleich immer noch mehr wert, und sie können sich deutlich mehr erlauben. Auch außerhalb der Arbeit haben sie Zugang zu einem Überlegenheitsanspruch: Phantombesitz an öffentlichem Raum und persönlichem Status, der von schwarzen Menschen und People of Colour abgezogen wird. Von der Spaltung der Klasse wiederum profitiert das Kapital.

Aus Sicht der weißen, männlichen Arbeiter_innen sind die abgewerteten Gruppen aber zugleich unliebsame Konkurrent_innen. Denn sie arbeiten ja, gezwungenermaßen, für weniger Geld. Gerade in Zeiten der Krise und im offenen Arbeitskampf werden die benachteiligten Kolleg_innen so zur Gefahr. Sie werden des Lohndumpings bezichtigt und wurden historisch auch aus der Gewerkschaftsorganisation ausgeschlossen. Das wiederum schafft wieder Anreize, tatsächlich Streiks zu brechen, weil ohnehin keine Lohnfortzahlung aus der Streikkasse in Aussicht steht. Der feministische Gewerkschafter James Morrison verhandelte vor diesem Hintergrund bereits 1833 in einer frühsozialistischen Zeitschrift die Frage, ob es verzeihlich sei, wenn weibliche Textilarbeiter_innen den Lohn der Männer unterböten:

> Hat eine Frau das Recht, den Lohn des Mannes zu drücken, indem sie für weniger arbeitet als der Mann? Sicherlich nicht, wenn Frauen als den Männern gleichgestellt betrachtet würden, und sie die gleichen Rechte und Privilegien genösse; aber da der Mann sie zur Unterlegenheit verdammt und der gesamten Produktion ihrer Industrie den Stempel der Minderwertigkeit eingeprägt hat, sind die niedrigen Löhne der Frauen weniger der freiwillig festgesetzte Preis, den sie für ihre Arbeit verlangt, als vielmehr der Preis, der durch den tyrannischen Einfluss der männlichen Vorherrschaft festgelegt wird.

Dies Plädoyer fand kaum Gehör, die Frauen wurden aus der Arbeiterorganisation und aus den Textilfabriken verdrängt, wo die Löhne der männlichen Schneider nichtsdestotrotz von einer neuen Generation ungelernter Arbeiter ruiniert wurden. Im Laufe des 20. Jahrhunderts ließ sich dann beobachten, wie die Verhältnisse auch bei gegenläufiger Entwicklung ihre Zähigkeit bewiesen. Formal stehen inzwischen alle Branchen der weiblichen Arbeit offen. Breiten Zugang finden Frauen aber nur zu den Bereichen, in denen Arbeit minderbezahlt ist, weil ihr noch der Tätigkeitstyp der Sorge anhaftet. Darunter ist ein Sektor angesiedelt, in dem überwiegend migrantische Arbeit unter Umgehung gesetzlicher Vorschriften oder per krimineller Erpressung überausgebeutet wird. Häufig ist dieser Sektor an Standorte im globalen Süden ausgelagert. Aber »ausgelagert« ist ein falscher Begriff. »Ausgelagert« ist diese Produktion nur aus dem Blickfeld der weißen Koffeeinkonsument_innen, nicht aus der Produktionsweise, die ihre Tassen füllt.

Es wird weiterhin unbezahlt gearbeitet, zum Teil am übergriffigen oder kasernierenden Arbeitsplatz selbst und ansonsten überall dort, wo Erschöpfung wieder abgebaut wird. Auch heute bleibt alle Arbeit eine Mischung aus Ware und Beute. Die Arbeitskraft, die sich weiß und wohlangesehen zu gutem Geld verkaufen lässt, streicht ihren Beuteanteil – den Phantombesitz gegenüber anderen – nur selber ein.

Eine auf die Lohnarbeit beschränkte Klassenpolitik schwächt den Klassenkampf und befördert Plünderungsdynamiken in neuen Grenzgebieten. Sie verschiebt die Schlachthöfe. Dabei könnte Klassenpolitik so viel größere Wucht haben. Denn Klasse, aus Sicht einer Theorie, die Kapitalismus als sachliche Sachherrschaft versteht, ist alles, was im Dienste der Wertschöpfung eingehegt und geplündert wird. So viele Hände. In Ketten, hinter Gittern, am Fließband, an der Tastatur, am Spülbecken, im Boden. Und so viel mehr als Hände. Wasser, Feuer, Luft und Erde. Manches hat sogar zu streiken begonnen.

Eigenverantwortung

Da stehen wir also. Der Meeresspiegel steigt, Wälder brennen, die Luft ist verschmutzt, Boden verödet. Wir, im Sprachraum dieser Buchveröffentlichung und mit der Zeit zu Lektüre oder Autorschaft, wir stehen noch am besten da. Wie auf einem Hügel, vielleicht nicht gerade ein Feldherrenhügel, aber doch eine Warft, auf die man sich bei Sturmflutgefahr zurückziehen kann. Diese kleine Erhebung scheint auszureichen, um unsere Gleichgültigkeit zu wahren. Wir sind ja auch schon vollkommen ausgelastet damit, unsere Stellung zu sichern. In uns kreuzen sich schließlich sachliche Herrschaft und Sachherrschaft.

Die westliche Arbeiterbewegung hat Profitorientierung und Lohnarbeit nicht überwunden. Aber sozialdemokratische Erfolge konnten, zumindest für eine glorreiche Konjunktur während ein paar Nachkriegsjahrzehnten, die fremde Sachherrschaft über die Arbeitskraft aufheben. Das Sozialversicherungssystem lindert den materiellen Zwang, seine Arbeitskraft nur erhalten zu können, wenn man sie lückenlos verkauft. Auch Ehefrauen verfügen seit 1977 über das Recht, ohne Zustimmung ihres Mannes Arbeitsverträge einzugehen, und ihnen stehen nach einem jahrhundertelangen Kampf sämtliche Branchen offen. Dank Verbesserungen im Arbeitsrecht sind Angestellte nicht länger der Willkür von Vorgesetzten ausgeliefert; arbeitende Frauen können zudem darauf bestehen, dass mit ihrer Arbeitskraft nicht auch gleich patriarchale Verfügung erworben wurde.

Nur Migrant_innen gegenüber steht die Arbeitskraft noch unter Vorbehalt der Verwaltung. Asylsuchenden ist gar jegliche Arbeit verboten, während ihr Sozialhilfesatz den für Staatsangehörige als Bedarfsminimum errechneten Betrag unterschreitet. Die Posten für kulturelle Partizipation werden nämlich weggelassen. Integrationsverweigerung von oben. Andersherum ist es für anerkannte Asylbewerber_innen zwingend notwendig, eine Anstellung zu finden, um sich erfolgreich auf Bleiberecht und schließlich Staatsbürgerschaft zu bewerben. Diese Abhängigkeit macht sie dann wieder auf eine Art von Arbeitgeber_innen abhängig, die den Großteil des rechtlichen Schutzes zunichtemacht und nur von den erpresserischen Zuständen überboten wird, unter denen undokumentierte Migrant_innen ausgebeutet werden.

Allen Staatsbürger_innen mit Arbeitserlaubnis steht nun nichtsdestotrotz der bürgerliche Status offen, der volle Selbstbesitz, inklusive individueller Sachherrschaft über die eigene Arbeitskraft. Die Gesellschaft, die diese Freiheit zugesteht, hat indessen nicht aufgehört, misstrauisch über die fragliche Disziplin zu wachen. Wo die selbstgerechte Bürgerlichkeit ein Aufweichen der Selbstverwertung erspäht, geht sie zum Angriff über. Die Arbeitskraft der unteren Schichten muss Phantombesitz der Gesellschaft bleiben, und die Institutionen und Mitbürger_innen rächen sich an allen, die ihre sozialgesetzliche Solidarität in Anspruch nehmen. Faulenzer! Sozialschmarotzer! Arbeit muss sich wieder lohnen! Unterstützungsbedürftige werden durch perfide bürokratische Raster gepresst, bis doch irgendwo ein Anzeichen von Selbständigkeit aufschimmert, in dessen Namen dann die Bezüge gestrichen werden. Auch Du kannst für Dich selbst verantwortlich sein!

Kein Wunder, dass der Rest sich fieberhaft bemüht, keinen Zweifel daran aufkommen zu lassen, seiner Eigenverantwortung nachzukommen. Das fiktive Selbsteigentum an der eigenen Arbeitskraft wird ständig ausgestellt, als Identität demonstriert. Als Phantombesitz an der eigenen Arbeitskraft trägt man die verinnerlichte Herrschaft selbstgerecht zur Schau. Flexibilität! Einsatzbereitschaft! Belastbarkeit! Und wenn Zweifel aufkommen, hilft nur eins, die *ultima ratio* der Sachherrschaft: Zerstörung. Wer sich kaputtarbeitet, hat bewiesen, über sich selbst zu verfügen. Man macht es gewissermaßen für sich selbst, auch wenn jedes Quäntchen Energie tatsächlich der sachlichen Herrschaft zugutekommt und verwertet wird. Vielleicht gab es ein paar neoliberale Flitterwochen, in denen sich die Leute wirklich mit den Projekten ihrer Firmen identifiziert und, dadurch motiviert, für deren Profit ins Zeug gelegt haben. In den Routinen des Arbeitsalltags identifizieren sich hingegen die wenigsten mit ihren Aufgaben oder Produkten. Wie sollte man auch, wo doch der Großteil dieses Systems neben der Reproduktion unserer Lebensform vor allem zur Destruktion des Lebens beiträgt. Stattdessen identifiziert man sich eben direkt mit den Selektionsmechanismen. Die reine Quantität des Geschafften wird zur Qualität – und die wenigen wirklich gut bezahlten Arbeitskräfte, die Programmierer_innen, basteln an Apps, mit denen Firmen minuziös verfolgen können, wie viel Umsatz welche Filialleiterin einfährt und wie viele Pakete der Lagerhallen-Einsortierer ohne Toilettenpause in die Regale hievt.

Dennoch bleibt da ein Zuschlag an Erschöpfung, der nicht nur dadurch entsteht, dass wir den verfügbaren Rahmen der Selbst-Sachherrschaft voll ausschöpfen, sondern auch dadurch, dass wir es unter den Vorzeichen der Verwertbarkeit tun. Wir wissen ja, dass es auf nichts anderes ankommt, als darauf, dass das Zeug sich verkauft. Dass unsere Arbeit jederzeit so nichtig werden kann wie ihre Produkte. Dass sie, selbst wo sie sich rentiert, ersetzbar bleibt. Egal, was wir herstellen: Überall wird bloß gemahlen. Und die Physiotherapie, die Pizzalieferung und die Lehrplanung fließen am Ende auch zurück in denselben Trichter. Sie stellen Arbeitskraft wieder her, mitunter inklusive ihres selbstgerechten Phantombesitzes – das bin ich mir wert für all den Stress. Anstatt patriarchaler Wohligkeit für Bürger mit Hausfrauen: Wellness für die, die es sich leisten können. Und wehe denen, an denen neben der Arbeit noch die Pflege hängt, die Schwiegermütter, schwer Beeinträchtigte und schwierige Kinder zu versorgen haben. Sie können bloß davon träumen, sich für nur eine einzige Sache, die zudem noch registriert wird, zu erschöpfen.

Der Stress, der uns zermürbt, ist zugleich unser Kapital. Schau, wie ich mich verausgabe! Morgen werde ich dadurch noch besser dastehen – oder zumindest meinen Kredit abzahlen können. Stress als Werbung für die Wette auf die eigene Zukunft. Und natürlich als ihr Effekt. Zumal ohnehin jeder ahnt, dass die Kinder es nicht mehr besser haben werden als man selbst, schrumpft die Kalkulation des eigenen Einsatzes auf kürzeste Fristen. Sich jetzt noch mal richtig reinhängen – bis zur nächsten Zwischenevaluation, bis zur nächsten Deadline oder bis zur nächsten Gehaltsüberweisung –, danach wird es vielleicht besser. Und obwohl es eine sehr simple Operation der Wahrscheinlichkeitsrechnung darstellen sollte, anhand bisheriger Erfahrungen unsere Zeit realistisch einzuplanen, liegen wir immer wieder daneben. Denn wir planen nur für die Version unserer selbst, der wir im Wettbewerb Überlebenschancen einräumen. Nicht für die Version, die sich noch um die Bedürfnisse ihres Umfelds und eigenen Körpers kümmert. Heiliger Stress: Er zeigt, dass wir nicht überflüssig sind, in einer Welt, in der unsere Arbeit es jederzeit werden könnte.

Burnout und Stehaufmännchen-Monster

Arbeit und Ressourcen erschöpfen sich, weil sie im Rahmen der Sachherrschaft vollends verfügbar gemacht und zum Missbrauch freigegeben werden. Arbeit und Ressourcen erschöpfen sich, weil das Kapital im Konkurrenzdruck immer mehr davon abziehen will, als sich regenerieren kann, und nicht ablässt, bis der Vorrat aufgebraucht oder durch besser Verwertbares ersetzt wird.

Die Erschöpfung nimmt verschiedene Formen an, Überhitzung, Vergiftung oder Wucherung. Es muss nicht immer die vollständige Auszehrung sein. Nichts an den Diskursen um Endpunkte – »Peak Oil«, »Peak Phosphor« – weist über unsere Ordnung hinaus. Auch der gut kalkulierende Eigentümer und Verwerter interessiert sich dafür, wann eine Ressource restlos aufgebraucht ist. Und viele der Vorhersagen absoluter Leerstände haben sich immer wieder relativiert. Es muss nur immer mehr sonstiges Leben aufs Spiel gesetzt werden, um an die nächsten Reserven zu kommen.

Ökosysteme und Lebensformen regenerieren sich, passen sich an, finden neue Kreisläufe. Reproduktionsarbeit eben – solange noch irgendetwas lebt, wirkt sie. Nur wirkt der Kapitalismus ihr mit immer destruktiverer Macht entgegen. Häufig ähnelt die Erschöpfung der Natur eher einer Ausgelaugtheit als der restlosen Aufzehrung.

Eine kürzlich im Wissenschaftsmagazin *Nature* veröffentlichte Studie, in der es darum ging, die vorzeitige Ergrauung von Haaren zu erklären, kam zu dem Ergebnis, dass Stress grundlegender als bisher angenommen in den Körper eingreift. Stress – die Wahl zwischen Flucht, Kampf und Lähmung – erschöpft offenbar langfristig die Regenerationsfähigkeit von Stammzellen, die neben dem Haarwuchs auch das Immunsystem regulieren. Burnout unter der Haut, sozusagen. Vielleicht braucht es eine Internationale der Erschöpften, um die müden Elemente wieder in den Blick zu bekommen und den Streik auch auf Ebene der Körperzellen zu politisieren.

Es scheint, als hätte unsere Zivilisation der Müdigkeit mit Elektrizität und Koffein den Kampf ansagt. Man kann sie als letzte Bastion der Unverfügbarkeit betrachten, auch wenn sie eine schwache Widerstandsform abgibt. »Sleep is the new sex«, titelte neulich eine Veranstaltungsreihe. »Müdigkeit« lässt sich sogar auf den Planeten beziehen: Eine der Internetplattformen, die Informationen zum Klimawandel bündelt, tut das auf der Domain tiredearth.com; ihr selbsterklärtes Ziel ist es, einen Heilungsprozess der von unseren Vorvätern erschöpften Erde anzustoßen.

Aber der Diskurs um die müde Natur macht das Problem doch zu handhabbar. Die Natur ist kein geschlossener Organismus, den wir bloß ein bisschen in Ruhe lassen müssten, damit er sich gesund schläft. Die Erschöpfung von Ökosystemen führt auch zu Überhitzung, Vergiftung und Wucherung. Erschöpfung verlangsamt nämlich nicht nur, sie ebnet auch den Weg für viel zu schnelle Dynamiken. Jede_r dritte Europäer_in erhält inzwischen eine Krebsdiagnose. Viren profitieren von durch Stress geschwächten Immunsystemen, besonders wenn sie durch den Zusammenbruch von Ökosystemen ihre tierischen Wirte verlieren und beginnen, auf Menschen zu mutieren. Auch das ist Natur.

Dieser »Winter« war das erste Jahr in meinem Leben, in dem es keine richtige Vegetationspause gab. Die Veränderungen scheinen unauffällig, aber wenn ich mit oder ohne Hund die vertraute Runde am Feldrand entlangspaziere, schockiert es mich. Unscheinbare Pflänzchen, die grün sind, wenn sie eigentlich noch ruhen sollten. Welche von ihnen werden das aushalten, die unablässigen Wachstumsschübe, die dann doch dazwischenfunkenden Frostschocks, dreimal, viermal Frühling im Jahr, Sommer ohne Ende? Wird es in der Natur bald sein wie im Kapitalismus unter den Menschen? Dass alles Zarte, Langsame, Sorgende, symbiotisch auf seine Umgebung Angewiesene zugrunde geht, und nichts überlebt als ein paar Stehaufmännchen-Monster?

Wird sich überhaupt noch jemand erinnern, dass Natur mal Regenerationsraum war, dass man zur Erholung ins Grüne fuhr? Werden wir unsere Hochhausbelüftungssysteme versiegeln, um gegen Pollen, Viren und Killerinsekten geschützt zu sein? Werden wir uns überhaupt noch vorstellen können, dass jedes Glasfaserkabel, jede Proteinpaste und jede Betonplatte aus Stoffen produziert wurde, die wir der Natur entnommen haben? Dass nichts allein von Menschenhand und Roboterarm erschaffen wurde, sondern diese immer nur umgemodelt haben, immer nur weiterverarbeitet, immer nur umgebaut, bis die Welt so aussah, wie sie es tut? Dass jeder Roboterarm und jede Menschenhand selbst umgemodelte Natur sind? Dass eine andere Natur möglich ist?

ZERSTÖREN
(Leben)

Wir verwüsten also die Erde. Wie vermüllen sie, brennen sie aus. Wir tun das als Einzelne nicht gleichermaßen – einhundert Firmen sind für 71 Prozent der Emissionen verantwortlich, die Hälfte unseres CO_2-Ausstoßes wird von den reichsten zehn Prozent der Weltbevölkerung veranstaltet. Der Kapitalismus verschleudert das Leben: Das Eigentum errichtet Zäune, innerhalb derer ruchlos gewütet werden kann. Die Verwertung bereichert das Kapital und verstreut Gift und Abgas in alle Winde. Unsere Arbeit erschöpft sich selbst und was ihr in die Hände kommt. Wir sind allesamt in die Verwüstung der Erde eingespannt. Der Kapitalismus, die sachliche Sachherrschaft, ist unsere Lebensform. Eine andere haben wir nicht.

Noch nicht.

Gegen die lebensbedrohliche, zerstörerische, herrische Dimension unserer Lebensform hat sich in den letzten Jahren ein massives Aufbegehren mit neuen Akzenten artikuliert. Die Klimabewegung leistet unmittelbare, drängende Sachherrschaftskritik. Ein Protest gegen die Verwüstung, ein Einschreiten gegen den Missbrauch. Es geht darum, eine Zerstörung zu bezeugen, die das Ganze betrifft. Die unsere Lebensgrundlage nicht nur beschädigt, sondern irreversibel ruinieren könnte.

Dieses umfassende Bedrohungsszenario ist schwer deutlich zu machen. Eine zentrale Protestform der Gegenwart ist deshalb nicht mehr und nicht weniger als genau das: Katastrophen-Vergegenwärtigung.

Die-ins

Was verrät es über eine Epoche, wenn eine ihrer bezeichnendsten Protestformen das Die-in ist? Das gemeinsame Sich-tot-Stellen in der Öffentlichkeit gehört zum festen Repertoire der in England recht professionell gegründeten, aber als basisdemokratische Bewegung operierenden Gruppierung Extinction Rebellion (XR). Wie Fridays for Future, als deren militanter und mitunter etwas esoterischer Flügel die Extinction Rebels auftreten, hat die Gruppe sehr viele Menschen mobilisiert, die vorher nicht dem aktivistischen Spektrum zuzuordnen gewesen wären. Im Fall von XR liegt dies nicht einfach daran, dass diese Leute vorher zu jung gewesen wären, denn zumindest in der englischen Bewegung sind ein Teil der Aktiven im Rentenalter. Und auch die Jugend an sich – dass wir es mit protestierenden Schüler_innen zu tun haben – ist ein bemerkenswertes Phänomen. Sicher, Schüler_innen sind die Einzigen, die sich noch weitgehend frei von Sorgen um den Lebensunterhalt aktivistischer Arbeit widmen können, zumal seit Bologna-Reformen und Mietpreisexplosionen mit dem Kulturgut des sorglosen Studiums Schluss gemacht haben. Dass die Klimafrage zum Eingangstor der Politisierung geworden ist, zeigt dennoch etwas auf, das unserem historischen Moment spezifisch ist.

Aber ist wirklich die Todesahnung das Spezifische des Augenblicks? Der Anti-Aussterbe-Aktivismus versteht sich selbst als tiefgreifender Bruch mit dem Zeitgeist und den gesellschaftlichen Gewohnheiten. Dieser Bruch folgt einer

Logik, die wir eher von Wiedertäuferbewegungen der frühen Neuzeit als von modernen sozialen Bewegungen kennen. Denn es ist weder, wie im Marxismus, ein bestimmtes Bild gesellschaftlicher Gruppen und ihrer Interessen – alle Geschichte als Geschichte der Klassenkämpfe – noch, wie in Bürgerrechtsbewegungen, das Geltendmachen uneingelöster Ansprüche, das die Mobilisierung leitet. Weder Fridays for Future noch Extinction Rebellion drängen auf eine spezielle bessere Zukunft. Vielmehr versuchen sie verzweifelt, das allgemeine Bewusstsein dafür zu schärfen, dass wir kaum noch Aussichten auf eine Zukunft haben.

Die apokalyptische Erwartung speist sich in diesem Fall nicht aus religiösen Quellen. Sie entspringt auch nicht einem einzelnen konkreten »größten anzunehmenden Unfall«, wie es die Weltuntergangsangst angesichts der nuklearen Bedrohung im Kalten Krieg tat. Das Wissen darum, auf eine katastrophale Zukunft zuzusteuern, entnehmen die Bewegungen naturwissenschaftlichen Forschungsergebnissen. Ihr Motor ist die Entrüstung darüber, dass deren Erkenntnisse im politischen Tagesgeschäft nicht in Rettungsmaßnahmen umgesetzt wurden, solange dafür noch Zeit war. Selbst jetzt, wo der Treibhauseffekt nicht mehr aufzuhalten ist und es nur noch um Schadensbegrenzung ginge, steigen die Emissionen weiter. Und die Aktivist_innen haben den geophysischen Forschungsstand hinreichend studiert, um verstanden zu haben, dass jenseits bestimmter Schwellen ein Zusammenbruch des planetaren Ökosystems – ein Massenaussterben, für das es sonst Meteoriteneinschläge brauchte – ins Haus steht. Denn es wird ja nicht einfach nur stetig wärmer. Dass es stetig wärmer wird, tritt zusätzliche Heizeffekte los. Diese kulminieren schließlich in jähen, unumkehrbaren Veränderungen. Schmelzendes Gletschereis verringert die Rückstrahlung des Sonnenlichts ins All, als würde ein Sonnensegel abgenommen. Das Schmelzwasser erhöht seinerseits den Meeresspiegel und vermindert den Temperaturunterschied zwischen Polen und Äquator. Das wiederum verändert Meeresströmungen, die die Ostsee mit sauerstoffreichem Wasser versorgen oder Nordwesteuropa mit mildem Klima (als würde man in ein ohnehin leckendes Heizungssystem ständig kaltes Leitungswasser nachfüllen). Beim Abtauen von Permafrostböden entweichen auf einen Schlag große Mengen des Treibhausgases Methan (stellen Sie sich den Geruch vor, wenn sich gefrorenes Sauerkraut erwärmt); Dürren trocknen Waldbestände aus, die dann leichter verbrennen, was wiederum CO_2 freisetzt und Regenfälle dadurch vermindert, dass sich keine Wolken mehr über dem schwitzenden Wald bilden können (wenn statt zwanzig Topfpflanzen eine Schale Asche auf der Fensterbank steht, beschlägt das Fenster weniger). Wir können uns diese Effekte vergegenwärtigen, aber es bleibt trotzdem ungreifbar, was die Klimaveränderung für das Leben auf der Erde bedeutet. (In einer dreckigen Wasserlache stehend, mit Asche auf der Haut Sauerkrautgestank einatmen, während uns die Sonne durchs Gewächshausdach das Haupt versengt?)

Das Konzept von Extinction Rebellion basiert insgesamt auf der Diagnose, dass es sich beim drohenden Massenaussterben um etwas handele, das nicht nur fahrlässig vernachlässigt werde, sondern vom Gehalt her kaum zu fassen sei. Ihre entwaffnend einfache Grundforderung, »Sagt die Wahrheit (über die Klimakatastrophe)«, wird dadurch erheblich verkompliziert. Denn, so betont der Mitgründer Roger Hallam in seinen Reden immer wieder, man könne um den Klimawandel wissen, ihn aber doch nicht wahrhaben wollen. Ähnlich äußert sich Greta Thunberg häufig auf Nachfragen von Reporter_innen. Nein, sie glaube nicht, dass die Menschen um den Klimawandel wüssten, denn dann wäre es unmöglich, dass sie einfach ihren Alltag fortsetzten. Wie aber lässt sich dieser ungreifbare, offenbar entsetzliche Zustand, den der Klimawandel herbeiführt, verdeutlichen? Wie lässt sich die Panik, die Greta Thunberg in ihrer ersten Rede vor der UN forderte, vermitteln?

Die Die-ins versuchen es mit eleganter Eindeutigkeit: Wir werden tot sein. Aber wer ist »wir«? Als Protestform sind die Die-ins verschiedentlich eingesetzt worden. In der afroamerikanischen Bürgerrechtsbewegung der 1960er Jahre war die gespielte Todesstarre zunächst eine Art, auf die Verhaftung zu reagieren und die eigene Gewaltlosigkeit zu unterstreichen. Den rassistischen Phantombesitzern scheinen die von ihnen abgezirkelten Körper höchstens dann nicht als zu zerstörende Bedrohung, wenn sie sich vorauseilend tot stellen. Auch in Reaktion auf den Mord an Michael Brown in Ferguson, Missouri, im Jahr 2014 wurden Die-ins einberufen, um gegen die Straffreiheit von tödlicher Polizeigewalt zu demonstrieren. In den massiven Protesten Ende Mai 2020 legten sich Demonstrant_innen für genau die acht Minuten und 46 Sekunden auf den Boden, die der weiße Polizist auf dem Nacken von George Floyd kniete und ihn dadurch kaltblütig umbrachte.

In der Aidskrise der späten 1980er Jahre bildeten Die-ins eine zentrale Widerstandsform des queeren Aktivismus. Angesichts der Aidsepidemie protestierte die in New York gegründete Gruppe ACT UP mit militantem zivilen Ungehorsam gegen die Homophobie der Mehrheitsbevölkerung und die skandalös nachlässige Gesundheitspolitik der Regierung. Obwohl ACT UP nicht in der Liste von Vorbildern auftaucht, auf die Extinction Rebellion sich beruft, ist die Gruppe doch in vielerlei Hinsicht die ähnlichste Vorgängerorganisation in der Geschichte sozialer Bewegungen. Beide sind relativ gezielt gegründet worden, bestehen auf Gewaltfreiheit, rufen zu zivilem Ungehorsam auf, verfolgen theatralische und medienwirksame Strategien. Und beide versuchen, ein massenhaftes Sterben zu skandalisieren, das Regierungen und Mitbürger_innen gleichermaßen verdrängen oder sogar unwillkürlich befördern. Während ACT UP das tatsächliche Sterben aus den Nischen gesellschaftlich geächteter Milieus auf die Straße verlegte, zielen die Die-ins, die XR veranstaltet, auf eine weitreichendere Übertragung. Die Aktivist_innen führen ein Sterben auf, das sie selbst noch lange nicht ereilt hat – auf das ihre Gesellschaften aber Kurs halten. Es geht um die Vergegenwärtigung einer kommenden Katastrophe, deren Dringlichkeit XR mitunter mit der übertriebenen Forderung unterstreicht, dass das Überleben der Menschheit überhaupt auf dem Spiel stünde.

Aber zugleich geht es um die Vergegenwärtigung einer bereits eingebrochenen Katastrophe, das Artensterben, das bereits in vollem Gange ist: Jeden Tag sterben 130 Tier- und Pflanzenarten aus. Jeden Tag. Die Aktivist_innen inszenieren also auch einen stellvertretenden Tod anderer biologischer Arten. Sie leisten Sachherrschafts-Mimikry: Ihr imitierter Tod ist eine Annäherung an die Objekte der ökologischen Verwüstung. Sie weigern sich, die säuberliche Trennung zwischen Mensch und Material zu vollziehen und beharren darauf, dass die Vernichtung, die unsere Lebensform anrichtet, an dieser haften bleibt. Ein düsteres Grundgefühl, das an Zeilen erinnert, die die amerikanische Punk-Rock-Ikone Patti Smith unter dem Eindruck der Aidsepidemie verfasste:

> Have you seen death singing / In the straw-coloured light // He sings of youth enraged / And the burning of Atlanta / And these viral times / … / And woe to the sun /

And woe to the dawn / And woe to the young / Another hearse is drawn.*

Über die Todes-Vergegenwärtigung hinaus versucht XR auch Rituale der Warnung und kollektiven Trauer öffentlich zu machen, oft vermittelt von den rot gewandten Figuren der Red Rebel Brigade, die die Theatergruppe »The Invisible Circus« erschaffen hat, als eine Art Mischung aus lebenden Statuen und Drag-Hohepriesterinnen. Zirkusdirektor Doug Francisco beschreibt sie als Wiedergängerinnen – »ein schöner, blutiger Mob albtraumartiger Körper, die uns anflehen, dass wir uns nicht zerstören« – und als Verkörperung archetypischer griechischer Figuren.

Diese faszinierende Mischung aus ernsthafter Erschütterung und Erste-Welt-wattiertem Budenzauber könnte wohl nirgends einen größeren Kontrast finden als in der nüchternen Klarheit von Fridays for Future. Die Schüler-Aktivist_innen erinnern immer wieder an die ihrerseits recht moderaten Regierungsverpflichtungen des Pariser Abkommens und versagen sich in ihrer Wiederholung der wissenschaftlichen Prognosen die Übertreibung. Noch in den erbitterten Vorwürfen an die Politik erhält sich ein Glaube an die bestehenden Hierarchien – dass von der Autorität zu erwarten sei, dass sie sich anständig um Probleme kümmere. Umso bemerkenswerter ist das Schauspiel, indem sich hier noch einmal ganz präzise und vor aller Augen die Entfremdung einer Generation von den politischen Institutionen vollzieht. Ausgehend von dem

* Hast Du den Tod singen sehen / Im strohfarbenen Licht // Erzürnt singt er von der Jugend / Und vom brennenden Atlanta / Und diesen viralen Zeiten / … / Und wehe der Sonne / Und wehe der Morgenröte / Und wehe den Jungen / Ein weiterer Leichenwagen wird gezogen

zumindest rhetorisch suggerierten Vertrauen, dass die Mächtigen der Welt sich ihrer Verantwortung bewusst werden, das brennende Haus löschen, die Kinder retten, ihre Versprechen und Klimaabkommen halten werden, hat die Bewegung nun die bittere Aufgabe der Selbständigkeit übernehmen müssen. Als Greta Thunberg Donald Trump und anderen Honoratioren ihr wutentbranntes »How dare you?« – »Wie könnt ihr es wagen?« – entgegenhielt, besiegelte sie die Haltung einer ganzen Generation und reihte sich auch in eine Folge anderer Kämpfe gegen die zerstörerische Gleichgültigkeit ein. Gretas Auftritt auf dem Weltklimagipfel 2019 folgte sehr genau dem Skript der ebenfalls siebzehnjährigen Emma Gonzales, die im Anschluss an das Schulmassaker in Parkland die Mobilisierung gegen die US-amerikanische Waffenlobby anführte und nicht nur mit ihrer sechsminütigen Schweigeperformance, sondern auch mit einem legendären Fluch auf die von der Rifle Association mitfinanzierten republikanischen Politiker in Erinnerung blieb: »Shame on you!«, »Schämt Euch!«

Im Rahmen der bewährten Mittel von Streik und Kundgebung haben Fridays for Future ihre eigene Protestform etabliert, die dem Die-in gar nicht so unähnlich ist. Der Schulstreik, den Greta Thunberg im August 2015 noch als Einzelgängerin vor dem schwedischen Parlament abhielt, bezeugt nämlich seinerseits den Verlust der Zukunft: »Und warum sollte ich für eine Zukunft lernen, die es vielleicht schon bald gar nicht mehr gibt, wenn niemand etwas unternimmt, um diese Zukunft zu retten?« Das leere Klassenzimmer und die weiteratmenden Leichen auf dem Gehweg: Es ist jedes Mal der Versuch, eine Verkehrung der Lebenszeit und Zukunftsaussicht zu demonstrieren.

Der unfreiwillige Generationentausch – und damit der Verdacht, von diesen Erwachsenen ohnehin nichts lernen zu können – taucht in den meisten Reden von Greta Thunberg auf: Ihr überlasst uns das Schlamassel, sagt nicht einmal die Wahrheit darüber. »Ihr seid nicht reif genug, zu sagen, wie es ist. Selbst diese Bürde überlasst ihr euren Kindern. Aber ich kümmere mich nicht darum, beliebt zu sein, ich kümmere mich um Klimagerechtigkeit und den lebendigen Planeten.« Gerade die jüngeren Reden leiten aber eine neue Perspektive ein: »Und der Wandel kommt, ob es euch gefällt oder nicht.«

Interessant ist, dass auch hier der Gestus des faktischen Beglaubigens beibehalten bleibt. Eine Kampfansage, aber vorgetragen im Modus der Prognose. So ankert die Nüchternheit, die Fridays for Future von XR scheidet, schließlich selbst in einem mythischen Bild: Greta Thunberg als Kassandra. Ein bisschen reagiert Gretas Publikum auf sie, wie Christa Wolf den Kontakt mit der von ihr vergegenwärtigten griechischen Seherin beschreibt:

> Kassandra. Ich sah sie gleich. Sie, die Gefangene, nahm mich gefangen, sie, selbst Objekt fremder Zwecke, besetzte mich. … Ich glaubte ihr jedes Wort, das gab es noch, bedingungsloses Vertrauen. Dreitausend Jahre – weggeschmolzen. So bewährte sich die Sehergabe, die ihr der Gott verlieh, nur schwand sein Richterspruch, daß ihr niemand glauben werde. Glaubwürdig war sie mir in einem anderen Sinn: Mir schien, daß sie als einzige in diesem Stück sich selber kannte.

Die breitenwirksamste Art, für die Forderungen der Klimabewegung zu werben, besteht darin, die Rechte kommender Generationen geltend zu machen. Eine Gesellschaft, die sich ihre zerstörerischen Wachstumsdynamiken mehrere Generationen lang dadurch unverdächtig gemacht hat, dass die Kinder es einmal besser haben sollen, übt sich jetzt zerknirscht in

Entsagung. Die Kinder sollen es zumindest nicht schlechter haben.

Blonde Zöpfe hin oder her, Greta ist nicht die Advokatin der Enkel, die sich die heteropatriarchale Generationenphantasie wünscht. Das wissen all die Herren und Herrinnen, die sich »von so einem kranken Kind nichts sagen lassen wollen«, nur zu gut. Wo nicht zu latent euthanasiehaltigem Vokabular gegriffen wird, wird die Instrumentalisierungsfigur ausgebaut. Greta sei »Objekt fremder Zwecke«, wenn nicht düsterer Mächte, dann zumindest ihrer eigenen ruhmsüchtigen Schauspielereltern.

Aber diese Gegensätze sind falsch. Nur wenn man Greta aufgrund ihres Aspergersyndroms zum authentischen Orakel (oder zur Unzurechnungsfähigen) stilisiert, kann der Verdacht der Inszenierung die Darstellung trüben. Wenn überhaupt, dann besteht ein Zusammenhang zwischen Symptom und Gestelltheit. Denn es ist ja gerade der leichte Autismus, das, was die automatische Imitation sozialer Normen aussetzt, der dazu führt, dass diese junge Frau mit einer ganz ungewöhnlichen Bewusstheit auftritt – überlegt, gescripted. Sie reflektiert das auch ganz offen und beginnt eine ihrer Reden mit dem Hinweis, dass sie gelernt habe, »dass man öffentliche Reden mit etwas Persönlichem oder Emotionalem beginnen sollte, um die Aufmerksamkeit aller zu erregen«, und verweigert dann trotzdem, die Erwartung zu erfüllen. Stattdessen rechnet sie ein weiteres Mal das schwindende CO_2-Budget vor. Greta, die sagt, was sie sieht.

In der griechischen Sage verdirbt Apoll die Seherinnengabe. Wie die meisten griechischen Götter nicht besonders versiert in Sachen Konsens, versucht er, die ihm widerstehende Trojanerin durch Verwünschung zu erpressen: Niemand würde ihren Prophezeiungen mehr Glauben schenken. Aber die Gabe, alles sehen zu müssen, kann selbst ohne diesen Nachsatz zum Fluch werden. Ob Gretas Tränen echt sind oder nicht, tut überhaupt nichts zur Sache – die Leichen auf dem Bürgersteig sind es ja auch nicht. Aber eine der bewegendsten Stellen aus ihren Reden ist diejenige, wo sie einfach eine Liste von Klimawandelfolgen in den planetaren Ökosystemen, nicht in ihrer Auswirkung auf die Enkel, vorträgt und dabei zu schluchzen beginnt. Kassandrischer Kummer – die Wehrlosigkeit dagegen, alles sehen zu müssen – bildet den Gegenpol zur bewussten Blindheit der Mächtigen und Gemächlichen.

Die kommende Katastrophe

In der Politik ist es um die Wahrheit nicht so bestellt, dass es nur ums Ignoriert- oder Erhörtwerden ginge. Die Idee der Katastrophenvergegenwärtigung ist darum einleuchtend: Bevor wir uns nicht eine Vorstellung vom Ausmaß der desaströsen Veränderungen machen können, werden wir auch nicht bereit sein, politisch erforderliche Maßnahmen zu treffen. Das Bemühen, die wissenschaftliche Wahrheit des Klimawandels nicht nur in weitreichende, recht technische Reformziele zu übersetzen – unter dem Zwei-Grad-Ziel zu bleiben, die Emissionen bis zum Zeitpunkt X zu halbieren –, sondern ein existenzielles Katastrophenbewusstsein zu schüren, hat dennoch viel Unbehagen hervorgerufen.

Abgesehen vom beträchtlichen Markenneid bezieht sich ein Großteil des linken Befremdens, das XR hervorruft, auf deren apostolisches Auftreten. Plötzlich ist da eine Gruppe, die eine alles trumpfende Wahrheit zu verkünden meint. Die Aktivist_innen drängen darauf, sich verhaften zu lassen, aber finden es falsch, die Polizei zu beschimpfen. Ein Teil der eingefleischteren linken Aktivist_innen scheint darauf verweisen zu wollen, dass die Straßen, auf denen die Aussterbe-Rebellen ihre Inszenierungen veranstalten, schon lange ein Schlachtfeld sind. Auch Kassandra hätte es verraten können: Sie wurde nach der Eroberung Trojas vergewaltigt, verschleppt und ermordet. (Schauen Sie mal in die rechten Foren und Kommentarspalten, Sie werden sehen, dass diese Wünsche moderne Gesellschaftskritiker_innen unverändert treffen.)

Den Schüler_innen von Fridays for Future halten sowohl versiertere Widerstandskämpfer_innen wie Wohlstandsbewahrer_innen dagegen die Naivität gern zugute. Die werden dann mit der Zeit schon realistischer und – so wähnen Letztere – den Protest aufgeben oder – so die Hoffnung Ersterer – schließlich lernen, wer ihre Feinde sind. Dabei besteht der Realitätssinn der Katastrophenvergegenwärtigung gerade darin, dass für langsames Heranreifen gar keine Zeit mehr ist.

Die von Extinction Rebellion bedienten Register der Endzeitwarnung haben allerdings Zweifel daran geschürt, ob hier nicht eher eine Art Realitätsverlust am Werke ist. Hohepriester_innen in wallenden Gewändern und Theaterschminke, überwältigende Wahrheiten, die man erst nach und nach zu fassen in der Lage sein wird; besorgte Eltern riefen schnell dazu auf, Kinder vor dieser esoterischen Sekte zu warnen. Dieser Eifer nimmt aber schnell selbst religiöse Züge an. Die eklatant auseinandergehenden Einschätzungen mögen auch verraten, dass wir uns tatsächlich in einer revolutionären Situation befinden. Es zeichnet einschneidende Krisen aus, dass in ihnen die Grundüberzeugungen so auseinanderdriften, dass verschiedene Haltungen einander vollkommen unentzifferbar werden – darunter auch die neuen, die womöglich ihren Teil zur Lösung der Krise werden beitragen können. Aus einer etwas neugierigeren Beobachter_innenperspektive geben die esoterischen Anwandlungen vor allem Aufschluss über ihren historischen Moment. Als Karl Marx sagte, dass die Religion das Opium des Volkes sei, optierte er nicht für einen kalten Entzug. Religionskritik bedeutet nicht, vor ketzerischen Sekten zu warnen, sondern aus ihren Versprechungen etwas über die Wunschlage der Menschen zu erfahren. Nicht die Illusionen soll man verurteilen, sondern »den Zustand ..., der der Illusionen bedarf« verändern. Nun, wo viele christliche Institutionen nur noch als Phantombesitz der Leitkultur fungieren, liefert die Esoterik der Bevölkerung diverse Opiate. Und tatsächlich steigt der Bedarf nach ihr in den Kreisen, die sich der Realität von Artensterben, Erderwärmung und Umweltgiften stellen. Man sucht in der Auflösung nach feststehenden Zusammenhängen. Denn die Esoterik besteht einerseits aus eisernen Gesetzen und Symmetrien und andererseits aus der wunschdenkenden Beseelung aller möglichen natürlichen Dinge, denen wir das Leben zu rauben im Begriffe sind. Das Motiv der materialistischen Religionskritik – dass die Menschen ins Göttliche ihre eigenen unerkannten Kräfte projizieren – greift auch hier. Während sich offenbart, dass menschlich verursachte Prozesse Wetter und Wasserstand bestimmen, sehnt man sich danach, dass Mond und Sterne unser Verhalten regieren. Wenn Extinction Rebellion in wallenden Gewändern eine Trauerprozession mit gebleichten Dammhirschschädeln aufführt, lässt das erkennen, dass wir noch gar nicht zu erkunden begonnen haben, welche Praxis dem sterbenden Tierreich wirklich angemessen wäre. Denn was hier betrauert wird – ironischerweise übrigens in einer Performance, die dem Strecke-Verblasen nach einer Treibjagd sehr ähnelt – , soll ja nicht das Sterben sein, sondern das Aussterben. Dafür haben wir keine Formen. Und auch die Variante heilsamer Ernüchterung, die die Marx'sche Religionskritik empfiehlt, liegt merkwürdig quer zur gegenwärtigen Aufgabe. Denn sein prometheischer Optimismus beläuft sich darauf, dass die Menschheit sich alle von ihr freigesetzten Kräfte wieder würde zu eigen machen können. »Die Kritik der Religion enttäuscht den Menschen, damit er denke, handle, seine Wirklichkeit gestalte wie ein enttäuschter, zu Verstand gekommener Mensch, damit er sich um sich selbst und damit um seine wirkliche Sonne bewege.« Worauf die Klimabewegung aber hinzuweisen versucht, ist, dass wir nicht nur unabdingbar um die Sonne kreisen, sondern auch davon abhängig sind, dass das fragil austarierte Verhältnis der Erde zur Sonne intakt bleiben muss. Der enttäuschte Mensch muss mehr tun, als sich selbst als Sonne zu setzen. Er muss lernen, besser um die Sonne zu kreisen.

XR versucht ohne Frage, die Radikalität des erforderlichen Wandels zu betonen, und markiert eine große Bereitschaft zur Selbstkritik. Die in ihren Aufrufen wiederholte Formel, dass »alle Teil des toxischen Systems« seien, unterstreicht dies, droht aber auch, Verantwortlichkeiten zu verwischen. Es scheint angesichts des brennenden Amazonas effektiver, McDonald's zu enteignen und Trump und Bolsonaro zu stürzen, als jemandem vorzuwerfen, dass er einen Burger zu Mittag isst. Aber erstere Anliegen verweisen auf einen Bedarf nach viel weitreichenderer revolutionärer Organisation.

Ein gravierenderes Problem der Rede vom »toxischen System« ist aber die Gefahr, das zu bereinigende Gift mit der Menschheit als solcher gleichzusetzen. Es gibt einen umgekehrten, gewissermaßen depressiven Narzissmus in Teilen des Umweltaktivismus. Wir Menschen sind nichts als Störenfriede, wir haben die Harmonie der Natur ruiniert, die Erwärmung ist ihr Fieber, der Virus ihre Immunzelle. Make the planet great again – will sagen: »empty«. Diese Position lässt sich als Ökofaschismus skandalisieren, vor allem aber ist sie einfach falsch. Die Menschheitsverdrossenheit übergeht, dass es nicht Menschentiere als solche sind, sondern deren Organisationsform und Wirtschaftsweise, von denen der Ökozid ausgeht. Eine Äquivalenzkategorie wie Rache kennt die Natur gerade nicht. Das planetare Ökosystem ist auch kein abgeschlossener Organismus, dem wir als Parasiten anhaften. Es ist ein vielschichtiger, dynamischer Zusammenhang, dem wir angehören. Die Misanthropie ist faul. Warum sollten ausgerechnet die Tiere den Planeten verlassen, die aufgrund ihrer Reflexionsgabe besonders fähig wären, sich als Hüter_innen und Helfer_innen anderer Arten und gestörter natürlicher Kreisläufe einzusetzen? Statt uns aus dem Staub zu machen, werden wir vielleicht bald Obstbäume von Hand bestäuben müssen (und zuvor sollten wir uns dringend um die Produktionsweise kümmern, damit das nicht von pestizidumwölkten Billigarbeitskräften ausgeführt werden muss). Der depressive Ökonarzissmus kommt einem recht bekannt vor. Wenn die Typen eine Sache an die Wand gefahren haben, darf eine Frau ran. Mutter Erde wird schon für uns aufräumen.

Der Begriff des »Ökofaschismus« meint in der Debatte oft eine andere Position als die der allgemeinen Menschheitsverdrossenheit: voller Faschismus, Phantombesitz-Liquidierung, nur eben inklusive »Lebensraum«. Auch manche Nazis haben einen Aspekt der Intersektionalitätstheorie kapiert. Incel-Faschisten (Incel ist eine maskulinistische Selbstbezeichnung, ein Kofferwort aus *involuntary*, also unfreiwillig, und *celibate*, zölibatär) wollen sich Frauen »aneignen«, wenn nötig auch gewaltsam. Weiße Sachherrenrassisten teilen die Menschheit in lebenswertes und unwertes Leben, phantasieren, welche Gruppen als dienend unterjocht, welche als Eindringlinge und Diebe eliminiert werden sollen –

und wem die Erde gehört: ihnen selbst, oder ihren Führern. Und das »Gehören« verheißt der Erde nichts Gutes. Sie ist nichts als Oberfläche. Man kann sie allzeit öffnen, um Abfall zu versenken und Ressourcen zu extrahieren. Man kann sie vermessen, um Herrschaft abzuzirkeln, Grenzen zu ziehen. Das Leben anderer Tiere kommt nur als Ressource im Dienst des weißen Überlebens in den Blick. Und andere Menschen werden, wenn sie im Schatten des Phantombesitzers stehen, als Verschiebemasse betrachtet, der Lebensräume oder Lager zugewiesen werden. Der »Ökofaschismus«, wie er etwa im Manifest des Attentäters von Christchurch auftaucht, will die Erde für die Weißen reservieren. Das kann mit Aufrufen zu »Umweltschutz« einhergehen. Die Nazis wollen ja so wie »ihre Heimat« auch »ihre« Frauen schützen. Aber nie vor sich selbst.

Der Faschismus operiert mit den Begriffen des Aussterbens und des Lebens, aber andersherum: Er organisiert das Aussterben der anderen im Namen des eigenen Lebens, wobei sich auch dieses eigene Leben zum viehischen Überlebenskampf degradiert: »Achill, das Vieh«, wie Kassandra die Verkörperung der Gewalt in Christa Wolfs Text durchweg nennt.

Die aktive, faschistische Zerstörung gebärdet sich aber – anders als Achill – immer, als sei sie eine defensive Notwehr. Man müsse sein Land zurückholen, seine Bevölkerungsgruppe vor dem Austausch retten, seine »Rasse« reinhalten. »Ab heute wird zurückgeschossen«, lautete Hitlers erlogene Kriegserklärung an Polen; der Ausschluss von Juden aus dem öffentlichen Dienst wurde in einem Gesetz mit dem Titel »Zur Wiederherstellung des Berufsbeamtentums« beschlossen. Es sollte eine_n hinsichtlich der menschlichen Natur optimistisch stimmen, dass diese immer nur zu radikaler Boshaftigkeit neigt, wenn sie sich zuvor mit einem Phantasma eigener Verletzung identifiziert hat. Aber was da jeweils verletzt wurde, ist weder das eigene Leben noch die eigene Freiheit. Es sind wahnwitzige Verfügungswünsche im Schatten der Sachherrschaft.

Gerade weil die volle Herrschaft über Lebendiges immer unmöglich bleibt, muss sie sich mit der Verfolgung ihrer Widersacher beschäftigt halten. Stets steht noch eine letzte Säuberungsmaßnahme vor der wiedererrungenen Herrlichkeit der eigenen Gruppe. So organisiert der Faschismus das Aussterben der Anderen als unendliche Aufgabe. Neid auf die Sonne: dass sie am Ende womöglich besser mit der Menschheit »aufräumt.« Hannah Arendt hat immer wieder betont, dass die nationalsozialistische Vernichtungspolitik auch gegen die »eigene« Bevölkerung fortgesetzt worden wäre. Faschistische Politik ist erst »fertig«, wenn wirklich niemand mehr lebt. Denn voll besitzen kann man nur Totes.

Der Verlust der Welt

Was lässt sich anfangen mit dieser Tristesse, auf die uns nichts vorbereitet hat? Dass eine Million Arten vom Aussterben bedroht sind und es bald vielleicht keine Koalabären mehr geben wird, schwebt wie ein ungreifbarer Fluch über uns. Es ist wie der Plot eines schlechten Märchens, das behauptet, wahr zu sein, aber doch nur dazu da ist, den Kindern Angst zu machen. Wir können in Kummer versinken, bewegt durch verkohlte Koalas oder eine eindringliche Rede oder rote Gruselpuppen. Aber dann können wir die Erdentleerung auch ganz plötzlich, als verzöge sich ein Nebel, wieder vergessen. Die Cafés stellen früher die Stühle raus. »Schönes Wetter heute«, sagen die Tourist_innen. Irgendwo am Meeresgrund ersticken die Flundern. Wir merken es nicht.

In den allermeisten Alltagen der westlichen Welt ist weder zu spüren, dass wir diesen Planeten brauchen, noch dass wir ihn verwüsten. Doch verlieren werden wir den Planeten nicht. Die Erde wird bleiben. Sie wird weniger fruchtbaren Boden bieten und über weite Gebiete hinweg vergiftet sein. Sie wird Methan dampfend abgetaut sein, wo sie über Jahrmillionen vom Eis bedeckt war, und sie wird überschwemmt sein, wo jahrtausendelang Menschen siedelten, wo sie Städte, Straßen, Flughäfen bauten. Waldbestände, die unfassbar reichhaltige Biotope entwickelt haben, werden zu Asche zerfallen sein. Wüsten werden weiter wachsen. Aber die Erde verlieren wir nicht, und selbst eine so verheerte Erde wird immer noch weitaus lebensfreundlicher sein als der Mars, von dessen Besiedlung sich ein paar kindische Geschäftsmänner Rettung erhoffen.

Wir verlieren nicht die Erde. Aber unsere vertraute Welt. Und wir können uns die kommenden Verluste nicht vorstellen, weil wir ohnehin schon weltlos leben. Hannah Arendt führt diese Haltung, in der einen die öffentlichen Belange nicht kümmern, auf die abendländische Innerlichkeit zurück. Seit der christlichen Spätantike sei es den Menschen stets mehr darum zu tun gewesen, ihre eigene Seele zu retten als die geteilte Welt.

In unserer Selbsterhaltung durch sachliche Sachherrschaft ist diese Weltabkehr in der Gleichgültigkeit gegenüber dem »Stoff« geradezu zementiert. Die Sachherrschaft lehrt, sich einzig um sein Eigentum zu kümmern – als »eigene Welt«, ohne jedes Gespür für den lebendigen Gesamtzusammenhang. Man konzentriert seinen Willen auf ein klar umgrenztes Gebiet, schaltet und waltet darin – das Jenseits des Zauns geht einen schließlich nichts an. Und im Konkurrenzkampf der Verwertung wird erst recht jedes Leben zu einer einsamen Linie gestutzt, bestehend aus lauter Punkten, die keine

Bedeutung haben, nur immer »Ich! Ich! Ich!« rufen. Die Linie kann auf- oder absteigen, an jedem Punkt kann gewonnen oder verloren werden. Aber natürlich nicht die Welt. Nur der sogenannte eigene Erfolg, oder, wenn es hart kommt, das eigene Leben. Wir sind daran gewöhnt, die Welt zu verlieren: Das ist unsere Form, in ihr zu leben. Wir werden nicht plötzlich schockiert innehalten und alle Hebel umlegen, wenn der nächste Grenzwert überschritten ist oder eine noch süßere Tierart ausstirbt (gibt es eine süßere als Koalabären?). Wir werden in Quarantäne und Verteilungskämpfen stecken und unsere Gleichgültigkeit gegenüber dem Verlust von Leben weiter an Obdachlosen und Migrant_innen stärken. Der britische XR-Gründer Roger Hallam hat in einem ZEIT-Interview im November 2019 den Holocaust kleinzureden versucht, um das Ausmaß der kommenden Katastrophe zu beschwören. Es war ein kalkulierter antisemitischer Coup, um Aufmerksamkeit zu generieren. Dass die deutschen Aussterbe-Rebellen sich umgehend von ihm distanziert haben, ist der erste Schritt eines Lernprozess darüber, dass man als Bewegung nicht umhin kommt, sich umfassend politisch zu positionieren. Die Perfidie der Relativierung verweist aber auch auf ein allgemeines Dilemma der Fixierung auf eine kommende Katastrophe. Diese Strategie stellt es immer falsch herum an. Von der Warte dessen, dass bis jetzt alles einigermaßen lief und nun unerwartet der Zusammenbruch käme, wird die Sache nicht greifbarer. »Für den afrikanischen Kontinent«, sagt dagegen die ugandische Aktivistin Vanessa Nakate, »ist der Klimawandel nicht etwas, das in Zukunft eintreten wird. Er ist schon da und beeinträchtigt die Leben der Menschen.« Die einzige Perspektive, aus der man hoffen kann, im Angesicht der Katastrophe Orientierung zu gewinnen, ist die, die erkennt, dass die Katastrophe schon da ist.

Wir zerstören die geteilte Welt, deren drohenden Untergang wir jetzt nicht wahrhaben wollen, in Wahrheit seit Jahrhunderten. Jede Eroberung, jede profitable Verschiebung der Frontlinie, jedes Vordringen in angeblich unbekannte Gefilde: alles immer nur Weltverlust, immer nur Kopie desselben Herrschaftsmusters. Usurpation, Rendite, Erschöpfung. Dann das Staunen, dass dieser Ort irgendwie nicht mehr taugt. Aufbruch zu neuen Ufern, um weiter die Welt verlieren zu können. Es liegt nicht am zukünftigen Ausmaß der Katastrophe, dass wir sie so schwer zu fassen vermögen, sondern an unserer hergebrachten Beziehung zu ihrem Objekt.

Es könnte also ein Weg zur besseren Kriseneinsicht sein, die Struktur dieses Weltverlusts nachzuzeichnen. In ihrem Werk *Vita activa* entfaltete Hannah Arendt 1955 ihre Diagnose des Weltverlusts. Sie beschreibt die moderne Entfremdung von der geteilten Welt als Effekt dessen, dass sich in kapitalistischen Gesellschaften die Grenzen verschiedener Tätigkeitsbereiche verschieben. Diese Verschiebung besteht darin, dass die Logik eines Bereichs ausufert und auf einen anderen übergreift, der dadurch ruiniert wird. Wir verlören so die stabile, uns behausende Welt der hergestellten Dinge, weil diese in die Verbrauchslogik des Massenkonsums hineingezogen würden. Fahrzeuge, Möbel und technische Geräte überdauern die Menschenleben nicht mehr. Sie werden ausrangiert und ersetzt, als seien sie Verbrauchsgüter, wie sie in der Tätigkeitssphäre der Versorgungsarbeit produziert werden. Der Kapitalismus verkürzt die Lebensspanne seiner Objekte künstlich, um insgesamt mehr verwerten zu können.

Der Kern des Herstellens wiederum, der planvollen Fabrikation eines stabilen Ergebnisses, hat, folgt man der Analyse in *Vita activa*, die Sphäre der Politik erfasst. Sachzwänge, Expertengremien und messbare Ziele (nicht zuletzt das abstrakte Zwei-Grad-Ziel) schließen den Raum, in dem eigentlich verhandelt werden sollte, wie wir zusammenleben wollen. Anstatt Freiheit immer wieder neu zu stiften – nach Arendt das höchste und nur in vielstimmiger Gemeinschaft zu verwirklichende menschliche Vermögen –, verwalteten wir eine Welt, die wir zu lieben verlernt hätten.

Arendt beschreibt hier die Beziehungen zwischen menschlichen Tätigkeitsbereichen wie ein ökologisches Gleichgewicht. Sie definiert die drei grundlegenden Bereiche unseres aktiven Lebens auf zum Teil ungewöhnliche Weise. Das Arbeiten umfasst nur die Versorgungstätigkeiten, die ihre Ergebnisse immer wieder verbrauchen. Die Produktion von beständigen Gütern fasst sie als »Herstellen«. Und »Handeln« ist eine besondere Form des öffentlichen Sprechens und Tuns. Aus Arendts Sicht sind das Arbeiten, Herstellen und Handeln, wie oben beschrieben, durcheinandergeraten. Tatsächlich verlieren wir aber neben der von Arendt beklagten Dingwelt des Herstellens und der Mitwelt des Handelns auch die natürliche Welt der lebenserhaltenden Arbeit. Arendt versteht die Arbeit als einen zyklischen Austausch mit der Natur, einen Stoffwechsel im Zuge dessen wir Material aufgreifen und vorübergehend zu uns nehmen. Diese Sphäre, so können wir in Verlängerung ihrer Überlegungen sagen, wird nun durch den Einbruch der Logik des Handelns ruiniert. Dass die Folgen unseres zwischenmenschlichen Austauschs unabsehbar und unendlich sind, erklärt Arendt zum triftigen Wesensmerkmal des Handelns. Wir wissen nie, was sich alles an Effekten und Reaktionen ergeben wird. Wir kommen den Geschehnissen mit dem Erzählen und Beurteilen kaum hinterher, aber können doch im Austausch miteinander gewisse gültige Versionen finden. Wir können Fehlgänge anerkennen und entschuldigen. Untereinander sind wir frei, weil wir Neuanfänge verabreden können. Genauso soll es im Bereich des Handelns sein.

Die Logik der von Menschen angestoßenen, unabsehbaren Kettenreaktionen ist aber nun in die Sphäre des Arbeitens, in unseren Stoffwechsel mit der Natur, eingebrochen, und dort stiftet sie Unheil. »[Wir sind] noch elf Jahre von einem Punkt entfernt, an dem wir eine irreversible Kettenreaktion in Gang setzen, die sich jeglicher menschlichen Kontrolle entzieht«, lautet die entsprechende Mahnung in Greta Thunbergs Reden. Hier ist es mit einer neuen Verabredung nicht getan. Wir kriegen das Kohlendioxid nicht so einfach wieder aus der Luft, das Mikroplastik nicht aus dem Meer, das Schwermetall nicht aus der Scholle. Wir können Arendts Deutung des Weltverlusts also eine dritte Dimension beisteuern: Die Logik des Arbeitens zerstört die Güter des Herstellens; die Logik des Herstellens zerstört die Freiheit im Handeln; die Logik des Handelns zerstört die lebendige Grundlage der Arbeit.

Greta Thunberg empört sich zu Recht über die Rechenexempel des Pariser Abkommens, die darauf beruhen, dass zukünftige Generationen mit Technik, die noch gar nicht existiert, das CO_2 schon wieder aus der Atmosphäre fischen werden. Ihre kalte Absage an die sogar im verwaltenden Herstellen gelähmten Politiker der Gegenwart besiegelt deshalb nicht nur einen Bruch zwischen den Generationen. »We will never forgive you« – »Wir werden euch niemals vergeben.« Die Klimaaktivistin konstatiert hier den Riss, der unser Weltverhältnis durchzieht, und schlägt sich abermals auf die Seite der Erde.

Der Verlust der Zeit

Manchmal denke ich, dass ich selbst ein Dinosaurier bin. Es ist ein komischer biographischer Zufall, das Wissen eines kleinbäuerlichen Biobetriebs mit sich herumzuschleppen, während man in Philosophie promoviert und Bücher zu schreiben beginnt. Studierendengruppen laden mich ein, und ich halte Vorlesungen und erkläre jungen Aktivist_innen etwas über die gesellschaftlichen Logiken, die den Schaden einrichten, den sie eindämmen wollen. Meistens bin ich überwältigt von ihrer Klugheit und Entschlossenheit und glaube eigentlich, dass ich viel mehr von ihnen lernen kann als umgekehrt. Aber manchmal befällt mich auch ein melancholischer Maternalismus, und ich denke: diese Kinder. Sie kennen doch die Natur gar nicht, die sie beschützen wollen. Sie haben gar keinen Begriff mehr davon, dass Wetter zwar nie vorhersagbar war, das Klima aber verlässlich. Dass es eine verlässliche Reihenfolge gab, in der im Frühjahr die Kräuter am Wegesrand zu blühen begannen. Schrittweise, eine Art nach der anderen, weil es überhaupt so etwas wie Frühjahr gab, in dem die Frostnächte langsam seltener wurden und die Sonne langsam kräftiger. Nicht so ein plötzliches Kippen in den Sommer wie in den letzten Jahren.

Natürlich gab es immer Schwankungen, trockene und nasse Jahre, lange und kurze Winter, aber keine echten Überraschungen. Es kommt mir unvermittelbar vor, dass ich in einer Zeit groß geworden bin, in der alles wimmelte vor Vögeln und Insekten. Eine Zeit, in der nicht ständig neue Schädlinge auftauchten. Ich kannte kein Jakobskreuzkraut und keine Eichenprozessionsspinner – weil es sie tatsächlich noch nicht gab. Eichenprozessionsspinner, das sind diese Raupen, deren Ausscheidungen auch für Menschen giftig sind und die derzeit in fast allen Bundesländern, begünstigt durch die neue Frühlingswärme, die Eichenbestände dezimieren.

Ich erinnere mich sehr gut an einen entscheidenden Moment meiner Jugend. Ich war mit meinem leukämiekranken Vater auf der Rinderweide. Ich habe mich immer ein bisschen vor den Kühen gefürchtet, sie lebten halb wild auf den Wiesen, und ich war nie in ihre tägliche Versorgung eingebunden. Ich konnte sie nicht so gut einschätzen wie Schafe, Schweine und Pferde. Und ich wusste, dass es meinem Vater, der selbst auf einem Pferdegestüt und weitgehend in Obhut eines Schäfers aufgewachsen war, im Grunde ähnlich ging. Aber das hatte nie Zweifel daran aufkommen lassen, dass er wüsste, was im Ernstfall zu tun sei und ich hinter seinem Wikingerkreuz in Sicherheit wäre. Aber an diesem Tag auf der Weide wurde mir plötzlich klar, dass mein Vater – abgemagert, blass, ohne Haare und seinen roten Bart – gerade weniger fest auf den Beinen war als ich. Nicht, dass mir seine Schwäche nicht vorher aufgefallen wäre. Aber plötzlich betraf dieses gewandelte Kräfteverhältnis auf andere Art die Ordnung meiner Welt. Wenn die gehörnten Vierbeiner zu sehr zum Futter drängeln würden, wäre ich nun die, die sich ihnen in den Weg stellen müsste.

Als ich vor wenigen Jahren am Rand eines vertrauten Ackers das erste Mal eine dreihundertjährige Eiche gesehen habe, die am Prozessionsspinner-Befall starb, empfand ich einen ähnlich strukturierten Schock. Aber die Erschütterung reichte viel tiefer. Es ist traurig, wenn es früher und quälender passiert als erwartet, aber wir sind doch irgendwie darauf eingestellt, dass unsere Eltern vor uns sterben. Darauf eingestellt, dass Eichen das tun, war ich nicht. Und selbst wenn wir auf den Verlust von Eltern und anderen Portalfiguren, die vor uns da waren, nicht gefasst sind: Hier kann man doch immerhin etwas anfangen mit dem Schock. Er erschließt uns gewisse Bedingungen unserer Existenz. Wir können einander schützen, aber einander nicht die Sterblichkeit abnehmen. Wir sind abhängig voneinander, aber die Abhängigkeiten verschieben sich. Es bleibt schockierend, aber wir überleben den

Tod des anderen. Was tröstet, ist, dass diese Einsichten zeitlos wahr scheinen. Sie verbinden unser Schicksal mit dem aller anderen Menschen. Man mag andere Lektionen vorziehen, aber es gibt da was zu lernen.

Aber dass reihenweise dreihundertjährige Eichen vor mir sterben? Was soll das? Es ist ein Schock, aber er ermöglicht keine Einsicht in tiefere Wahrheiten, höchstens immer neue Schocks. Es ist nicht nur schrecklich, es bleibt auch falsch. Trauer zielt in letzter Instanz auf die Akzeptanz des Verlusts. Hiermit können wir uns aber gerade nicht arrangieren. Die Eichen am Waldesrand, das sollte der Hintergrund bleiben, die sollten fest stehen, während anderes sich wandelt – mit wem ich spazieren gehe, worüber ich dabei nachdenke, wie alt ich dabei bin.

Vielleicht beginnt der Fehler schon damit, die Natur für den Hintergrund zu halten. Als sei uns Menschen eine unverrückbare Bühne gebaut worden, als seien wir gar nicht aus demselben Holz. Meine Eltern haben mich in vielen Situationen dazu ermuntert, den Mund aufzumachen. Inzwischen lebe ich davon. Aber wenn ich mit meinem Vater durch den Wald ging, herrschte Stille. »Psst. Wer im Wald redet, sieht nichts. Schau. Der Dachsbau. Schau, die Eichen schlagen schon aus, vor den Eschen. Es wird ein nasser Sommer. Eiche vor Esche: Gibt 'ne große Wäsche. Esche vor Eiche: Gibt 'ne große Bleiche.« Und jetzt gehe ich da am Waldrand entlang und frage mich: Aber was, wenn die Eichen gar nicht mehr ausschlagen?

Die Bauernregeln über das Wetter, die natürlich nie ganz gestimmt haben, sind nicht nur deshalb außer Kraft gesetzt, weil ihre Anhaltspunkte wegfallen, weil zum Beispiel eine Baumsorte gar nicht mehr ausschlägt. Sie sind außer Kraft gesetzt, weil das Klima aufgehört hat, verlässlich zu sein.

Das Wetter war nie vorhersagbar. Aber das Klima war es.

Für die Landwirtschaft ist das Wetter alles. Jeden Tag beim Abendbrot hat bei uns am Tisch jemand ins Betriebstagebuch geschrieben, was an dem Tag erledigt wurde. Und manchmal auch besondere Begebenheiten. Die Rinder sind ausgebrochen. Jemand hat sich im Matsch festgefahren und musste deshalb Eis ausgeben. Man konnte nachschlagen, wann wo gesät oder gejätet wurde. Und was im letzten und vorletzten Jahr auf der Fläche stand. Vor allem aber musste man nachschauen können, wann es das letzte Mal geregnet hat und wie viel, um zur Not mit Bewässerung nachzuhelfen. Gewitter, die selten waren, wurden auch vermerkt.

Man weiß auf dem Land, wie die Pflanzen auf Witterung reagieren, wie man die Schweine vor Sonnenbrand schützt und dass die Pferde bei Wind viel leichter scheu werden. Als ich ausgezogen war, sprach meine Mutter am Telefon stets weiter vom Wetter. Dass es nicht stimmte. Dass es anders war, neu, unverständlich. Kopfschmerzen, Müdigkeit und Schlaflosigkeit wurden oft mit dem Wetter in Zusammenhang gebracht und das Wachstum der Feldfrüchte natürlich sowieso. In meinem neuen Leben in der Stadt gab es dafür keine Anknüpfungspunkte. Ich hatte ganz andere Gründe für Müdigkeit. Und niemand von den Leuten, die mich umgaben, hätte etwas anfangen können mit unseren Standardsätzen. Dass es zu trocken war. Zu windig. Zu warm. Denn: gemessen woran?

Bei mir war es zunächst eine Frage des Aufenthaltsortes und der Aufmerksamkeit. Aber für alle kommenden Generationen, selbst wenn sie jahrelang das Wetter notieren, ist diese Skala unwiederbringlich zerbrochen. Gemessen woran? Das stabile Klima, an dem man das wechselhafte Wetter maß, gibt es nicht mehr. Was wir verlieren, sind nicht nur Dinge in der Natur. Was den Wandel so bedrohlich und unabsehbar macht, ist, dass wir in gewisser Weise den Rahmen der Natur gesprengt haben. Wir haben die Zeit der Natur ausgehebelt, ihre Selbstorganisation in wiederkehrenden Kreisläufen oder »Gezeiten«.

Die Natur hat übergreifende Zeitlichkeiten, die so langsam sind, dass sie für unsere menschlichen Begriffe gar nicht existieren. Ausdehnung des Weltalls und Entropie seit dem Urknall. Auch die Evolution des Lebens fällt für menschlich fassbare Zeiträume kaum noch ins Gewicht. Wir hätten mit dieser Differenzierung des Lebens, mit diesen Arten, mit dieser Biosphäre gut noch drei Millionen Jahre leben können. Unterhalb dieser Prozesse ist die Zeit der Natur nicht linear. Sie ist kein Strahl oder Pfeil. Es gibt keinen klaren Anfang. Stadtgründung Roms, Christi Geburt, ursprüngliche Akkumulation, Verfassungsgebung – so beginnen nur menschliche Handlungsverläufe und Erzählstränge. Die Zeit der Natur dagegen ist zyklisch. Tageszeiten, Jahreszeiten und Lebensalter wiederholen sich und mit ihnen Nährstoffkreisläufe, die sich unendlich fortsetzen könnten.

Wiederholungen lassen selbstverständlich gewisse Variationen zu. Klimatische Schwankungen gibt es nicht erst in der gegenwärtigen Erderwärmung. Aber auch die viel kleineren Veränderungen als die, der wir derzeit entgegensehen, haben verheerende Wirkungen gehabt. Im neuzeitlichen Europa hat die sogenannte Kleine Eiszeit, eine Verringerung der Temperaturen um 1,5 Grad zwischen dem 16. und 18. Jahrhundert, zu Missernten, Hungersnöten und Seuchen geführt. Die frühneuzeitliche Abkühlung war tatsächlich »nur« eine Abkühlung und löste keine Kettenreaktionen aus, die das ganze Wettersystem aus dem Gleichgewicht brachten, wie es derzeit zu geschehen beginnt. Nichtsdestotrotz beherrschte sie das Leben der Menschen. Im Jahr 1596 berichten englische Chronisten zum Beispiel darüber, dass Dauerregen riesige

Überschwemmungen anrichtete und das Getreide auf dem Halm verfaulen ließ. William Shakespeare hat diese Erfahrung offenbar inspiriert, sich ein umfassendes Aussetzen der Jahreszeitenzyklen vorzustellen. So präsentiert die Elfenkönigin Titania in einer Rede im *Sommernachtstraum*, die in späteren Inszenierungen oft gekürzt wurde, ein Bild der gebrochenen Zeit der Natur:

> Drum sog der Wind, der uns vergeblich pfiff,
> Als wie zur Rache, böse Nebel auf
> Vom Grund des Meers; die fielen auf das Land,
> Und machten jeden winz'gen Bach so stolz,
> Daß er des Bettes Dämme niederriß.
> Drum schleppt der Stier sein Joch umsonst, der Pflüger
> Vergeudet seinen Schweiß, das grüne Korn
> Verfault, eh' seine Jugend Bart gewinnt.
> Leer steht die Hürd' auf der ersäuften Flur,
> Und Krähen prassen in der siechen Herde.
> Verschlämmt vom Leime liegt die Kegelbahn;
> Unkennbar sind die art'gen Labyrinthe
> Im muntern Grün, weil niemand sie betritt.
> Den Menschenkindern fehlt die Winterlust;
> Kein Sang noch Jubel macht die Nächte froh.
> Drum hat der Mond, der Fluten Oberherr,
> Vor Zorne bleich, die ganze Luft gewaschen
> Und fieberhafter Flüsse viel erzeugt.
> Durch eben die Zerrüttung wandeln sich
> Die Jahreszeiten: silberhaar'ger Frost
> Fällt in den zarten Schoß der Purpurrose;
> Indes ein würz'ger Kranz von Sommerknospen
> Auf Hiems' Kinn und der beeisten Scheitel
> Als wie zum Spotte prangt. Der Lenz, der Sommer,
> Der zeitigende Herbst, der zorn'ge Winter,

Sie alle tauschen die gewohnte Tracht,
Und die erstaunte Welt erkennt nicht mehr
An ihrer Frucht und Art, wer jeder ist.
Und diese ganze Brut von Plagen kommt
Von unserm Streit, von unserm Zwiespalt her;
Wir sind davon die Stifter und Erzeuger.*

Diese Zeilen fassen auf literarische Weise das Phänomen des Zeitverlusts. Shakespeare erweist sich als phantastischer Futurist, keine Science-Fiction, sondern Climate-Fiction. Daran, wie er das Panorama ausmalt, wird die tiefere Struktur unseres Weltverlusts fassbar.

Das Wesen des Weltverlusts ist ein Verlust der Zeit. Nicht nur in dem Sinne, dass uns die Zeit ausgeht, in der wir die

* Therefore the winds, piping to us in vain, / As in revenge, have suck'd up from the sea / Contagious fogs; which falling in the land / Have every pelting river made so proud / That they have overborne their continents: / The ox hath therefore stretch'd his yoke in vain, / The ploughman lost his sweat, and the green corn / Hath rotted ere his youth attain'd a beard; / The fold stands empty in the drowned field, / And crows are fatted with the murrion flock; / The nine men's morris is fill'd up with mud, / And the quaint mazes in the wanton green / Fort he lack of tread are undistinguishable: / The human mortals want their winter here; / No night is now with hymn or carol blest: / Therefore the moon, the governess of floods, / Pale in her anger, washes all the air, / That rheumatic diseases do abound: / And through this distemperature we see / The seasons alter: hoary-headed frosts / Far in the fresh lap of the crimson rose, / And on old Hiems' thin and icy crown / An odorous chaplet of sweet summer buds / Is, as in mockery, set: the spring, the summer, / The childing autumn, angry winter, change / Their wonted liveries, and the mazed world, / By their increase, now knows not which is which: / And this same progeny of evils comes / From our debate, from our dissension; / We are their parents and original.

Veränderungen noch aufhalten könnten. Sondern in dem Sinne, dass die Veränderungen die Zeitlichkeit selbst betreffen. Sie stürzen unser Weltbild, das darauf beruht, eine fortschreitende, menschliche Geschichte auf der unhinterfragten Grundlage zyklischer Naturzeit anzusiedeln. Auch wir säkularen Menschen haben noch geglaubt, dass das Noah gegebene Versprechen hält: »Solange die Erde steht, soll nicht aufhören Saat und Ernte, Frost und Hitze, Sommer und Winter, Tag und Nacht.« Vielleicht sollten sich die Erträge steigern, und vielleicht sollten wir auch im Winter in die Sonne fliegen können, aber die basalen Rhythmen haben wir für stabil gehalten, genauso wie all die diversen Selbstregulierungen und Rückkopplungseffekte, durch die sich jedes Ökosystem, sei es der Mischwald oder das Korallenriff, reproduziert und in andere natürliche Kreisläufe fügt.

Die kapitalistische Wirtschaftsweise – die Art, wie wir uns selbst reproduzieren – haben wir auf dem Rücken der natürlichen Zyklen errichtet. Unsere sogenannte Zivilisation beruht darauf, mit der Abzirkelung von Eigentum natürliche Kreisläufe zu kappen und sie in der spiralförmigen, die Zukunft anpumpenden Verwertung vollzumüllen. Es wäre nicht weiter bedauerlich, würde nur dieser Zivilisation die Basis wegbrechen. Aber die von Eigentumsfixierung und Profitorientierung zerstörten Grundlagen sind die Grundlagen jeglicher Zivilisation und sämtlichen Lebens auf der Erde: natürliche Kreisläufe. Wo Shakespeare noch übertrieben hat, kommen wir kaum mit der nüchternen Bestandsaufnahe hinterher. Noch mal zum Mitschreiben: Wir haben die Zeit verloren.

Gibt es überhaupt einen angemessenen Ton der Klage über diese Zustände? Eine komplexe, kassandrische Kritik, die als Anklage politisiert werden kann und uns verstehen lässt, dass es nicht um einzelne Verluste geht? Dass diesmal wirklich alles davon abhängt, dass wir diesen Verlust eben gerade nicht überleben könnten?

Die zärtliche Erzähler_in

In Shakespeares *Sommernachtstraum* haben die Witterungswirren ihren Ursprung im Ehezwist des Elfenkönigpaars, Titania und Oberon. »Wir sind davon die Stifter und Erzeuger« – für die derzeitigen Veränderungen könnten wir das mit Recht von uns selbst sagen, die wir unter der Herrschaft von Eigentumsfixierung und Profitorientierung leben.

Für die elisabethanische Kleine Eiszeit galt dagegen zunächst, dass sie Zwist und Konflikte säte. Für die jähen Wetterveränderungen wurden Randgruppen verantwortlich gemacht. Man klagte Juden, Wiedertäufer und immer wieder bestimmte Frauen des Schadenzaubers an.

Die tatsächliche Ursache der Kleinen Eiszeit ist in der Forschung umstritten. Neben vulkanische Asche, die die Sonneneinstrahlung abfing, oder eine von der Sonne selbst ausgehende Strahlungsminderung könnte auch ein menschengemachter Faktor getreten sein, nämlich die Wiederbewaldung Amerikas nach der Ausrottung des Großteils der indigenen Bevölkerung. Eingeschleppte Krankheiten und mörderische Kolonialpolitik kosteten ab 1515 zehn Prozent der damaligen Weltbevölkerung das Leben, nachdem die Pestepidemien des Spätmittelalters diese bereits um ein Drittel der Europäer_innen dezimiert hatten. Dadurch, dass lang eingespielte Zyklen von Brandrodung und Ackerbau unterbrochen wurden, wuchsen Baumbestände neu auf, banden mehr CO_2 als bisher und führten zum umgekehrten Treibhauseffekt.

Diese Hypothese birgt eine verführerische Symmetrie: Die Konquistadoren würden in ihren Heimatländern von den bitteren Folgen der Eroberungspolitik eingeholt. Antikoloniales »instant karma«. Es würde auch bedeuten, dass die Inquisition auf die von ihr verfolgten Hexen eine eigene, verleugnete Kraft projizierte. Sie selbst, die Sachherrscher der Neuen und der alten Welt, hatten das Wetter verdorben und verderben es noch. Aber diese Symmetrie, selbst wenn sie stimmte, tröstet nicht über die Verluste, die zudem die Mächtigen stets zuletzt treffen. Die Eigentumsfixierung verwüstet ihre Objekte anders als ihre Subjekte.

In ihrer umwerfend schönen Nobelpreisrede spekuliert Olga Tokarczuk ihrerseits über den Zusammenhang von Kolumbus' Überfahrt und Kleiner Eiszeit und benutzt diese mögliche Verbindung als Prüfstein für eine von ihr herbeigesehnte neue narrative Perspektive. Unsere gängige Art zu erzählen – uns also die Zeit zu vergegenwärtigen – scheint Tokarczuk unzulänglich, um so diffizile und weitreichende Zusammenhänge zu fassen. Während wir noch an der Aufgabe laborieren, eine größere Diversität an Stimmen in der Ich-Form vernehmbar zu machen, scheitern wir in der Weltwahrnehmung. Eine Art zu erzählen, die Geschehnisse auch auf der Ebene der Lebensgrundlagen rekapituliert und bewertet, die erahnen wir noch gar nicht recht. Es geht Tokarczuk nicht einfach um eine komplexere Klage, sondern um das Registrieren umfassenderer Zuständigkeit. Nicht die kommende Katastrophe, sondern die vergangenen Verbindungen müssten wir ausmalen, um den gegenwärtigen Wandel zu fassen. Aber wer soll so viel sehen können? Und von wo? Bräuchte man nicht ein vieläugiges Ungetüm? Oder ein alles-sehendes Auge? Das klingt übermenschlich, aber in der Erzähltheorie ist es ja sehr gängig, einen göttlichen Erzähler anzusetzen. Allwissenheit im Sinne einer Vogelperspektive mit Seeleneinblick herstellen, das können Autor_innen mit links. Aber Tokarczuk geht es nicht um Einblicke und Draufsicht, sondern um eine ganz neue Binnenperspektive. Verwobenheits-Seismographie. Weltinnenraum-Umsicht. Sie selbst tauft diese von ihr beschworene Erzählstimme »die vierte Person« oder »die zärtliche Erzähler_in«:

> Das ist ein Standpunkt, eine Perspektive, von der aus alles gesehen werden kann. Alles zu sehen bedeutet, die ultimative Tatsache anzuerkennen, dass alle Dinge, die existieren, wechselseitig zu einem einzigen Ganzen verbunden sind, auch wenn uns die Zusammenhänge zwischen ihnen noch nicht bekannt sind. Alles zu sehen bedeutet auch, eine ganz andere Art von Verantwortung für die Welt anzunehmen, denn es wird offensichtlich, dass jede Geste ›hier‹ mit einer Geste ›dort‹ verbunden ist, dass eine in einem Teil der Welt getroffene Entscheidung sich in einem anderen Teil der Welt auswirkt, und dass die Unterscheidung zwischen ›meins‹ und ›deins‹ anfängt, strittig zu werden.

Die Perspektive der sanften Erzählung erlaubt vielleicht einen Vorschein darauf, wie wir uns der gebrochenen Zeit stellen können. Die Perspektive der »vierten Person«, selbst ein Bündel von Sehpunkten, ist alles-sehend. Sie ist mit kassandrischer Hellsicht begabt. Aber der Blickwinkel bleibt nicht beim kassandrischen Kummer. Er stiftet Verbindungen. Auch wilde, noch ungewisse. Es ist, als würde die Linie des gängigen Narrativs – also der modernen, menschlichen Zeit – selbst in Schlaufen gelegt. Die erzählte Zeit fächert sich zwischen den unendlichen Zyklen natürlicher Zeit auf. Ganz neue Kontaktpunkte, zarte Zusammenhänge, zukunftsträchtige Wechselwirkungen eines unendlich vielschichtig Verbundenen. Die zärtliche Erzählerin sagt nicht nur, was ist.

Sie sieht, was alles in unserer Hand liegt: spottende Gezeiten, sinnlose Winde, giftige Nebel. All das sind berstende Kreise, die wir in Zukunft – wenn wir denn eine haben wollen – werden zusammenhalten müssen. Manche Kreise schließen, andere offen halten. Wir sollten das können, als erzählende Tiere.

REVOLUTION

Der Kapitalismus hat uns ein Leben in der Hollywoodschaukel versprochen. Stattdessen sitzen wir in einer hochtourigen Achterbahn, deren Gerüst bröckelt. Unsere Aneignungszirkel und Verwertungsstrudel erschöpfen innere wie äußere Natur. Sie fräsen sich blind in das Zusammenspiel der planetarischen Ökosysteme und der zärtlicheren sozialen Bezüge. Der Kapitalismus zerstört Leben, und er zerstört das Leben selbst. Lässt sich dieser Trip noch anhalten? Erstattet uns jemand die Ticketkosten zurück, oder sind wir gar selbst Anteilseigner? Wie kommen wir hier raus, in freier Fahrt und luftiger Höhe? Kann man das Ding anhalten oder zum Entgleisen bringen? Was, wenn wir zu fest angeschnallt sind? Wie soll das aussehen, eine Revolution für das Leben?

O Fortuna!

Es ist zum Allgemeinplatz geworden, dass das 1989 triumphal verkündete »Ende der Geschichte« eine Fehldiagnose darstellt – die letzten Jahrzehnte haben neue politische Frontstellungen, ökonomische und sogar erdgeschichtliche Ereignisse gesehen. Aber es ist auch wichtig, festzuhalten, dass die historisch einschneidenden Geschehnisse seither vom Westen kaum im Modus der Geschichte verarbeitet, sondern als unvermittelt einbrechendes Geschick erfahren werden. 9/11, Finanzkrise, erstarkender Autoritarismus, Klimawandel, Migration, Covid-19 – wir starren gebannt und ungläubig auf die Ereignisse wie auf ein hypnotisches Glücksrad. Wir erkennen darin weder Sinn noch unser eigenes Wirken.

Wenn die Turbulenzen fühlbar werden, dann können sich immer noch einige, verschanzt hinter Airbags, die Schleudertraumata der anderen vom Leib halten. Wenn schon nicht sämtliche Desaster, können wir doch weiterhin alle entscheidenden Zusammenhänge ausblenden. Dann ist es, als träfen uns jeweils bloß jähe Schicksalsschläge. Und etwas ist sogar dran an diesem Schicksalhaften: Wir haben es immer auch mit der Kreuzung aus unverfügbaren Mächten und Zufall zu tun, mit dem, was wir Kontingenz nennen. Der Zerstörungszusammenhang kommt zu uns zurück wie ein gauklerisches Mysterienspiel.

Die Figur der Glücksgöttin Fortuna, die nach Lust und Laune das Rad des Schicksals in Gang setzt, ist ein besonders im Mittelalter beliebtes Motiv. Jähe, übergangslose Veränderungen ließen sich ihr zuschreiben; entsprechende Klagen finden sich etwa in der hochmittelalterlichen Liedersammlung *Carmina Burana*. Eines der bekanntesten Stücke darin ist das von Carl Orff vertonte »O Fortuna«. »Velat luna | statu variabilis« – »wie der Mond | von wechselhafter Art!« – wird darin das Schicksal beschrieben. Fortunas Wirken lässt sich mit den Gezeiten natürlicher Kreisläufe vergleichen. Bricht deren zyklischer Verlauf ins menschliche Planen und Leben ein, ist damit schwer fertig zu werden. »Schreckliches Glück und hohles, | kreisendes Rad du«, flucht der unbekannte Schreiber.

Ich verdeutliche mir die geschichtlichen Wechselfälle, die allein das letzte Jahr charakterisieren, manchmal in einem persönlichen Paralleluniversum – einer möglichen Welt, wie Logiker_innen es nennen. Ich stelle mir vor, dass ich im Oktober die Dozentinnenstelle an der Uni Venedig bekommen hätte, für die ich mich beworben hatte. Ehrlich gesagt war mir schon beim Vorstellungsgespräch mulmig. Es schien absurd, sich mit angetrimmtem Karrierehunger für einen Job an einer Universität ins Zeug zu legen, von der man doch weiß, dass sie ohne klimapolitischen Kurswechsel vor Eintritt meines Rentenalters im Mittelmeer versunken sein wird. Ich verlief mich ständig, stand verwirrt in Menschentrauben und begegnete an jeder Ecke dem gleichen leeren Blick von Karnevalsmasken made in China.

Schon vier Wochen später war Venedig dann vorübergehend tatsächlich untergegangen. Das brackige Lagunenwasser stand 1,87 Meter über dem Normalpegel, füllte Erdgeschosse, Gassen und Plätze. Etwas am Hochwasser folgt wiederkehrenden Zyklen: Jedes Jahr kommt es im November bei Vollmond zum Höchststand. Etwas bricht aber auch aus dem Kreislauf aus: Der marmorne Markusdom wurde in seiner neunhundertjährigen Geschichte insgesamt sechsmal geflutet. Zwei der sechs Male fallen in die letzten beiden Jahre. »Velat luna | statu variabilis«.

Hat der drohende Untergang der Hauptstadt aller Flitterwochen dazu geführt, dass die europäischen Emissionen gesenkt wurden? Nein. Immerhin startete die *Vogue* eine Spendenaktion. Man habe das Cover zum Fundraising zur Verfügung gestellt. Man hatte auch das perfekte Setting gefunden, um ein Model vor morbider Kulisse im schwarzen Fledermausärmelkleid abzulichten. Als die Zeitschrift in ihrer Februarausgabe, die in Erwartung der Mailänder Fashion Week zweisprachig gedruckt wurde, den Aufruf wiederholte, griff in Veneto und Mailand bereits das neue Corona-Virus um sich. Die Modemesse wurde abgesagt, und wenige Wochen später erstarrte ganz Italien unter der drakonischsten Ausgangssperre der Neuzeit. Es wäre ein »schreckliches Glück« gewesen, diese Stelle zu kriegen, und es ist insgesamt ein »schreckliches Glück«, unsere Gegenwart zu durchleben. Nur: Woher soll, während uns diese Wechselfälle schon so in Atem halten, die Perspektive für grundlegenden Wandel herkommen?

In Spätantike und lateinischem Mittelalter gab es verschiedene Wege, mit Fortunas Willkür umzugehen. Der aus Bergamo stammende Gelehrte und Politiker Boethius etwa söhnt sich im Jahr 525 mit seiner Verleumdung und Gefangenschaft aus, indem er in seinem Buch *Consolatio* die personifizierte Philosophie auftreten lässt. Sie erklärt dem gefallenen Mann, dass Fortuna ihm nichts anhaben könne, wenn er sich darauf besinne, dass Reichtum, Ruhm und Ansehen – und selbst sein Leben – keine wahren Besitztümer seien. Nur, was nicht geraubt werden könne, sei wirklich unser Eigen. Die Empfehlung lautet gewissermaßen, von allem Beweglichen Abstand zu nehmen und sich, soweit es geht, auf die Mitte des rotierenden Rads zu besinnen. Dort muss schließlich ein Fixpunkt auszumachen sein. Die einfallsreiche Scholastik reservierte diesen Platz für Gott, der ja an sich nicht allzu gut mit dem heidnischen Fortuna-Bild zusammenzubringen ist.

Neben solcher Weltabkehr erlaubt das Glücksrad auch eine trotzige, politische Wendung. Die Vergänglichkeit des Glücks verrät schließlich, dass nichts gänzlich feststeht. Die Mächtigen, unter denen man heute ächzt, können morgen weggefegt sein. So steht denn oft folgender Spruch neben Illustrationen von Fortunas Rad: »Regnabo; regno; regnavi; sum sine regno.« – »Ich werde König sein, bin König, bin König gewesen, bin ohne Herrschaft und Reich.«

Politik und ihr Radius

In der Moderne ist es nicht Fortuna, die Könige absetzt, sondern die Revolution. Und sie bringt nicht nur einzelne Könige zu Fall: In Paris wurde die Monarchie selbst und in Port-au-Prince das Kolonialregime als solches gestürzt.

Die Revolution leiht zwar ihren Namen von stetigen Umdrehungen, dem als *re-volutio* bezeichneten Kreisen der Himmelskörper, aber im modernen Geschichtsverständnis ist es gerade die Erfahrung der Revolution, die das Bild schicksalsgleicher Rotation ablöst. In den großen Revolutionen am Ende des 18. Jahrhunderts, in Nordamerika, der Karibik und in Frankreich, schälte sich eine neue Deutung politischen Handelns heraus. Die Revolution war keine immer wieder passierte Durchgangsstation, sondern der Ausgangspunkt für eine neue Ordnung und weitere Fortschritte in ihr. Und die Revolution verdankte sich weder kosmischen Launen noch astronomischen Gesetzen. Sie geschah nicht automatisch und nicht von selbst; sie wurde von den Menschen gemacht, die erkannten, dass ihre Lage kein bloßes Schicksal war, sondern das Ergebnis vergangener und gegenwärtiger Herrschaft.

Die Erkenntnis, die gesellschaftlichen Verhältnisse gestalten zu können, ist keine einmalige Einsicht, es ist eher eine Erfahrung, die sich im Zuge des Aufbegehrens und der Selbstregierung einstellt und rückblickend verfestigt. Immanuel Kant formulierte aus der ostpreußischen Zuschauerperspektive, dass diese historische Lektion »sich nicht mehr vergisst« – umso mehr gilt das für diejenigen, die beteiligt sind. Freiheit als die Erfahrung, sich gemeinsam einigen und regieren zu können, vergisst sich nicht. Es ist ein einmaliges, köstliches Gefühl, aber auch ein Wissen, hinter das es kein Zurück gibt. Jedwede neue Herrschaft steht in einem anderen

Licht: dass sie revolutioniert werden kann. Das strahlt auch auf die Knechtschaft aus: Niemand gehorcht mehr vollkommen alternativlos.

Aber was regiert man, wenn man sich selbst regiert? In demokratischer Politik zeichnen sich zwei gegenläufige Impulse ab. Die Freiheit von Fremdherrschaft kann in zwei unterschiedlichen Formen gewahrt werden, teilend oder besitzstandswahrend. Die erste, die oft am Beginn revolutionärer Erhebungen steht, geht den großen Revolutionen lange voraus. Sie findet sich in »Maroon«-Gemeinschaften, in Allmenden und Bauernaufständen, unter Schiffsbesatzungen und Vagantengruppen, sie lebt fort in der Pariser Kommune von 1871, im kurdischen Rojava und bei den mexikanischen Zapatisten, auf der Open-Source-Plattform GitHub und in vielen Kollektiven. Es ist die Regierung der Teilenden. Über das, was zwischen den Menschen liegt und sie verbindet, wird hier zusammen bestimmt. Das setzt voraus, dass es überhaupt etwas gibt, was die Menschen gemeinsam besitzen und worauf alle einen Anspruch haben. Die Tradition der demokratisch Teilenden ist deshalb eng verknüpft mit Kämpfen um Zugangsrechte und Gemeineigentum. Die frühesten schriftlichen Dokumente dieser Tradition finden sich in der englischen Magna Carta von 1215, die eine Fehde zwischen englischer Krone und Adel beilegte, und den zwölf Artikeln der Bundgenossen im Bauernkrieg von 1525. Der Magna Carta wurde eine in der Überlieferung nahezu vergessen gemachte »Carta des Waldes« beigefügt. Auch im Programm der frühneuzeitlichen Revolte stand neben der Befreiung aus Leibeigenschaft als zentrale Forderung der freie Zugriff auf baumbestandenes Land. Das Ausmaß dieser Forderung erschließt sich erst, wenn man sich vor Augen führt, welche Rolle Holz in der vorindustriellen Ökonomie einnahm. Es war Brennstoff, Baumaterial für Häuser und Zäune und in Form von Wurzeln und Schösslingen auch Viehfutter. Dadurch, dass ein Teil der Bäume regelmäßig »geköpft«, das heißt auf den Stamm zurückgeschnitten wurde, entstand schnell nachwachsendes und leicht aufzuteilendes Material; außerdem konnte um die Bäume herum Gras aufwachsen und abgeweidet werden. Im eigentlichen Wald sollten kleinere Wildtiere gejagt sowie Pilze und Beeren geerntet werden können. Wenn die Bundgenossen um Thomas Müntzer die eingehegten Allmenden und Waldflächen wieder für die »gemeinen Leute« – diejenigen, die nichts als das Gemeingut besaßen – öffnen wollten, käme das in der heutigen Wirtschaft einer Vergesellschaftung aller Ölvorkommen und Energieträger, einer kostenfreien Mitgliedschaft in Wohnungsbaugenossenschaften und einer materiellen Grundversorgung gleich. Gegen die Begehrlichkeiten der Mächtigen konnte weder das Waldrecht noch der ebenbürtige Zugang zu anderen Gemeingütern oder *commons* langfristig verteidigt werden, so dass die Tradition der Teilenden nur episodisch in der Geschichte aufflackert. Ihre Prinzipien, die der Ideengeschichtler Massimiliano Tomba als »rebellischen Universalismus« zusammenfasst, haben gerade deshalb eine unbezähmbare Reichweite. Denn um teilhaben zu können, braucht man keine Voraussetzungen zu erfüllen. Man muss nichts besitzen, denn die Welt ist bereits da. Es braucht auch keine Gemeinsamkeiten oder vorab bewiesene Gleichberechtigung, um sich als »Gemeine« zusammenzutun, denn die Gleichheit untereinander entsteht in der teilenden Verbindung.

Auch die Französische Revolution wurde von dem Impuls eines rebellischen Universalismus vorangetrieben. Das Aufbegehren gegen Herrenrechte an Wald, Land und Untertanen bewegte die Nationalversammlung in der berühmten »Nacht des 4. August« dazu, das Ende aller feudalen Privilegien zu proklamieren. Aber die Ansprüche der Gemeinen wurden bald in einer neuen eigentumsverhafteten Form der Politik eingehegt.

Im gleichen Zuge wie die Französische Revolution sich gegen alte Privilegien wendete, heiligte sie nämlich das Privateigentum. Der französische Ökonom Thomas Piketty spricht deshalb von einer postrevolutionären »proprietaristischen Ideologie«, unter deren Deckmantel die ungleichen Besitzverhältnisse des *ancien régime* größtenteils weiterlebten. Frondienste galten nun eben als Pacht, für die Freilassung aus der Leibeigenschaft waren Ablösesummen zu entrichten, die Verfügung über Großgrundbesitz wurde als absolute Sachherrschaft exklusiver als je zuvor. Ein solcher Besitzstandsimpuls durchzog neben der Güterverteilung auch die neue, demokratischere Politik. Die 1791 verabschiedete revolutionäre Verfassung kannte für die Teilhabe an politischer Gestaltung eine wichtige Qualifikation: Nur besitzende Männer galten als Bürger und sollten fortan vom Wahlrecht Gebrauch machen können. Diese Regelung, die der jakobinische Nationalkonvent auszuhebeln versuchte, kehrte im napoleonischen Kodex wieder und wurde in fast alle europäischen Länder exportiert.

Die neuerrungenen Menschenrechte nahmen selbst die Form von Eigentumstiteln an: unveräußerliche individuelle Verfügungsansprüche. Individuelle Grundrechte »gehörten« den einzelnen Subjekten gewissermaßen und versicherten sie einer bestimmten Sphäre der Willkür – im Rahmen der Meinungsfreiheit kann ich sagen, was ich will; im Rahmen der Religionsfreiheit glauben, was ich will; im Rahmen der Vertragsfreiheit alle möglichen Verpflichtungen eingehen. Und meine demokratische Freiheit besteht darin, meine Stimme dem zu geben, von dem ich mir die Vertretung der allgemeinen oder im Zweifelsfall auch nur meiner eigenen Interessen erhoffe. Die Regierung der Besitzenden ist die in der Moderne dominante Form der Demokratie geblieben. Sie hat sich inzwischen formal vom materiellen Besitz gelöst: Das nach Vermögen gewichtete Dreiklassenwahlrecht fiel in Deutschland auf Reichsebene 1871, in Preußen 1918. Umfassende Disziplinierung und ab den 1880er Jahren auch das Sozialversicherungsrecht führten dazu, dass nun auch Arbeiter als volle Eigentümer ihrer selbst gelten konnten. Das Wahlrecht von Frauen hing von ihrer Emanzipation aus patriarchaler Sachherrschaft ab und steht wie das von Minderheiten nach wie vor unter dem Schatten des Phantombesitzes – immer wieder muss frau erst ihre Vernunft und Selbstbeherrschung unter Beweis stellen, um mitreden zu dürfen.

Man könnte zugespitzt sagen, dass nicht der Bürgerstatus vom Besitz gelöst wurde, sondern dass der Besitz breiter gefasst und auch in Form von Rechten und Identitäten gewährt wurde. So bleibt der Bürgerstatus ein bedingter: Man muss die Staatsbürgerschaft »besitzen« und sich als selbst-besitzende Person qualifizieren können. Nur Subjekte der Sachherrschaft dürfen sich also auch selbst regieren. Und bei denen können sich die Mächtigen bereits darauf verlassen, dass sie sich nicht allzu rebellisch gegen die festgefügte Eigentumsordnung wenden werden. Damit verlören sie sich schließlich selbst. Der Besitz des Selbst schafft die Arena für eine Politik, die der des Teilens entgegengesetzt ist. Eine Politik nicht des Waldes, sondern der Parzelle. Weniger das, was noch an Gemeinsamem geblieben ist, sondern die Interessen des eigenen privaten Hoheitsgebiets werden so zur Materie der Demokratie. Gemessen an Monarchie, Leibeigenschaft und Schicksalsglauben erhöht das die Freiheit. Aber es bleibt eine Freiheit im engen Radius der Sachherrschaft: das Versprechen, über einen fixierten Bereich nach Belieben schalten und walten zu können.

Die Demokratie der Teilenden, die in materiellen Zugangsrechten wurzelt, hat eine andere Form der Freiheit. Eine offene und bewegliche Freiheit, die Versorgung bietet und Selbstverwaltung verlangt. Sie basiert auf einer wilden Verbundenheit, miteinander und mit der geteilten Welt. Aber wo die Freiheit der Verbundenen ihre materielle Grundlage, den geteilten Besitz der Gemeinen, verliert, droht ihr die Auflösung.

Das große Hamsterrad

Die politische Revolution der Menschenrechte hat nicht nur einen recht engen Freiheitshorizont installiert – den garantierten Selbstbesitz –, sie hat auch das Feld für verschärfte sachliche Herrschaft bereitet, für die immer ungehemmtere Verwertung und Konkurrenz. Denn der jeweilige Radius der individuellen Freiheiten am Eigentum hält die Menschen nicht nur faktisch ungleich, getrennt in verschuldet, arm, reich und superreich, er stanzt auch das aus, worüber sie dann nicht mehr demokratisch verfügen. Wir bestimmen nur sehr begrenzt, wie mit der gemeinsam bewohnten Erde und mit dem auf ihr erwirtschafteten Reichtum umgegangen werden soll. Zaghafte Regulierungen berühren die Frage, was wie für wen produziert werden soll, nicht mal, und in den letzten Jahrzehnten sind politische Entscheidungsspielräume sogar nachdrücklich dazu genutzt worden, dem Markt das letzte Wort zu erteilen. So finden wir uns in der paradoxen Lage wieder, als Selbstregierende abermals an ein Glücksrad gefesselt zu sein.

Oben, an den Finanzmärkten, wird der Kapitalismus inzwischen ganz offiziell als Casino betrieben. Wert entsteht nicht an der Werkbank, sondern im Wetten auf die Einsätze anderer. Das über die Finanzkrise von 2008 hinweggerettete

Spekulationssystem ist in der Corona-Pandemie erneut von Regierungen und Zentralbanken aufgefangen worden – als würde ein Spielhöllenbetreiber seinen größten Stammkunden ab und zu das Spielgeld nachfüllen, damit sie den Laden am Laufen halten. Von unten, wo die Besitzlosen Einkünfte brauchen, um ihren Lebensunterhalt zu bestreiten und nicht aus ihren Wohnungen geworfen zu werden, gleicht das Ganze einem ewigen Hamsterrad. Egal, wie viel schneller man sich abhetzt, es beschleunigt nur das Rad, nicht den individuellen Aufstieg. Wir eigentlich freien Menschen sind gefangen in Sachzwängen, abhängig von Lohnarbeit, sortiert nach Identitäten und ständig gestresst.

Das mag sich wie Schicksal anfühlen, aber es ist keine Göttin, die das Rad in Gang bringt. Der moderne Kapitalismus hat die vermeintlich vormoderne Ohnmacht wieder errichtet, aber als selbstbetriebenes *perpetuum mobile*. Das nagelneue Glücksrad ist aus dem Bausatz der Sachherrschaft gezimmert. Es fügt besitzbare Natur, besitzbare Zeit und besitzbare Zuwendung zusammen. Dass etwas besitzbar wird, ist mehr als bloße Nutzbarmachung. Das moderne Eigentum, wie es in der Französischen Revolution gerade festgeschrieben wurde, erlaubt nicht nur den Gebrauch. Als einzige allgemeine Verfügungsform in der Menschheitsgeschichte berechtigt es ebenso zu Missbrauch und Zerstörung. Rohstoffe begegnen uns deshalb als tote Erde wieder, Arbeit als öde Zeit, Fürsorge als erzwungene Liebe. Und die angeblich bereits emanzipierten Menschen treten als belastete Selbsteigentümer auf den Plan. Sie sind Phantombesitzer ihrer Person, aus der sie um jeden Preis etwas machen müssen: vorankommen, die Speichen des Rads emporklettern, sie herausbrechen, wenn es sein muss, sie zu Leitern umbauen, um noch höher über den Rand hinauszukommen, vorbei am Rest. Denn das Gestell kommt durch den Wirbel der sachlichen Herrschaft in

Bewegung. Nach der Eigentumsfixierung also die Profitmaximierung: den Wert vermehren, das Nichtige aussondern, nach den Sternen greifen, dem Morast entfliehen. An der Radnabe, da, wo manche mittelalterliche Deutungen Gott als die ruhende Mitte aller Bewegung ansiedelten, steht nun das Kapital. Es ist selbst in ständiger Bewegung, wie ein Kugellager. Je höher die Umdrehungszahl, je schneller der Takt der algorithmisierten Aktienan- und -verkäufe, desto größer die Wertschöpfung.

Und je entzweiter die im Rad Strampelnden, desto glatter der Antrieb. Kaum einer reicht dem anderen die Hand. Mit der Speiche in der Faust kann man als Phantombesitzer doppelt auftrumpfen, den anderen in den Nacken steigen, sie in die Form eigentlich überlebter Herrschaftsansprüche zwingen. Material aus dem Bausatz der Sachherrschaft auch das: Menschen, die sich nicht bewegen dürfen, Menschen, die nicht »nein« sagen können, Menschen, die über Bord geworfen werden. Jeder Schritt und Tritt hat einen Rückstoß; der hält das Rad in Gang. Angesägt, brüchig, alle Last geballt am Außenrand – kein Wunder, dass das Gerät heiß läuft.

Aber es ist kein Schicksal. Wir sind nicht bloß der Bausatz, Ballast oder blinde Passagiere. Wir sind auch selbst die Göttinnen. »Nagelneue Klassiker« – »Brand New Ancients« – nennt Kae Tempest im gleichnamigen Versepos sämtliche Zeitgenoss_innen und charakterisiert damit speziell unsere modernen Handlungsspielräume. Nicht als Halbgöttin oder Heroin, sondern als Individuum ist zumindest eine leise Schicksalslenkungskraft auf jede_n von uns übergegangen.

Früher machten wir uns mit Mythen verständlich.
Heute fehlen uns die Worte für den unendlichen Hass
auf uns selbst, auf das, was wir selbst aus uns machten,
für die krasse Selbstverachtung.

Wir fallen uns selbst zur Last und verstricken
uns in uns selbst und ersticken fast daran.

Und doch: Wir sind immer noch mythisch.
Wir schwanken immer noch pausenlos zwischen
Heldentum und Elend.
Wir sind immer noch göttlich;
das macht uns so schrecklich.
Nur haben wir scheinbar vergessen, wir sind viel mehr
als die Summe all dessen,
was uns gehört.*

Kae Tempest erweist sich in vielen Texten als ausgesprochen zeitgenössische_r Dichter_in. Geschult am Rap – der wie so viele künstlerische Innovationen des 20. Jahrhunderts zunächst eine afroamerikanische Kunstform war –, bestehen Tempests Zeilen darauf, dass alles, was wir haben, »jetzt« ist. Ein Werk, das die sozialen Alltagsrealitäten der Gegenwart überspringt, wäre gescheitert. Hoffnung, von der die Dichtung der nicht-binären Autor_in getragen ist, darf sich nicht bei der Zukunft bedienen. Was der schnöde, spätkapitalistische Moment nicht hergibt, gibt es nicht. Aber dann plötzlich Göttlichkeit? Sie schalten sich ein, weil der Wille zur Gegenwart eine beträchtliche Ausweitung kennt: dass nichts, was je war, vollkommen spurlos vergangen

* In the old days / the myths were the stories we used to explain ourselves. / But how can we explain the way we hate ourselves, / the things we've made ourselves into, / the way we break ourselves in two, the way we overcomplicate ourselves? // But we are still mythical. / We are still permanently trapped somewhere between the heroic and the pitiful. / We are still godly; / that's what makes us so monstrous. / But it feels like we've forgotten we're much more than the sum of all / the things that belong to us.

ist. Wir könnten immer noch darauf zurückkommen. Die Allmende, die Haitianische Revolution, die Pariser Kommune. Insofern sie nicht vollkommen vergessen sind, bieten sie Anhaltspunkte. Wir könnten dort anknüpfen. Aber dafür müssten wir erst mal dieses Rad anhalten. Kann man das von den Altvorderen lernen? Griechische Gött_innen scheinen eher auf Kriege spezialisiert als auf Revolutionen. Wir Nagelneuen mögen längst selbst Fortuna sein und allein für die Umdrehung sorgen, aber zu stoppen wissen wir sie offenbar genausowenig wie zuvor, als Fortuna sich taub für unsere Klagen zeigte.

Dass wir tatsächlich neue alte Griechen sein können, ist einer der Grundgedanken von Hannah Arendts politischer Theorie. Für sie ist eine Demokratie der geteilten Welt von nichts als dem Handeln der Menschen selbst abhängig. Auch ohne weitreichende Grundlagen an Gemeinbesitz könne Politik auf das bauen, was zwischen den Menschen liegt. Arendt entkoppelt den Begriff der Interessen von der Fixierung auf die Besitzstandsmehrung kalkulierender Individuen und macht sie zum geteilten Bezugspunkt, zu einem »Zwischenraum« des Handelns: »Diese Interessen sind im ursprünglichen Wortsinne das, was ›inter-est‹, was dazwischen liegt und die Bezüge herstellt, die Menschen miteinander verbinden und zugleich voneinander scheiden.«

Wir sind also auch in der Lage, uns zu verbinden, wenn uns der Gemeinbesitz verwehrt bleibt. Aus der Möglichkeit, sich in Meinungsaustausch und Entschlussfassung zusammenzutun, erwächst für Arendt eine menschliche Freiheit, um die uns Götter und Sagengestalten beneiden könnten: gemeinsam mehr zu vermögen als alle Einzelnen zusammen, nämlich zu Neuanfängen fähig zu sein. Die revolutionäre Grundform der Politik sieht Arendt gerade nicht in der Menschenrechtserklärung der Französischen Revolution besiegelt, sondern in den spontanen Rätebildungen, die am Anfang etlicher Revolutionen standen und sich oft gegen deren eigene autoritäre Zentralisierung wandten, so wie die Kronstädter Matrosen 1923 nach der Russischen und die Münchener Räte 1920 nach der deutschen Novemberrevolution. Die Form der demokratischen Selbstverwaltung, in der die Mandate von Delegierten an ihre Basis rückgebunden bleiben, lässt sich sogar bis in die Bauernkriege zurückverfolgen, wo die Bundesordnung vom 7. März 1525 festlegt, »es sollen von jedem Haufen dieser Vereinung ein Obersten und vier Rät geordent und gesandt werden; … damit die Gemeind nicht allwegen zusammen müsse.« Räte bildeten sich auch im antistalinistischen Ungarischen Aufstand von 1956, sie finden sich auf den Plätzen des Arabischen Frühlings, bei Besetzungen und in sozialen Bewegungen. Überall kommen sehr ähnliche Koordinationsmechanismen zur Anwendung. Entweder eine Vollversammlung oder ein Plenum, auf dem Delegierte von ihrerseits demokratisch verfassten Untergruppen zusammenkommen, Erörterung aller Vorschläge und Bedenken, Fassung von Beschlüssen, die bindend sind, ohne dass ihre Berücksichtigung erzwungen werden könnte. Solche Versammlungen führen die Tradition des rebellischen Universalismus auch dort fort, wo vorerst nur Interessen geteilt werden, weil die Welt immer noch der Herrschaft gehört, und sie können auch im virtuellen Raum stattfinden. Aber kann sich diese ortlose Politik den Kräften von Eigentumsfixierung und Profitmaximierung entgegenstellen? Können wir das Rad zwischen uns rücken und es gemeinsam umgestalten, anstatt daran geheftet bloß Privatinteressen zu verfolgen?

Aneignen oder Ausbremsen?

Als Karl Marx 1850 schrieb, dass »die Revolutionen die Lokomotiven der Geschichte« seien, hatte er eine klare Aufgabenstellung vor Augen: Die Arbeiter_innenklasse solle sich das Gefährt aneignen. Revolutionäre Politik besteht für ihn nicht im Lebendighalten irgendeines Rebellentums, sondern darin, Lokführer_in zu werden. Die Dampfmaschine soll denen gehören, die die Kohle schaufeln, nicht denen, die sie scheffeln. Armut und Entbehrung, Ausbeutung und Entfremdung wären ein für alle Mal überwunden. Für die Übernahme der Maschinen sind die Proletarier_innen aus marxistischer Sicht bestens gerüstet. In gewisser Weise haben sie sich die Fabriken bereits angeeignet, denn die Arbeitenden sind ja diejenigen, die darin den gesellschaftlichen Reichtum schaffen. Anders als die Bosse sind die Arbeiter_innen unentbehrlich, denn sie wissen auch in Abwesenheit der Fabrikbesitzer_innen, wie alles funktioniert. Sie tun, was getan werden muss, damit alles läuft. Dieser Umstand verleiht dem Proletariat eine besondere Macht, sein revolutionäres Interesse durchzusetzen. »Alle Räder stehen still, / Wenn dein starker Arm es will«, heißt es im Bundeslied des Allgemeinen Deutschen Arbeitervereins, der Vorgängerorganisation der SPD.

Der Stillstand dient der proletarischen Revolution als Druckmittel, um die Vergesellschaftung der Produktionsmittel zu erzwingen. Per Generalstreik soll die kapitalistische Maschinerie zum Halten gebracht und die Regierung der Besitzenden in die Knie gezwungen werden. Wir schaufeln erst wieder Kohle, wenn uns die Lokomotive gehört; wir bringen das Rad erst wieder ins Rollen, wenn wir es selbst besitzen. Dieser konzertierte Stillstand setzt einen ungeheuren Grad an Organisation voraus. Die Streikkassen müssen gefüllt sein, so dass die Arbeitenden und ihre Familien weiterhin ernährt werden können. Man muss sicherstellen können, dass die Werktätigen nicht einfach gegen erpressbarere oder obrigkeitsliebendere Arbeitswillige ausgetauscht werden, und darauf vertrauen, dass die Streikenden nicht zusammengeschossen werden. Und vor allem braucht es überhaupt erst mal diese geeinte Entschlossenheit, den gesamten Laden lahmzulegen, anstatt seinen persönlichen Selbstbesitz zur Mittelstandsproprietät auszubauen. In den Arbeitskämpfen der Gegenwart scheint der Traum solcher Stärke einer mythischen Zeit anzugehören. Das geschlossene Abtreten vom Rad, das es erlauben würde, ihm endlich göttinnengleich von außen in die Speichen zu fassen, ist illusorisch geworden. Globale Standortkonkurrenz spielt dem Kapital zusätzlich in die Hände, selbst bei Produktionsstopp bieten sich ihm lukrative Investitionsmöglichkeiten: in Finanzmarktprodukt oder Plattformen, die die Daten offiziell nicht arbeitender Internetnutzer verwerten. Ein Teil der Betriebe und vielleicht auch ganze Branchen mögen pleitegehen. Aber der Kapitalismus geht weiter, solange das Kapital noch eine Stelle findet, wo es sich re-investieren kann. Auch das Proletariat findet sich somit »zwischen Heldentum und Elend« wieder.

Der größte wirksame Generalstreik der deutschen Geschichte hat auch tatsächlich nicht zur Übernahme der Fabriken geführt, sondern auf die Abwehr faschistischer Gefahr gezielt. Die allgemeine Arbeitsniederlegung vom 15. bis zum 20. März 1920 trug entscheidend dazu bei, dass der Kapp-Putsch scheiterte. Es scheint dieser rettende Effekt zu sein, der Walter Benjamin in seinem Nachdenken über Revolution und Generalstreik leitete. Nicht die Übernahme der Lokomotive gilt ihm als Ziel der Revolution, sondern das Anhalten einer fatalen Entwicklung: »Marx sagt, die Revolutionen sind die Lokomotiven der Weltgeschichte. Aber vielleicht ist dem gänzlich anders. Vielleicht sind die Revolutionen der Griff des in diesem Zug reisenden Menschengeschlechts nach der Notbremse.«

Benjamins Bild ist ausgesprochen anschlussfähig für die apokalyptische Grundstimmung der Gegenwart. Die Notbremsung scheint direkt auf die Katastrophenvergegenwärtigung zu antworten. Denn wenn wir uns vor Augen geführt haben, dass unsere Produktionsweise nicht nur die Arbeit ausbeutet, sondern das Leben zerstört, dann ist mit Fahrer_innenwechsel nicht viel gewonnen. Wir müssen anhalten, nicht nur zum Schichtwechsel, sondern für immer. Dieses Gefährt, diese kohlekraftstrom- oder dieselbetriebene Lok, gehört ausrangiert, und alles, was wir neu bauen, müssen wir anders bauen, als wir bislang zu bauen gewöhnt sind. Was auch heißt, dass bislang noch niemand alle Fähigkeiten besitzt, derer es in einer befreiten Welt bedürfte.

Aber verhilft das Anhalten, so revolutionär es aus Sicht des Mit-Volldampf-Voran erscheint, zu grundlegendem Wandel? Staatlich verordnete Qurantänemaßnahmen haben uns jüngst vorgemacht, dass sich ein Großteil der Wirtschaft runterfahren lässt. Wir können also durchaus einiges anhalten, aber weder zu Schlüsselübergabe noch zu Kurswechsel. Vielleicht hat der Stillstand den Sinn, sich überhaupt ein Bild der Lage machen zu können. Manche Dinge werden auf eine Art klar, die der laufende Betrieb vernebelt. Welche Leistungen wirklich unverzichtbar sind. Wie viehisch zum Teil die Arbeitsbedingungen sind. Wie vollkommen unfähig der Markt ist, lebensnotwendige Güter und Dienste bereitzustellen. Weniger klar bleibt, wie die Normalität anders organisiert werden könnte. Und was es überhaupt ist, das wir organisieren sollten. »Lokomotive« ist schließlich bloß ein Bild.

Allerdings wählte Marx, als er von der Lokomotive sprach, ein Bild auf der Höhe der Zeit. Die Dampflok versinnbildlicht die Mobilität und Produktivität seiner Gegenwart. Mit der Lokomotive ist nicht nur eine Metapher für den Antrieb gesetzt, sondern auch eine Momentaufnahme der von Menschen freigesetzten Kräfte angesprochen: die Fähigkeit, mit hydraulischen Pferdestärken Kontinente durchmessen und die Wirkkraft unserer arbeitenden Hände vervielfachen zu können. Inzwischen wissen wir, dass die Menschheit mit dem industriellen Verfeuern fossiler Energieträger noch ganz andere Kräfte entwickelt hat. Wenn die Revolutionen des 19. Jahrhunderts die Lokomotiven der Geschichte waren, dann müssten Revolutionen inzwischen auch der CO_2-Ausstoß der Weltgeschichte sein. Wir haben die Erde mit nahezu unvergänglichen Stoffen wie Atommüll und Mikroplastik überzogen, wie haben die Sonneneinstrahlung erhöht und den Meeresspiegel angehoben. Wir haben nicht nur produziert, sondern auch emittiert und zerstört. Das sind unsere Kräfte. Soll man sich die aneignen? Muss man sie nicht vor allem unschädlich machen?

Die Perspektive der Wiederaneignung vergegenständlichter Kräfte besteht darauf, dass das, was uns da an Unwägbarkeiten zustößt, keine äußeren Ereignisse sind. Der Klimawandel ist fraglos eine Folge unserer Wirtschaftsweise. Aber selbst die Covid-Pandemie ist kein bloßer Schicksalsschlag. Zerstörte Ökosysteme und schrumpfende Wälder schaffen den Selektionsdruck, der den Virus so mutieren lässt, dass er von Tieren auf menschliche Träger_innen übergeht. Seine Ausbreitung folgt den Warenströmen und Menschenballungen, Feinstaubpartikel nehmen ihn huckepack, durch schlechte Luftqualität geschwächte Lungen erliegen ihm leichter. Derzeit kontrollieren wir solche Effekte, die sich verselbständigt haben, nicht, sondern sie uns: sachliche Herrschaft. Aber die Effekte beruhen auf etwas, das wir kontrollieren sollten: auf menschlicher Schaffenskraft. Eine umfassende soziale Revolution muss sich zu den im menschlichen Handeln freigesetzten Kräften verhalten. Mit dem Bremsen allein ist es nicht getan, denn es geht nicht nur darum, das Kapital und die Viren und die Nachfolger des Kapp-Putsches zu stoppen, sondern darum, all das, was wir blind angerichtet haben, in selbstbestimmte Gestaltung zu überführen.

Aber müssten wir dafür nicht wahrhaft göttliche Handlungskraft haben? Wenn unser Koordinationsgrad schon nicht für einen Generalstreik reicht, wie soll er dann zur Kontrolle aller menschengemachten Kettenreaktionen taugen? Marx hätte vermutlich, wie manche Marxisten noch heute, zu einem prometheischen Optimismus geneigt. Jetzt, wo wir unsere Klimawandel-Potenz entdeckt haben, werden wir besser Wetter machen: grandiose neue Technologien schaffen, galaktische Sonnensegel aufspannen, Tropenstrände in Trier einrichten und Wasserbüffel-Burger in Laboren züchten. Ich wage das zu bezweifeln. Denn das Bild der halbgöttlichen Aneignung setzt weiterhin voraus, dass wir alle Elemente dieser Ketten kontrollieren können, es bricht nicht mir der Hybris voller Weltbewältigung. Die Aneignung ist jedoch nicht die einzige Art, sich der in die Welt gesetzten Effekte zu widmen. Insofern sich diese Effekte als Weltverlust darstellen – und nicht nur als Reichtum in falschen Händen –, besteht die Revolution im Aufgreifen des Zerstörten: Weltwiederannahme.

Wir können den Lauf der Geschichte nicht aus ihrer eigenen Bewegung heraus bändigen. Genauso wenig können wir uns aus der Geschichte herauskatapultieren und von außen alles wie eine Modelleisenbahnanlage mit gigantischen Kräften und Ressourcen umbauen. Wir sind ein Teil der Welt. Wir müssen aufhören, ihrer Herr werden zu wollen. Und selbst wenn wir uns außerhalb stellen könnten – wir wären ja immer noch wir selbst, durch und durch geformt von Jahrhunderten der sachlichen Sachherrschaft: kalkulierend, parzellierten Identitäten verhaftet, ungeübt im rebellischen Universalismus. Unsere derzeitige Gesellschaftsordnung und Wirtschaftsweise hängen nicht nur an der Lenkung des Rads, sie stecken bereits in seinem Material, das heißt auch in uns. Eine neue Charta des Waldes müsste das zum Glücksrad vernagelte tote Holz in lebendige Natur verwandeln. Und vielleicht braucht es dann gar keine Zaubermaschinen, um das CO_2 zu reduzieren. Bäume machen das ganz gut.

Revolution für das Leben

Die Unmöglichkeit einer plötzlichen Kehrtwende muss nicht zur Verzweiflung an der Revolution führen. Denn diese muss nicht notwendig als große Kaperung vorgestellt werden. Kein grandioser Kipppunkt, an dem jäh die Köpfe rollen – »regno; regnavi« (»bin König; bin König gewesen«) –, sondern ein langsamer, aber allgegenwärtiger Umbau des Alltags. Eine »Revolution für das Leben«, die sich der Zerstörungswut der kapitalistischen Gesellschaft in den Weg stellt, basiert auf einem »Leben für die Revolution«. Damit ist gerade keine heroische Opferleistung gemeint, sondern eine stetige, tagtägliche Übung. Die Schwarze Feministin Francis Beal formulierte diese Haltung 1968 folgendermaßen:

> Wir müssen anfangen zu verstehen, dass eine Revolution nicht nur die Bereitschaft erfordert, unser Leben aufs Spiel zu setzen und uns töten zu lassen. In gewisser Weise ist es leicht, sich dazu zu bekennen. Für die Revolution zu sterben ist eine einmalige Angelegenheit; für die Revolution zu leben bedeutet, die schwierigere Aufgabe zu übernehmen, unsere alltäglichen Lebensmuster zu ändern.

Das Leben für die Revolution setzt weniger auf den Bruch und mehr auf die Wiederholung. Und zwar im Besonderen auf die Wiederholung neuer Routinen und Handlungsmuster. Aber beschränkt einen die Wiederholung nicht auf das, was schon da ist? Haben wir nicht eben gesehen, dass die Revolution ganz neues Material bedürfte? Dies bringt uns zurück zu der Frage nach der Gegenwart. Wir haben nicht nur das Offensichtliche. Wir haben auch das Verborgene, das, was nur als Erinnerung und Möglichkeit präsent ist. Dieses verdammte Rad hätte keine drei Tage gehalten, wenn darin nicht auch Leben geschaffen, gewahrt, geteilt worden wäre. Der Kitt ist in den Fugen versteckt geblieben, eingequetscht zwischen den Kanten der Herrschaft und abgeschliffen in der Mühle der Verwertung. Aber solche Zwischenräume können in das Zentrum revolutionärer Politik gestellt werden. Anstatt zur Fortsetzung eines falschen Fortschritts wird die Wiederholung dann zu etwas ganz anderem: Sie wird zur Wiederannahme von Welt. Wiederannahme des Unterdrückten als Befreiung, Wiederannahme des Abgespaltenen als Verbundenheit, Wiederannahme gebrochener Gezeiten als Zukunft.

Es geschieht bereits. Ein wesentliches Merkmal unserer Gegenwart ist, dass in ihr eine neue Form des Aktivismus in den Vordergrund getreten ist. Uns begegnen in verschiedenen Bereichen soziale Bewegungen einer neuen Art. Sie führen nicht in erster Linie Umverteilungskämpfe, noch zielen sie auf Bürgerrechte. Antirassistische Kämpfe in der Seenotrettung oder gegen mörderische Polizeigewalt, feministische Streiks gegen sexuelle Übergriffe und Femizide, umweltpolitisches Aufbegehren gegen Artensterben und Erderwärmung, Arbeitskämpfe im Gesundheits- und Nahrungsmittelsektor zu Zeiten einer Pandemie – all diese Momente fügen sich zu einer Rebellion für das Leben zusammen.

Diese Rebellion weigert sich, eine Abstufung vorzunehmen und das Leben der Einen dem Wohlstand der Anderen als Ressource einzuverleiben. Sie beharrt darauf, dass es möglich sein muss, als »Gemeine« Zugang zu lebenswichtigen Infrastrukturen zu haben. Die Bewegung der Plätze, die im Frühjahr 2008 ihren Ausgang nahm, als der tunesische Gemüsehändler Mohamed Bouazizi sich in Verzweiflung über das behördliche Verbot, sein Geschäft weiterzubetreiben, selbst verbrannte, wurde vom Westen oft etwas gönnerhaft als Demokratisierungswelle verstanden. Aber es war eine andere als die arrivierte Besitzstandsdemokratie, die hier aufbegehrte, und es ging nicht nur um die jeweiligen politischen Systeme, sondern darum, sich überhaupt im Alltag reproduzieren zu können. Am Ende dieses Protestzyklus stand 2013 die Besetzung des Gezi-Parks in Istanbul. Die Besetzung begann als eine Rebellion für das Leben der Bäume: Die Bevölkerung war aufgebracht und wollte die Bäume im Taksim-Gezi-Park, die einem Einkaufszentrum weichen sollten, schützen, nachdem bereits große Mengen Stadtwald für die dritte Bosporusbrücke und den neuen Flughafen abgeholzt worden waren. Die Proteste entwickelten sich zu einer Manifestation für die Meinungsfreiheit und gegen Polizeigewalt und Behördenwillkür. Die chilenischen Proteste im Herbst 2019, denen massive feministische Mobilisierung vorausging, entzündeten sich an einer Erhöhung der U-Bahn-Preise. Auch die französischen Gelbwesten artikulieren seit 2018 ausgehend von Benzinpreiserhöhungen und neoliberaler Rentenreform die Wut und Verzweiflung darüber, dass das ganz alltägliche Leben vieler Menschen, inmitten von europäischem Reichtum, Technologie und Expertise, unlebbar geworden ist. Solche Fassungslosigkeit übersetzt sich nun in das noch größere Entsetzen darüber, wie sehr Austeritätspolitik, Misswirtschaft, schlechte Arbeitsbedingungen und Chauvinismus das Überleben in Zeiten von Covid-19 erschweren.

Die spanische Philosophin Montserrat Galcerán Huguet sieht in der Pandemie den Einsatzpunkt, die in den neuen Bewegungen bereits artikulierte Frage nach dem Leben in den Blick zu bekommen:

> Das 21. Jahrhundert beginnt erst wirklich mit dieser Pandemie. Es wird ein Jahrhundert sein, in dem die Verteidigung des Rechts auf das Leben aller Priorität haben wird. Denn vielleicht zum ersten Mal in der Geschichte können sich die ›Wenigen‹ nicht verteidigen, indem sie alle anderen im Stich lassen. Es gibt nicht nur keinen anderen Planeten, auf den man fliehen könnte, wenn dieser untergeht, sondern es bleibt auch keine Zeit, und die Pandemie, das Virus, diskriminiert nicht.

Das Virus selbst, als mikroskopisch winzige, fettumhüllte Molekülkette, diskriminiert nicht. Dass menschliche Verletzbarkeit und Sterblichkeit überhaupt wieder als geteiltes Schicksal erfahrbar werden, ist ein Ereignis. Alle starren auf das gleiche grüne, stachelige Erreger-Piktogramm und auf dieselben Statistiken. Wir fürchten uns allesamt vor Atemnot. Aber das Virus lebt außerhalb von Zellstrukturen, ohne Wirt nur für wenige Augenblicke, und auch unsere Verletzbarkeit teilen wir für kaum mehr als einen flüchtigen Moment. Als sozialer Prozess der Ansteckung diskriminiert Covid-19 dagegen sehr wohl. Wer muss weiter raus, und wer kann von zu Hause arbeiten? Wer ist zu Hause in Sicherheit und wer von Gewalt bedroht? Wer hat überhaupt ein Zuhause und wer nicht einmal Zugang zu Wasser und Seife? Wer kann sich jenseits von Lockdowns bewegen, und wer ist sowieso schon in überfüllten Gefängnissen oder Lagern eingeschlossen? Wer wird im Zweifelsfall künstlich beatmet und wer nicht? Und schließlich: Wessen Leben ist nicht längst in viel größerer Gefahr, durch rassistische Gewalttaten, Grenzregime, durch Dürren und Bürgerkriege, durch Erschöpfung und Umweltzerstörung?

Das Virus operiert nicht nur als Verstärker bereits bestehender Hierarchien. Es schafft auch selbst neue Achsen der Differenz. Wer lebt in Ballungsgebieten, wessen Immunsystem ist bereits geschwächt, wer kann sich schlecht auf Abstandnahme einlassen? Vor dem Virus sind also nicht alle gleich. Aber nach dem Virus sollten wir es sein. Der Tod sorgt dafür auf seine Weise. Aber die Revolution könnte es auf ihre Weise tun: für das Leben. Was aus den diversen, oft auch gegenläufigen Rebellionen für das Leben eine Revolution macht, ist die Verweigerung der Abstufung und die Verknüpfung des Kampfs für das Leben mit dem für die geteilten Lebensgrundlagen, die allen gleichermaßen zustehen.

Huguet präsentiert selbst eine Vision, dergemäß ein ganzer Katalog an sozialen Anliegen in Bezug auf die Agenda einer Revolution für das Leben reformuliert werden kann. Zynisches Gewinnstreben und Austeritätspolitik erscheinen demgegenüber als »Verbrechen gegen das Überleben«.

Eine neue Entschiedenheit im Einspruch gegen Kahlschlag und soziale Kälte ist das eine. Aber das andere ist die Frage, wie daraus wirklich eine neue Lebensform erwachsen könnte. Wie wir die systematischen Verbrechen gegen das Leben nicht nur skandalisieren und analysieren – wie es auch die bisherigen Kapitel dieses Buchs unternommen haben –, sondern sie hinter uns lassen können. Muss es einen Bundesschluss um das von uns geteilte Leben, eine Interessenvertretung durch Lebensgrundlagenräte geben? Das wäre ein Anfang. Vor allem aber muss es eine Neuausrichtung unserer Grundtätigkeiten geben. Wir müssen arbeiten können ohne ständige Erschöpfung, Güter tauschen können, ohne zu verwerten, besitzen, ohne zu beherrschen. Kurz: Wir müssen leben können, ohne dabei einander und die Welt zu zerstören und zu verlieren. Die hier aufgerufenen sozialen Bewegungen geben bereits Anhaltspunkte dafür, wie ein anderes Arbeiten, Tauschen und Besitzen aussähe. Von diesen Anhaltspunkten aus beginnt sich ihr Aufbegehren in eine Revolution zu verwandeln.

Diese Revolution eignet sich das Bestehende nicht an. Sie will weder mit dem Aneignen noch mit diesem Bestehenden weitermachen. Es geht ihr gar nicht darum, in Zukunft unsere flüchtigen, freigesetzten Kräfte zu kontrollieren, sondern darum, den Weltverlust umzukehren. Die Revolution für das Leben arbeitet dem Sterbenmachen entgegen und nimmt sich des Lebendigen an.

Am Ende des letzten Kapitels stand die Diagnose, dass unser Weltverlust sich als Zeitverlust auswirkt. Er äußert sich darin, dass bislang als selbstverständlich vorausgesetzte natürliche Zyklen aus der Bahn geraten oder bersten. Das zeigt sich in unzuverlässigen Jahreszeiten und sterbenden Arten; es zeigt sich auch in unserer eigenen Erschöpfung und Unsicherheit. Der Widerstand gegen den Weltverlust muss deshalb als Kampf nicht gegen, sondern um die Zeit ausgetragen werden. Es ist ein Kampf darum, unsere Zeit nicht mehr verkaufen, verwerten oder verpfänden zu müssen, sie auch nicht minuziös zu beherrschen, sondern frei aufbringen zu können.

Ein Vorschein solch freier Zeitaufwendung fand sich, inspiriert von Olga Tokarczuks Hoffnung auf neuartige Erzählkünste, in der Vorstellung, uns auf neue Art den lebendigen Kreisläufen widmen zu können. Anstatt auf dem Rücken der Natur (inklusive Gattungsgenoss_innen) unsere Schienen zu verlegen, könnten wir überhaupt erst mal versuchen, deren

Zusammenhänge nachzuvollziehen. Wir müssen uns klarmachen, wie stark sie mit unseren eigenen Umlaufbahnen verbunden sind. Wir können nicht allein arbeiten, tauschen oder besitzen und nicht, ohne im Stoffwechsel mit der Natur zu stehen. Unser Leben ist selbst ein winziger Ausschnitt aus natürlichen Regenerationskreisläufen, unendlich verwachsen mit anderem Lebendigen. Anstatt das Leben abzuzirkeln und als unser Eigentum zu fixieren, anstatt es zu zermahlen, um Profit zu maximieren, könnten wir es regenerieren, teilen und pflegen. Nicht auf einen Schlag, aber hier und dort und gemeinsam. Wir müssen viele neue Kreise ziehen, um den Fliehkräften eines heißgelaufenen Rads entgegenzuarbeiten: das heißt, auf ihm neue Bewegungen in Gang zu setzen. Das erhöht den Widerstand. Das bremst, aber ohne sprühende Funken. Wenn wir eine Revolution und nicht nur einen spektakulären Zusammenbruch sehen wollen, müssen wir aus den Zwischenräumen des Alten heraus bereits das Neue schaffen. Es geht nicht darum, das brüchige Gestell in seiner jetzigen Form zu reparieren, schon gar nicht aus dem Bausatz der Sachherrschaft heraus. Wir müssen es mit Verbindungen neuer Art überziehen. Wilde, bewegliche, freie Verbindungen. Bezüge, die es uns erlauben, mehr zu tun, als wir allein je vermocht hätten. Niemanden, kein einziges Leben, mehr gewaltsam über Bord gehen zu lassen. Die Kreise von Einschluss und Ausschluss öffnen, die Kreise der Versorgung schließen. Das schafft Gegengewicht und Reißleinen. Die Ballung von Bezügen zur Mitte, zu den geteilten Lebensgrundlagen, ergibt immer dichtere Netze. All das verlangsamt das vormals »hohle, kreisende Rad«. Runterfahren von unten.

Eine bestimmte stupide Bewegung, der schwindelerregende Sog der Verwertung, hat aufgehört. Stattdessen ein Rad voller Räder, unendlich verwobene Kreise, mehr Leben, mehr Bewegung, mehr Orchestrierung. Nur eine einzige Form wäre rar geworden: das eingegrenzte, zugerichtete Objekt der Sachherrschaft. Und noch rarer: sein Subjekt. Wir, in unserer jetzigen Form.

Aber wollen wir uns revolutionieren? Wäre es nicht doch sicherer, im demokratischen Modus der Besitzenden einige Reformen auf den Weg zu bringen? (Nur zu, das wäre immerhin besser als nichts.) Riskieren wir bei so einem Umbau nicht unsere Sicherheit? Mir scheint, dass man sich nach den Besitzstandsrechten ohnehin nicht wirklich im Namen der Selbst-Regierung sehnt, sondern weil man manchmal einfach seine Ruhe und Eigenheit gesichert wissen will. Individualismus und Minderheitenschutz, diese großen Errungenschaften des Liberalismus, mag man ungern im Gemeinsamen aufgehen sehen. Lassen sich diese Werte auch anders als im Rahmen abgesteckter Sachherrschaft verwirklichen? Dazu müssen wir die wilde Verbundenheit mit Formen der solidarischen Abstandnahme durchkreuzen.

Wir brauchen Rückzug, beständige Dinge und unendlich mehr Anonymität, als der aktuelle Überwachungskapitalismus gewährt. Wir brauchen eine größere Verbundenheit, um daraus neue Freiheiten zur Distanz zu gewinnen, denn der Mensch, wie Marx es so schön auf den Punkt bringt, »ist das Tier, das sich nur in Gemeinschaft vereinzeln kann.«

In der durch Tröpfcheninfektion übertragenen Pandemie sind Atemmasken geradezu zum Symbol dafür geworden, anderen Leuten sicheren Abstand zuzugestehen – und zwar zuerst von einem selbst. Sie ermöglichen Freiheit, indem sie Gemeinsamkeit weniger gefährlich machen. Masken spielen auch in vielen aktuellen Protesten eine wichtige Rolle und wurden zum Wahrzeichen der Demokratiebewegung in Hongkong. In Zeiten der Gesichtserkennung und der

Selfie-Sucht leisten gerade die anonymen, gleichförmigen Antlitze Widerstand. Sie erinnern an den Status der Gemeinen, in den jede_r eintreten kann, und symbolisieren eine Verbundenheit, die sich der Zuordnung entzieht. Solidarische Abstandnahme. Auch das müssen wir üben. In gewisser Weise setzen die Masken als Tarnkappen und Schutz des Gegenübers ihrerseits Techniken des Waldes fort. Sie helfen bei der Wahrung von Zwischenräumen. Der Wald ist nicht nur ein Ort umkämpften Gemeinguts, er ist auch ein Ort, in den man sich zurückziehen kann. Das Dickicht bot Rebellen vieler Jahrhunderte Unterschlupf und Rückhalt. Wir müssen Wälder pflanzen, um das Rad runterzufahren und totes in lebendiges Holz zu verwandeln. Aber wir lernen den Wald vielleicht am besten kennen, wenn wir uns mitunter in ihn zurückziehen. So beschreibt es jedenfalls die jüdische Kommunistin Liza Ettinger, die sich nach den ersten Massentötungen im Lidaer Ghetto den Bielski-Partisanen anschloss, die aus Waldungen im heutigen Weißrussland heraus Widerstand gegen die Nazis leisteten:

> Der Wald, in dem Wanderungen und Sommerlager stattfinden, ist mitnichten wie der Wald, in dem man dauerhaft lebt, der als Zufluchtsort wie auch als Quelle der Hoffnung und Sicherheit dient. Jeder Baum wurde zur Festung, jedes Dickicht zum Bollwerk, der ganze Wald zu einem unerschütterlichen Freund, gütig zu allen, ohne eine Belohnung zu erwarten. Wenn ich doch nur ein Loblied auf den Wald singen könnte, unseren treuen Freund!

Die Revolution für das Leben erwächst auf dem, was Arendt immer wieder »das Wunder des Handelns« genannt hat. Aber sie ist keine Wiederverzauberung der Welt. Sie ist deren Wiederannahme. Die menschliche Natur und Phantasie erlauben beim Aufgreifen von Regenerationszyklen eine unvergleichliche Beweglichkeit. Man kann sich allen möglichen Zusammenhängen widmen. Wirklich: allen möglichen. Ich rede hier viel von Bäumen, aber wir können auch bei Stadtteilbibliotheken, Espresso-Kollektiven und Magnetschwebebahnen einsetzen. Wichtig ist nur, dass sich in der Revolution für das Leben die fatalen Raster auflösen, die uns an rasendes, totes Holz gebunden haben. Wir müssen in dieser Revolution nicht untergehen, denn unsere Individualität, unsere Fähigkeit zu Vereinzelung, zu Besonderheit und Abstandnahme, hängt nicht am Willkürwillen über Eigentum, sondern daran – so wie Liza Ettinger es in ihren unveröffentlichten Memoiren tut –, die Geschichte unserer speziellen Weltverwobenheit erzählen zu können.

RETTEN
(Leben)

Die Revolution für das Leben kämpft um das Leben Einzelner, und sie kämpft für ein insgesamt anderes Leben – jenseits der Logik von Tod und Zerstörung, verankert im Eigenleben all dessen, was die Sachherrschaft unterdrückt und die sachliche Herrschaft ausstößt.

In der Pandemie wird die Revolution für das Leben greifbarer. Denn was als Ausnahmezustand plötzlich alle betrifft, ist nicht für alle ein Bruch mit der Normalität. »Die Tradition der Unterdrückten belehrt uns darüber«, schrieb Walter Benjamin 1940, »dass der ›Ausnahmezustand‹ in dem wir leben, die Regel ist«. Für unsere Gegenwart füllt die Soziologin Vanessa Eileen Thompson diese Formel aus der Perspektive des Schwarzen Feminismus und weist darauf hin, dass »die Verunmöglichung von Atmen« sich seit langem durch die Wissensarchive schwarzer und rassistisch deklassierter Menschen zieht. Die Atembeschwerden – dass wir alle während der Ausbreitung von Covid-19 nachts aufwachen und uns fragen, ob wir noch Luft kriegen – sind so gesehen lediglich ein flüchtiges Echo der langjährigen Erfahrung derer, die rassistischer Gewalt ausgesetzt sind. »I can't breathe«, »ich kriege keine Luft«, bedeutet in der Lebensrealität schwarzer Menschen weltweit die Regel. Es ist der Satz, den der unbewaffnete afroamerikanische Familienvater Eric Garner elf Mal wiederholte, bevor er im Sommer 2014 im Würgegriff der New Yorker Polizei erstickte. Was Oury Jalloh in der Dessauer Polizeizelle, wo er schwere Knochenbrüche erlitt, sagte, bevor er an eine Matratze gefesselt verbrannte, wissen wir auch fünfzehn Jahre später nicht. Ein Beamter hatte nicht nur den Feuermelder ausgeschaltet, sondern auch die Sprechanlage gedimmt.

Die letzten Worte George Floyds, der am 25. Mai 2020 unter dem Knie eines mörderischen weißen Polizisten starb, lauteten abermals »I can't breathe.« Der Widerhall dieser Formel in einer neuen Welle des Schwarzen Befreiungskampfs zeigt, dass die Möglichkeit, frei atmen zu können, in einer rassistischen Welt nicht punktuell, sondern systematisch unterbunden ist. Der an tauben Ohren abgleitende Hilferuf wird als Anklage aufgegriffen und richtet sich gegen die Institutionen, denen diese Ohren Gehorsam leisten: gegen Polizei und Gefängnissystem und auch gegen die kapitalistische Konzentration von Reichtum.

Dieser Widerstand, der die Frage der Lebensrettung zur kollektiven Aufgabe erklärt, impft dagegen, sich im Ausnahmezustand die vermeintliche Normalität zurückzuwünschen. Er schafft Raum für eine größere Sehnsucht: nach einer Welt, in der alle atmen können.

Übersprudelndes, unvergittertes Leben

Kaum eine politische Organisation der Gegenwart agiert so klar und präzise im Sinne einer Revolution für das Leben wie Black Lives Matter. Die Bewegung formierte sich im Sommer 2013, als der Mörder des unbewaffneten 17-jährigen Trayvon Martin freigesprochen wurde, und reagierte im Folgejahr mit großen Demonstrationen, als Michael Brown in Ferguson, Missouri, und Eric Garner in New York City von der Polizei ermordet worden waren.

Black Lives Matter mobilisiert ein lange gehegtes Wissen der afroamerikanischen Community über Willkür und Brutalität der Polizei, ein Wissen, das sich inzwischen auch per Videoaufnahme dokumentieren und teilen lässt. In den US-amerikanischen Südstaaten hat sich die Polizei in der ersten Hälfte des 19. Jahrhunderts aus Sklavenpatrouillen herausgebildet, die sich aus Gruppen von Weißen rekrutierten, deren Aufgabe darin bestand, geflohene Sklav_innen zu überwältigen. Die Niederlage der Südstaaten in den Sezessionskriegen und die Abschaffung der Sklaverei im Jahr 1865 mündeten in eine Phase des weißen Terrors, den Organisationen wie der Ku-Klux-Klan bis heute ausüben. Die Übergangszeit nach dem Bürgerkrieg wurde abermals von einer polizeilich aufrechterhaltenen Gängelung des schwarzen Lebens beendet; die im Laufe der 1870er Jahre eingeführte Jim-Crow-Gesetzgebung installierte in den Südstaaten die Segregation, die erst knapp einhundert Jahre später von der schwarzen Bürgerrechtsbewegung überwunden wurde. Sachherrschaft, das institutionalisierte Eigentum an schwarzen Menschen, war in tyrannischen Phantombesitz überführt worden: Die weiße Bevölkerung der Südstaaten konnte sich weiter souverän darin wähnen, den schwarzen Bürger_innen den (hinteren und schlechteren) Platz anzuweisen.

Eine unter anderem von der Juristin Michelle Alexander untermauerte Analyse, die die Proteste von Black Lives Matter informiert, lautet, dass auch auf die Bürgerrechtsbewegung der 1960er Jahre eine neue polizeilich vermittelte Einhegung folgte. Die aktuelle Infrastruktur des weißen Phantombesitzes bildet das amerikanische Gefängnissystem, in dem gut zwanzig Prozent der weltweit insgesamt Inhaftierten einsitzen, obwohl in den USA lediglich 4,4 Prozent der Weltbevölkerung leben. Zu einem weit überproportionalen

Anteil sind die Inhaftierten schwarz und aufgrund marginaler Drogendelikte eingesperrt. In einer Nation, deren Reichtum historisch zu großen Teilen auf dem Handel mit den Suchtstoffen Tabak und Rum gegründet ist, wurden bestimmte Drogendelikte Anfang der 1980er Jahre auf einzigartige und selektive Weise kriminalisiert: Auf den Besitz des eher in der afroamerikanischen Minderheit gehandelten Crack-Kokain etwa standen einhundertmal so hohe Haftstrafen wie auf die gleichen Mengen von pulverisiertem Kokain, das bekanntlich auch von Bankern, Politikerinnen und Filmstars konsumiert wird. Parallel wurde das Delikt der Gangzugehörigkeit geschaffen, das trotz der Existenz vieler weißer Gangs – allen voran weiße Terrorgruppen und Alt-Right-Netzwerke – exklusiv angewendet wird, um schwarze Jugendliche auch ohne Anzeichen eines tatsächlichen Vergehens kriminalisieren zu können, etwa weil sie ähnliche T-Shirts trugen. So entstand ein Strafsystem, das gezielt darauf hinwirkt, die schwarze Bevölkerung mit Polizeikontrollen heimzusuchen und in ihren Communitys eine regelrechte Verladerampe in die Gefängnisse zu installieren. Derzeit sind in den USA mehr schwarze Männer im Gefängnis als bei Ausbruch des Bürgerkriegs versklavt waren, und sie verrichten in den häufig privat betriebenen Haftanstalten Zwangsarbeit für bekannte Unternehmen. Die Grenze zwischen Freiheits- und Lebensberaubung löst sich im Zuge der Covid-19-Pandemie weiter auf, weil die überfüllten Gefängnisse zu gefährlichen Infektionsherden werden.

Die anhaltende Anmaßung weißer Menschen, über die Bewegungsfreiheit und den Personenstatus schwarzer Menschen zu verfügen, beruht nicht bloß auf individuellen Vorurteilen. Sie ist in gesellschaftliche Institutionen eingelassen; diese machen gewissermaßen die schmutzige Arbeit für die einzelnen weißen Individuen, die sich innerhalb dieser Institutionen dann persönlich sogar »neutral« verhalten können, ohne ihre Vormachtstellung einzubüßen. Weißer Phantombesitz wird von der gesellschaftlichen Infrastruktur gesichert. Eine konsequente antirassistische Perspektive muss deshalb, wie es die Vordenkerinnen Angela Davis und Ruth W. Gilmore formulieren, »abolitionistisch« sein: Sie muss auf die Abschaffung aller Einrichtungen zielen, die es ermöglichen, schwarze Menschen Gewalt, Willkür und verfrühtem Sterben auszusetzen. Mit der Abolition der Sklaverei wurde diese Aufgabe begonnen, aber sie ist nicht beendet, solange Menschen aufgrund von Problemen, die zum allergrößten Teil sozialer Natur sind, individuell eingesperrt werden.

Das Strafsystem verringert die Zahl der Gesetzesbrüche erwiesenermaßen nicht. Und wenn es das täte, müsste man sich ernsthaft fragen, was das für eine Basis unseres Zusammenlebens sein soll, der wir alle nur aus Angst vor Käfighaltung zustimmen. Wirksame Verhinderung von Kriminalität ist möglich: Sie wird erzielt durch bessere Gesundheitsversorgung, durch gerechtere Reichtumsverteilung, durch Entmilitarisierung und -maskulinisierung der Kultur.

Die drei Gründerinnen von Black Lives Matter – Alicia Garza, Patrisse Khan-Cullors und Opal Tometi – sind zentrale Figuren des gegenwärtigen abolitionistischen Aktivismus. Als schwarze Frauen in den USA sind sie keine kassandrischen Anklägerinnen einer kommenden Katastrophe, sondern bezeugen die Fortsetzung einer vergangenen. Die Theoretikerin Saidiya Hartman siedelt afroamerikanischen Widerstand im, wie sie es formuliert, »Nachleben des Eigentums« an. Dieses Nachleben verlange eine doppelte Zuwendung: hin zur Gegenwart als einem »anhaltenden Ausnahmezustand, in dem schwarzes Leben gefährdet bleibt« und zu »den Trümmern von Leben« in einer Vergangenheit, die als Vergangenheit überhaupt erst mal dadurch hergestellt werden müsste, dass sie aufhörte. Beide Gesten zielen darauf, »Lebenstrümmer« aus den Fängen des Eigentums zu bergen.

Das Nachleben des Eigentums, der Fortbestand von Sachherrschaft als Phantombesitz, definiert auch den Rahmen, in dem die aktuellen Proteste sich bewegen. Die Gewalteskalation von Seiten der Polizei und selbsternannter weißer Milizen versucht eine Stellung zu behaupten, von der aus schwarze Menschen fixiert, gefoltert und im Extremfall gelyncht werden können. Sie untermauern diese Stellung mit Beschwörungen der Eigentumsrechte und versuchen, die Proteste von den stellenweise mit ihnen einhergehenden Supermarktplünderungen her zu diskreditieren. Bevor man die Friedfertigkeit der Massenbasis von Black Lives Matter hervorhebt, sollte man diese Konstellation würdigen. Weiße Besitzinteressen und Eigentumsphantasmen gegenüber schwarzen Leben. Diese Konstellation bestimmte bereits Kolonialismus, Plantagenwirtschaft, Sklavenhandel und die in der Segregation zurückgenommene Emanzipation. Sie war nie nur eine US-amerikanische Konstellation. Und sie wird grundlegend sein für die Kämpfe der Zukunft. Die Revolution für das Leben beginnt, wo das Aufleben der Freiheit das Nachleben des Eigentums abschüttelt.

Im Ensemble der nagelneuen Antikengestalten ähnelt die Aufgabe der abolitionistischen Revolutionärinnen vielleicht am ehesten derjenigen Antigones, die sich der Aufgabe verschrieb, ihrem Brurder seiner gesetzlichen Ächtung zum Trotz ein würdiges Begräbnis zu gewähren. Patrisse Khan-Cullors stellt ihren Widerstand ganz konkret mit dem Schicksal ihres Bruders in Zusammenhang, wie sie angesichts des Mords an Michael Brown reflektiert:

> Wilson [Michael Browns Mörder, EvR] behauptete hinterher, als er den Teenager, der wenige Wochen später mit dem College begonnen hätte, zur Rede stellte, habe er um sein eigenes Leben gefürchtet. Dabei war Mike Brown unbewaffnet und der Autopsie-Bericht bestätigte nicht nur, dass ihm in die Hand und in die Brust geschossen wurde – vermutlich, um ihn aufzuhalten, falls er Wilson angegriffen hat, was unter Zeugen umstritten ist. Aber ihm wurde auch in den Kopf geschossen. Zwei Mal.
> Viereinhalb Stunden lang lag Mike Browns Leichnam nach der Mordtat in der heißen Sonne Missouris.
> Mike Brown, der mich auf so vielerlei Arten an meinen Bruder Monte erinnert. Wegen seiner Statur, seiner Hautfarbe, seinem Alter, als die Polizei ihn jagte, um ihn zu töten. Diese Geschichten lesen sich für viele Menschen im Land wie schockierende Einzelfälle. Doch für die Leute, die ich kenne, sind es Übergriffe auf offener Straße – wenn nicht sogar regelrechte Hinrichtungen. Und zwar gegen unsere Familie, gegen Menschen, die uns geliebt und großgezogen haben. Ich weiß, es hätte mein Bruder sein können, der da, getötet von einem Cop, stundenlang auf der Straße lag.

Ein Teil der antirassistischen Arbeit richtet sich gegen die posthume Schmähung der Brüder. Khan-Cullors verurteilt den verächtlichen Umgang mit Michael Browns Leiche. Schon im Vorjahr, nachdem der Fox-News Moderator Bill O'Reilly gemutmaßt hatte, dass der unbewaffnete Teenager Trayvon Martin gestorben sei, weil er durch seinen Kapuzenpulli bedrohlich gewirkt habe, hatten Aktivist_innen eine »Hoodie-Kundgebung« veranstaltet. Aber die Black-Lives-Matter-Aktivistinnen sind so viel mehr als Antigone. Sie kämpfen nicht wie die Thebanerin in einem dynastischen Binnenzwist, sondern an der Schnittstelle der größten modernen Systemgewalten – Rassismus, kapitalistische Verwertung und bürgerlich-patriarchale Verwandtschaftsnormen. Sie kämpfen nicht nur für die eigenen Brüder, sondern in beharrlicher Verbundenheit für eine politisch gewählte weitere Verwandtschaft. Der Aufbau einer Wahlfamilie, schreibt Khan-Cullors, sei zur Basis ihrer Theorie sozialen Wandels geworden. Und ihre Rettungsmaßnahmen richten sich auf das Leben vor dem Tod, auf das dem drohenden sozialen Tod zum Trotz gelebte schwarze Leben. Das Leben der schwarzen Brüder und Schwestern und Ahnen und Nachkommen zu retten heißt, es dem weißen Phantombesitz zu entreißen. Es heißt, den Bann der Sachherrschaft, die rassistische Vorzeichnung zum Sterben, die O'Reilly so infam expliziert, zu brechen.

Einen der Ausgangspunkte der Formel, dass es auf schwarze Leben ankommt, bildet ein »love letter to Black people«, den Alicia Garza nach dem Freispruch von Trayvon Martins Mörder auf Facebook postete. Der letzte Satz des Briefs lautete »Black lives matter«. Patrisse Khan-Cullors griff die Formulierung als *Hashtag* auf und organisierte zusammen mit Opal Tometi einen riesigen Protestmarsch in Los Angeles. In der Tradition des radikal intersektionalen Schwarzen Feminismus zu stehen heißt auch, die Beziehungen unter Frauen nicht so zu vergeigen, wie Antigone es in ihrer Herablassung gegenüber ihrer Schwester Ismene tat. Die unmittelbaren Forderungen von Black Lives Matter richteten sich neben der Gerechtigkeit für Trayvon Martin auch auf die Freilassung von Marissa Alexander, die für den Versuch, sich gegen ihren gewalttätigen Ehemann zu wehren, eingesperrt worden war. Wenig später bekannte sich die Bewegung explizit zur Vorreiterrolle von Transpersonen und queeren Frauen innerhalb ihrer Organisation. In der aktuellen Mobilisierung wurden gezielt auch die polizeilichen

Morde an Breonna Taylor und dem Transmann Tony McDade publik gemacht.

Khan-Cullors Bericht von einem Treffen überwiegend weiblicher Organisator_innen vor der großen Demonstration in Los Angeles 2013 dokumentiert einen kollektiven Anspruch, Zugang zu den Grundlagen würdigen Lebens zu gewinnen. Ihr Protokoll liest sich wie ein kollektives Echo auf Garzas Liebesbrief:

> [I]n den Treffen, die wir im Village abhalten, richtet sich unsere Aufmerksamkeit darauf, wie wir die Message rüberbringen, Stärke zu entwickeln und für den Heilungsprozess zu sorgen, den wir anstoßen wollen. Bei mir zu Hause sprechen wir, hauptsächlich Frauen, darüber, was wir verdienen. Wir sagen, wir verdienen ein anderes Wissen. Das Wissen, das davon kommt, wenn man annimmt, das eigene Leben wird lang, dynamisch und gesund sein. Wir verdienen es, uns eine Welt ohne Gefängnisse und Bestrafung vorzustellen, eine Welt, die das nicht braucht, weil sie auf Gegenseitigkeit beruht …
> Wenn man davon ausgeht, dass man selbst und die Menschen um einen herum nicht überleben werden, geschieht etwas im Innern eines Individuums, eines Volks, einer Community. …
> Wir verdienen es, ein Leben zu kennen, in dem nicht mit 50 Herzinfarkt, Schlaganfall, Diabetes oder Erblindung drohen, weil das Essen, zu dem wir Zugang haben und das wir uns leisten können, wie eine geladene Waffe ist. …
> Und Wohnraum, der kein Käfig ist, egal, ob es sich dabei um ein Gefängnis oder dessen Entsprechung in Freiheit handelt. Ein Zuhause, wo die Pflanzen unserer Begabung gegossen werden, wo sie Platz zum Wachsen haben. … Wir verdienen es, unsere eigenen Gärtner zu sein und

Gärtner zu haben. Mentoren und Lehrer, die Sonne und Regen bringen, und Stimmen, die über dem Setzling flüstern: Wachs, Baby, wachs. Wir verdienen Liebe.

Antigones Leben endete damit, dass sie lebendig begraben wurde. Die schwarzen Aktivistinnen machen vor, was es heißt, schwarzes Leben gegen den Druck der rassistischen Deklassierung zu behaupten. Abolitionistische Bewegungen wie Black Lives Matter oder die Organisation Critical Resistance führen eine Revolution für das Leben, Atmen und Wachsen. Sie wissen nur zu gut, dass in den gegebenen Verhältnissen eben nicht alle Leben gleichermaßen zählen und dass der Widerstand deshalb präzise genau dort ansetzen muss, wo bestimmte Leben systematisch als entbehrlich und beschädigbar behandelt werden. Wo die Sachherrschaft diese Leben in vergitterte und verhöhnende Kreise zwingt, stellt sich die Aufgabe der Lebensrettung immer doppelt. Sie besteht darin, in vehementer Verbundenheit an den bedrohten Leben festzuhalten, sie zu schützen und zu preisen. Und sie besteht darin, die Gewalt aller Einrichtungen zu brechen, die diesen Leben die Freiheit und den Atem rauben.

An jedem Punkt, an dem solche Lebensrettung ansetzt, wird ein Zusammenleben auf anderer Grundlage denkbar. Am 7. Juni verkündeten neun der elf Stadträte von Minneapolis – der Stadt, in der George Floyd ermordet wurde –, dass sich ihre Polizeibehörde als unreformierbar erwiesen habe und sie sich deshalb für eine Abschaffung der Polizei und für eine neue Kultur der Sicherheit einsetzen würden. Dieser historische Moment vollzog sich in einer öffentlichen Versammlung in Powderhorn Park, die von diversen Aktivist_innen und Mitgliedern der schwarzen Community gestaltet wurde. Neben kämpferischen politischen Ansprachen und Diskussionen der Anwesenden untereinander gab es auch eine gemeinsame Atemübung. »Atmet unsere Möglichkeiten ein«, sagte die Moderatorin zum im sonnigen Park verstreuten Publikum. »Atmet falsche Barrieren aus, die wir aufzuheben versuchen. Atmet unsere Möglichkeiten ein, Sicherheit in unseren Gemeinschaften zu schaffen. Atmet eure Zweifel aus, denn wir sind füreinander da.« Selbstverständlich wurden Masken getragen. »Where life is precious, life is precious«, fasst Ruth W. Gilmore die abolitionistische Vision in einem Interview verschmitzt und nachdrücklich zusammen. »Wo das Leben heißgeliebt ist, ist es kostbar.«

Das Ansetzen an den Schnittstellen größter Systemgewalt hat eine lange Tradition im Schwarzen Feminismus. Das lesbisch-feministische Combahee River Collective schrieb 1977: »Wenn schwarze Frauen frei wären, hieße das, dass alle anderen frei sein müssten, da unsere Freiheit die Zerstörung aller Unterdrückungssysteme erfordern würde.« Nur wenn man die Zyklen der Sachherrschaft dort bricht, wo sie zusammenkommen, kann man hoffen, dass nicht umgehend wieder der nächste Unterdrückungsmechanismus greift. Freiheit ist kein Gut, dass sich von oben umverteilen ließe. Alicia Garza greift diesen Punkt in einem Interview ebenfalls auf und betont, dass ein jeder Verbesserungsversuch bei den Leben mit den größten Schwierigkeiten ansetzen müsse. Befreiung riesele nicht hinab, sie steige auf. »Effervescence!«, sagt Garza. Das Aufbrausen, Hochsprudeln und Überschäumen, das sei die richtige Bewegungsrichtung. – Wo das Leben kostbar ist, ist es köstlich.

Sachherrschaft zu See

Die Idee homogener nationaler Bevölkerungen ist sehr jung. Sie hat ihren Ursprung in einer provinziellen, europäischen

Deutung der Französischen Revolution. Anstatt als Brückenkopf einer atlantischen Emanzipation von Krone, Mutterland, Leibeigenschaft und Sklaverei, die Port-au-Prince, Virginia und Paris verband, wurden Bastillesturm und Menschenrechtserklärung als Souveränitätsgewinn eines nationalen Volkskörpers verstanden. Im nachrevolutionären, napoleonischen Imperialismus empfahl sich dieses Modell vor allem als militärische Stärke. In der revolutionär errungenen Volkssouveränität bleibt politische Freiheit an eine national eingehegte Form der Mündigkeit gebunden. Wir besitzen demokratische Rechte als Anteilseigner von Nationalstaaten. Nicht das Faktum der Anwesenheit, nicht das Ausmaß des jeweiligen Problems, sondern der kollektive Phantombesitz unterliegt der Selbstregierung. Unser Land! Entsprechende einheitlich eingrenzbare und kontrollierbare Gebiete, in denen sich Territorium und Sprache zu Nationalität zusammenschweißen ließen, gab es in Europa eigentlich kaum (auch Frankreich ist sich bis heute mit den Basken uneins und kennt savoyardischen Separatismus). Großangelegte Umsiedlungen und Grenzanpassungen sollten nach dem Ersten Weltkrieg die Deckung verbessern, vor allem schufen sie aber überhaupt erst das Phänomen, das im Rahmen homogener Bevölkerungen als Problem erscheinen muss: nationale Minderheiten. Laut Hannah Arendt machten die verfehlten Homogenisierungsversuche die Nationalstaatsidee bereits im Zuge ihrer Einführung suspekt:

> Die Verwirklichung des nationalstaatlichen Prinzips in ganz Europa hatte nur eine weitere Diskreditierung des Nationalstaates zur Folge; es konnte nur einem Bruchteil der betroffenen Völker nationale Souveränität geben und zwang diese, da ihre Souveränität überall gegen die enttäuschten Aspirationen anderer nationaler Gruppen

durchgesetzt war, von vornherein in die Rolle des Unterdrückers. Die unterdrückten Gruppen wiederum wurden gerade durch diese Regelung in ihrer Überzeugung bestärkt, daß Freiheit ohne nationales Selbstbestimmungsrecht und volle Souveränität nicht möglich sei, und fühlten sich daher nicht nur in ihren nationalen Aspirationen getäuscht, sondern um das, was sie für Menschenrechte hielten, betrogen. Und für dieses Gefühl konnten sie sich auf nichts Geringeres als die Französische Revolution berufen, welche die Tradition des Nationalstaates eigentlich begründet hat.

Hannah Arendt leitet vom Problem der nationalen Minderheiten über zu dem der Staatenlosen – denjenigen, die das System der Nationalstaaten gänzlich ausschließt. Sie hält die Staatenlosigkeit für ein fatales Produkt der Nationalstaatlichkeit und demonstriert daran ihre berühmt gewordene These eines »Paradox der Menschenrechte.« Dies Paradox bestehe darin, dass uns Menschenrechte qua Menschsein zustehen sollen, faktisch aber nur von Staaten sichergestellt werden können. Das führt dazu, dass ausgerechnet diejenigen, die Menschenrechte am nötigsten bräuchten – Staatenlose – am schlechtesten geschützt sind. Arendt ist der Meinung, dass nur ein »Recht auf Rechte« diesem Missstand abhelfen könnte: ein unbedingter Anspruch jedes Menschen, einem Gemeinwesen angehören zu dürfen. Auch das ist eine Art rebellischer Universalismus: Der Wald der Verfassungen muss für die Gemeinen offen bleiben. Dies führt aber hinüber zum Negativbild desselben Paradoxes: dass die Verfassungen als Selbstregierungsorgan eines national homogenen Staatsvolks verstanden werden. Und die Vorstellung eines irgendwie gleichartigen Volkskörpers lässt dann Neuankömmlinge von außerhalb zum Problem werden. Denn eigentlich wäre das Dilemma der Menschenrechte ja sofort zu lösen. Solange es Staaten gibt, könnten alle Staatenlosen immer wieder Staatsbürger_innen werden, so wie es etwa die französischen Hugenotten im Kurfürstentum Brandenburg wurden. Für die Gemeinwesen ist ein Zuwachs an Bürger_innen meist von Gewinn, denn Volkswirtschaften sind keine Kuchen, die schwinden, wenn sie mit mehr Leuten geteilt werden, sondern Bäckereien, in denen mehr Brötchen entstehen und vertrieben werden, wenn mehr Leute backen und kaufen. Nichtsdestotrotz verschließen sich die europäischen Nationalstaaten den meisten Migrant_innen, weil ihnen diese potenziellen Mit-Bäcker_innen immer schon als Fremdkörper erscheinen, als Minderheit, die im gemeinsamen Phantombesitz an der Nation stört.

Demographischer Homogenitätswahn wurde im nationalsozialistischen Rassendenken mörderisch gesteigert, territorial entgrenzt und über das nationale hinaus auf ein pseudobiologisches Kollektiv bezogen. Totalitäre Herrschaft setzt dieses Kollektiv in die Position des Alleigentümers. Ihm steht das Land der abgewerteten osteuropäischen Bevölkerungen ebenso zu wie die Verfügung über die Leben, die als potenzielle Diebe oder Enteigner_innen der Vollmacht über den eigenen Volkskörper angesehen werden: die europäischen Jüd_innen, Sinti und Roma, Erbkranke und Menschen mit Behinderungen, Homosexuelle, Kommunist_innen. In diesem Rahmen sind Minderheiten ein »Problem«, das nur noch per genozidaler Endlösung zu bereinigen ist.

Der Menschenrechts- und Minderheitenschutz der Nachkriegszeit ist anfällig geblieben für Einbrüche nationaler Homogenisierung und mörderischer Hierarchisierung. Die extreme, im Regime der Sklaverei fixierte Rassifizierung hat den weißen Blick in der phänotypischen Gruppierung von Minderheiten geschult. Im Rassismus gegen Migrant_innen aus dem Nahen und Mittleren Osten reichert sich diese Abgrenzung mit älteren islamfeindlichen Projektionen an: Muslim_innen werden immer schon als Usurpatoren gesehen, sei es in den Kreuzzügen als unrechtmäßige Besitzer Jerusalems oder in der Reconquista als Eindringlinge auf der iberischen Halbinsel. In der Gegenwart dominiert eine sexualisierte Form der rassistischen Projektion, derzufolge muslimische Männer zu unbotmäßiger Besitzanmaßung neigten. Das Kopftuch wird über die Köpfe der kopftuchtragenden Frauen hinweg als Aneignungsmarker gelesen, und 2016 ließ sich aus lokalen Übergriffen bei einer Kölner Silvesterfeier eine umfassende, antimigrantische Hasskampagne im Namen der vermeintlich bedrohten Sicherheit weißdeutscher Frauen stricken.

Die Überlegenheitsphantasie faschistischer Sachherrschaft ist keine Sache der Vergangenheit. Ermittlungen gegen Neonazi-Netzwerke verlaufen schleppend und werden von rechten Sympathien auch innerhalb von Polizei und Verfassungsschutz erschwert. Auch dem Täter von Hanau wurde wieder bescheinigt, Einzeltäter und kein klar zuordenbarer Rechtsterrorist zu sein, obwohl er in seinem Manifest von der Auslöschung ganzer Menschengruppen phantasiert hatte und Menschen mit Migrationshintergrund gezielt ausspionierte und ermordete. Die Leben von Ferhat Unvar, Gökhan Gültekin, Hamza Kurtović, Said Nesar Hashemi, Mercedes Kierpacz, Sedat Gürbüz, Kaloyan Velkov, Vili Viorel Păun und Fatih Saraçoğlu fielen ihm am 19. Februar 2020 zum Opfer. Unsere Gesellschaft schuldet ihnen, die mörderischen, rassistischen Netzwerke zu enttarnen, und sie schuldet ihnen eine Verbundenheit, die ihnen nicht immer wieder eine zu überwindende Grenze aufbürdet. Sie waren sowieso keine Fremden. Aber wie könnte sich unsere Gesellschaft so verändern, dass sie weniger abstoßend auf die Angehörigen der

Hanauer Opfer, der NSU-Opfer, der Opfer des Attentats von Halle wirken würde? Weniger abstoßend auf alle, die sich aus dem Nachleben von Eigentum und Homogenität befreien wollen?

Anstatt von sich selbst befremdet neue Verbundenheit zu schaffen, hat unsere Gesellschaft ihre Außengrenzen bis zum Aussetzen des Menschenrechts auf Asyl befestigt. Trotz vieler aufnahmefreudiger Kommunen, trotz weitverzweigter Netzwerke der Willkommenskultur und migrantischer Selbstorganisation funktionieren die Grenzen nun ausschließlich als Infrastruktur des weiß-nationalen Phantombesitzes. Die EU nimmt die Geographie des Mittelmeers und libysche Folterschergen für sich in Dienst und befestigt dergestalt – auch nahezu ohne Todesschüsse – die tödlichste Grenze der Welt. Diejenigen, die die für sie vorgesehene Rolle als mobilitätsbeschränkte Objekte nicht einhalten und ihr Menschenrecht auf Asyl geltend zu machen suchen, riskieren zu ertrinken.

Migration ist an sich immer schon Revolution für das Leben, sie ist der Einsatz der eigenen Freiheit für bessere Lebensaussichten und das Geltendmachen eines unbedingten Anrechts auf Teilhabe. Die Bedingungen auf dem Mittelmeer führen dazu, dass die Migration auf ihr entgegenkommende Lebensrettung angewiesen ist, weil nur noch instabile Schlauchboote die libysche Küste verlassen und im internationalen Gewässer ihrem Schicksal überlassen werden. Die letzte verbleibende Rettungsarbeit wird von Menschenrechtsorganisationen und Aktivist_innen geleistet, die mit Kriminalisierung zu kämpfen haben, aber auch von denen, die der See traditionell verbunden sind. In einem Interview mit dem britischen *Guardian* erläutern Carlo und Gaspare, sizilianische Fischer in vierter und fünfter Generation, gemeinsam ihre Entscheidung, trotz des Anlandungsverbots Geflüchtete von einem lecken Boot zu bergen und sicher in den Hafen von Sciacca zu bringen. Eine Erläuterung der Hilfsaktion richtet sich auf die Not: »Ich frage mich, ob auch nur einer unserer Politiker jemals in der Dunkelheit der Nacht auf hoher See verzweifelte Hilferufe gehört hat«, sagt Gaspare. »Ich frage mich, was sie getan hätten. Kein Mensch – Seefahrer oder nicht – hätte sich abgewandt.« Aber neben dem richtigen Verhältnis zur Not bringen Carlo und Gaspare auch ein weiteres Motiv ins Spiel: das richtige Verhältnis zur See. »Hätte ich diese Hilferufe ignoriert, hätte ich nie wieder den Mut gehabt, mich dem Meer zu stellen«, erklärt Gaspare.

In dem Aberglauben der Fischer offenbart sich eine grundlegende Einsicht in die Struktur unseres Lebens. Die See, diese den Gezeiten unterworfene, flüssige, salzige, die Fischer nährende, Kontinente verbindende Macht, erlaubt keine Gleichgültigkeit. Entweder man kehrt ihr mörderisch den Rücken zu, wie die EU es derzeit praktiziert, oder man stellt sich ihr. »To face the sea«, »sich dem Meer stellen«, das heißt, die eigene Endlichkeit zuzugeben und um die Abhängigkeit von günstigen Winden und zupackenden Händen zu wissen. »To face the sea« heißt, auf eine Weise zu handeln, die diesem Wissen standhält. Seit es Schifffahrt gibt, bedeutet, der See ins Auge zu sehen, Ertrinkende unter allen Umständen an Bord zu nehmen. So bestimmt es auch das Seerecht, und dadurch verliert die Rettung etwas von ihrer heroischen Großspurigkeit. Wir begegnen hier nicht weißen Helden, die schwarzen Schiffbrüchigen helfen. Wir begegnen einem Zusammenspiel, das es allen erlaubt, das richtige Verhältnis zur See zu wahren.

Zu dieser Haltung könnte es keinen größeren Kontrast geben, als die krude ökofaschistische Propaganda, die das Sterben gutheißt. Selbst wegen einer Rettungsaktion unter

Anklage stehend, bietet die Seawatch-Kapitänin Carola Rackete in ihrem TEDx-Vortrag einen Einblick in neonazistische Denkmuster. So habe ein faschistischer Agitator zu Migration allgemein, aber auch zu Racketes Rettungs-Aktivismus im Besonderen, Folgendes geschrieben: Diejenigen, die das Leben hassten, würden immer mehr Ertrinkende in ein Rettungsboot einladen, bis alle untergingen. Dagegen würden die, die das Leben liebten, eine Axt nehmen und die Hände derer, die sich ans Boot klammern, abtrennen. Rackete hält sich nicht bei der bezeichnenden, sachherrschaftlichen Gleichsetzung von Liebe und Zerstörung auf, sondern bemerkt: »Als Kapitänin frage ich mich: Was ist denn mit dem Schiff passiert? Warum sind die Leute überhaupt im Rettungsboot? Was ist da schiefgegangen und wie hätte es sich vermeiden lassen?« Auch in diesem Fall geht dem faschistischen Gewaltfuror also eine seltsame Identifikation mit der vermeintlichen eigenen Verwundung voraus. In Wahrheit ist unser Planet nicht untergegangen. Warum ihn nicht gemeinsam pflegen und genießen, anstatt in Gummibooten mit Äxten rumzumachen?

Das »Argument« gegen Migration, das ab irgendeinem Punkt sehr viele weiße Deutsche und Europäer_innen teilen, bezieht sich auf die Identität ihrer Gesellschaft. Irgendwie würden »wir« – in den Augen dieser Zeitgenoss_innen – nicht wir selbst bleiben können, wenn insgesamt eine größere Anzahl der Menschen im öffentlichen Raum und in öffentlichen Ämtern dunkelhäutig aussähen, wenn sie muslimisch wären oder Deutsch mit einem Akzent sprächen. Man kann und muss immer wieder mühsam dagegen anreden, auf Grundlage solcher Faktoren überhaupt Zuschreibungen zu machen. Aber auch davon unabhängig müsste doch gelten: Und wenn schon. Ja. Es wäre ein anderes Land. Es würde sich etwas ändern. Vielleicht vor allem für diejenigen Schwarzen,

Muslim_innen und People of Colour, die bereits Deutsche sind oder in der Bundesrepublik leben und die dann endlich nicht mehr zu Ausnahmen erklärt und als solche »toleriert« würden. Was sich auch immer ändert, selbst wenn es nicht zum besseren wäre, selbst wenn »wir« unsere Identität verlieren: Sei's drum! Denn was ist das für eine »Identität«, mit der es besser vereinbar ist, jede Woche sechzig Menschen mit Mittelmeerwasser in der Lunge ersticken zu lassen, als sie lebend unter uns zu wissen? Warum um Himmels willen sollte man an dieser Identität festhalten? Wie ist es überhaupt möglich, sich keine bessere vorstellen zu können?

Ausgehend von den Grundgesten der Lebensrettung ließe sich der durch die verlorene Identität entstandene Platz ganz neu füllen. Wir können uns am Abbau erstickender Einrichtungen orientieren, an voraussetzungsloser Verbundenheit und an überschäumender Freiheit. Wir könnten versuchen, das richtige Verhältnis zum Leben einzunehmen. Leben, das anderes Leben erhält, braucht keine auf sozialen Tod gestützte Identität. Es kann der See entgegentreten und ihr offen ins Auge sehen.

Das richtige Verhältnis zur See einzunehmen bedeutet, wahrzuhaben, dass man auch selbst in Seenot geraten könnte. Es heißt, diesen Umstand anerkennen zu können, weil man weiß, dass es Grund zur Hoffnung auf Rettung gibt. Man wäre selbst nicht vorbeigesegelt. Oder hat zumindest schon mal von Leuten gehört, die nicht vorbeisegeln. Dieses Wissen schafft eine köstliche Freiheit, eine Befreiung auch von lähmender Angst. Den »Das Boot ist voll«-Sager_innen bleibt genau diese Freiheit versagt. Wo hingegen das Leben kostbar ist, ist es unschätzbar.

Was heißt Leben?
Virale Furcht vs. Pilzgeflecht

Der italienische Philosoph Giorgio Agamben hat angesichts der Corona-Krise ein Urteil bekräftigt, das sein Werk schon lange leitet: »dass die Menschen an nichts mehr glauben – außer an das nackte biologische Leben, das es um jeden Preis zu retten gilt.« Agamben sieht in der Ausrichtung der Politik auf das bloße Leben deren Untergang. In einem viehischen Vitalismus ginge alles verloren, was menschliche Kultur an Sinn, Gemeinschaft und Werken zu bieten hätte, und im Namen des Überlebens würde jegliche Freiheit durch tyrannische Notwendigkeiten ersetzt.

Diese Warnung klingt eindrucksvoll. Dennoch kann ich nicht umhin, in der Wendung zum Leben auch eine Verheißung zu sehen, einen ernüchternden Materialismus à la Bertolt Brecht, der fröhlich pfeift: »Lasst Euch nicht verführren | Zu Fron und Ausgezehr | Ihr sterbt mit allen Tieren | Und es kommt nichts nachher.« Und nach langjähriger Erfahrung mit Pflegefällen im Privaten hat die Covid-19-Pandemie in einer Hinsicht eine große Erleichterung in mir ausgelöst: Immerhin ist die Frage nach Leben und Tod diesmal öffentlich. Denn bei allen Gefahren einer Politik, in der es ums nackte Leben geht, ist es doch weitaus schlimmer, wenn die Angelegenheiten des Lebens als unpolitisch angesehen und unter dem Deckmantel der Sachherrschaft still im Privaten besorgt werden. Nichtsdestotrotz lassen sich Zweifel an der Tragfähigkeit des Lebensbegriffs hegen, erst recht wenn angesichts einer Bedrohung von privilegierten Leben andere Leben geopfert werden. Agamben sagt, »auf der Angst, das Leben zu verlieren, lässt sich allein eine Tyrannei errichten, nur der monströse Leviathan mit seinem gezückten Schwert«, aber er fragt nicht, um wessen Leben es da geht. Der Hobbes'sche

Leviathan, auf den Agamben anspielt, der souveräne Staat, wurde wahrhaftig nicht errichtet, um die Angst der Mägde, Knechte, Tagelöhner_innen, Wandergesellen, Vagabund_innen, Kolonisierten, Sklav_innen und Ehefrauen zu bannen. Er schützt das Leben der Herren, mitsamt ihrem Hab und Gut.

Thomas Hobbes, der von 1588 bis 1679 lebte, gilt als der Begründer der modernen politischen Theorie. Er war nicht gerade ein demokratischer Denker. Aber er ebnete der Idee demokratischer Selbstregierung insofern den Weg, als er radikal mit traditionellen Begründungen monarchischer Autorität brach. Als der erste der sogenannten Vertragstheoretiker imaginierte Hobbes einen regierungsfreien »Naturzustand«. Diesen Zustand, so versucht Hobbes zu zeigen, würden wir um unserer Selbsterhaltung willen um jeden Preis verlassen wollen, weil wir in ihm ständig um unseren Besitz und um Leib und Leben fürchten müssten. Der erforderliche Preis besteht in einem sehr weitreichenden Transfer: Wir einigen uns darauf, dass jede_r dem Regierungsoberhaupt mitsamt seinem Selbstverteidigungsrecht die volle Hoheit über sein Leben übereignet. »Für die Herrschenden aber werden die Menschen zum Material wie die gesamte Natur für die Gesellschaft«, heißt es bündig, wo die *Dialektik der Aufklärung* Hobbes diskutiert. Was immer zur Aufrechterhaltung der Ordnung dient, kann dann vom Souverän, den Hobbes nach dem biblischen Seeungeheuer »Leviathan« nennt, verfügt werden. Damit einem sein Besitzstand – darunter gegebenenfalls auch Gesinde, Gattin, Sklav_innen und Tiere – unter normalen Bedingungen sicher gehört, muss man sich als Eigentümer also darein fügen, im Ausnahmezustand selbst unter der absoluten Sachherrschaft des Staates zu stehen. Das Haupt dieses Staates thront auf dem Titelbild von Hobbes' 1651 erschienener gleichnamiger Schrift über einem

Leib, dessen Schuppenpanzer sich bei näherem Hinsehen aus lauter winzigen einzelnen Männern, den vertragsschlüssigen Untertanen, zusammensetzt. Links und rechts hält der Souverän Schwert und Zepter in Händen, groß genug, um damit fast alle Schuppen auf einmal zu maßregeln. Gebiert Lebensangst unweigerlich so ein Monster?

Hobbes bestimmt die Angst, von der aus seine zwingende Argumentation ihren Ausgang nimmt, auf bezeichnende Art näher. Sie ergebe sich – darin ganz modern – aus unserer Gleichheit. Aber es ist eine äußerst düstere Gleichheit, die dem durch die englischen Bürgerkriege traumatisierten Autor vorschwebt: Sie besteht darin, dass ein jeder den anderen töten könnte. Hobbes macht sich sogar noch die Mühe, darzulegen, dass unterschiedliche Körperkraft dieser Gleichheit keinen Abbruch tue. Ein jeder kann den anderen auch meuchlings erstechen. Im Zustand der Gesetzlosigkeit eskaliere das Bedrohungsgefühl, denn bei Straffreiheit könne sich ja jede_r einen Vorteil davon versprechen, zuerst anzugreifen. Diese virale Furcht, die erst durch das Schwert des Leviathan, das alle voneinander trennt, zur Ruhe kommt, ist unheimlich aktuell. Die Pandemie reaktualisiert die Urszene der Souveränität. Jeder könnte jeden anstecken. Staaten, die nicht dermaßen auf den Hund gekommen sind, dass sie jede noch so mörderische Konkurrenz gutheißen, setzen ein Teil der Schranken aus, die den Leviathan inzwischen demokratisch und grundrechtlich bezähmt haben, und isolieren ihre Bevölkerung voneinander.

Aber warum denkt Hobbes, dass Menschen sich im regierungsfreien Zusammenleben immer schon so verhalten, wie es sich – vermittelt durch einen unkontrollierten Virus – nahelegt? Woher kommt diese misstrauische Vereinzelung? In seiner dem Hauptwerk *Leviathan* vorausgehenden Schrift *Vom Bürger* findet Hobbes ein vielsagendes Bild für seine

Grundannahmen. Vom Naturzustand auszugehen, so schreibt er dort, bedeute, die Menschen zu betrachten »als ob sie wie die Pilze aus dem Boden hervorkommen und ohne jede Verbindlichkeit gegeneinander aufwachsen.« Diese Vorstellung bedient auf amüsante Weise eine maskulinistische Phantasie: nicht geboren worden zu sein, sondern aufrecht aus der Erde hochzupoppen. Tatsächlich wurde aber, selbst wer allein im Wald von Pilzen lebt, geboren, gefüttert und angesprochen. Er wurde bereits berührt, ohne ermordet zu werden. Wir mögen fast so weich wie Pilze sein, aber das bedeutet zunächst vor allem, dass uns die Hände anderer viel bedeuten. Man könnte sogar sagen, dass wir den anderen unser Überleben schulden. Auch erwachsene Menschen sind nicht wie Hobbes' Einzelpilze. Sie leben im Austausch miteinander, sie leben immer auch von den Händen anderer. Meuchelmordende Morcheln bilden eine winzige Ausnahme.

Echte Morcheln, Pfifferlinge und Fliegenpilze sind übrigens auch nicht wie Hobbes' Einzelpilze. Pilze sind ein riesiges, unterirdisch verzweigtes, vielgestaltiges Gesamtwesen, ein unendliches Gewebe von Pilzfäden, aus dem die sichtbaren Fruchtkörper aufwachsen. Pilze sind so wild und dicht verbunden wie ein neuronales Netzwerk, sie trachten einander nicht nach Leib und Leben, sondern teilen es.

Natürlich hängt die Gültigkeit von Hobbes' Theorie nicht an seinem Irrtum über Pilze. Er könnte einfach die Metapher tauschen und weitermachen. Aber es ist doch bemerkenswert, dass es keine einzige Naturmetapher gibt, die sich in sein Bild der konkurrierenden Hutträger fügt, bevor wir zu Menschen im Frühkapitalismus kommen. Selbst Wölfe sind soziale Wesen. Wechselt man stattdessen ins metaphorische Register der unbelebten Dinge, könnte man sich den Naturzustand so illustrieren, dass die Menschen darin nebeneinanderstehen wie wacklige Zinnsoldaten. Das setzt dann aber voraus, dass die Hobbes'sche Riesenfigur, die erst noch gebildet werden soll, schon da ist und sie aufstellt. Nur wo das Monströse bereits existiert, neigt Todesangst zu Tyrannei.

Unabhängig davon, ob sich das Hobbes'sche Bild stabilisieren lässt, lohnt es sich für uns, noch etwas bei den Pilzen zu bleiben. An ihnen lässt sich nämlich ein Verständnis des Lebens veranschaulichen, das dem Hobbes'schen diametral gegenübersteht. Pilze sind als Wurzelgeflecht – Myzel genannt – miteinander verwoben. Selbst wenn man keine Fruchtkörper sieht, lebt der Pilz unter der Oberfläche. Diese Art der nährenden Unsichtbarkeit, so schlug die afroamerikanische Autorin RL Watson kürzlich vor, entspräche der Organisationsform von Black Lives Matter und steht für ein anderes Verhältnis zum Leben, als es der Leviathan pflegt. Die solidarische Community-Arbeit knüpft an viele Momente der *black radical tradition* an, von den Frühstücksprogrammen der Black Panther Party bis zu den Maroon-Gemeinschaften, in denen auch parallel zur Sklaverei immer schon schwarze Menschen frei gelebt haben. Der Begriff »maroon« stammt vom spanischen »cimarrón«, was »wild« bedeutet und in erster Linie für entlaufene Haustiere verwendet wurde. Die Wildheit der Maroons ist also gerade keine Wildheit, wie sie die koloniale Phantasie auf außereuropäische Gesellschaften projiziert, sie ist kein Ursprungs- oder Naturzustand. Sie ist das Ergebnis einer Selbstbefreiung aus der Sachherrschaft und markiert die anhaltende Weigerung, unter verbesserten Bedingungen wieder in ihre überholten Institutionen einzusteigen. Das Gegenprogramm zur Sachherrschaft ist ein Leben in wilder Verbundenheit. Es unterläuft nicht nur Grenzbefestigungen, sondern fügt sich auch anders in seine lebendige Umwelt. Ein Myzel ist kein Rhizom wie das der Quecke oder Brombeere, das im Auftrag der Selbstvermehrung rücksichtslos weiterwächst. Das Myzel im

Waldboden nährt nicht nur die Pilze, und es nährt sich nicht von selbst. Biolog_innen bezeichnen den Grundbaustein des Ökosystems Wald als »Mykorrhiza«. Damit ist der Stoffwechsel zwischen Baumwurzeln und Myzel gemeint. Die an die Baumwurzeln anlagernden Pilzfäden schließen Spurenelemente und Nährstoffe auf, die die Bäume allein gar nicht aufnehmen könnten. Dafür spülen die Bäume Zucker, den sie per Photosynthese gewinnen, zurück zu den Pilzen, die ohne diesen Nährstofffluss nicht leben könnten. Das Myzel dient aber auch als Leitung zwischen verschiedenen Bäumen, denn es kann Informationen transportieren – »Wood Wide Web« nennen es Forscher_innen deshalb mitunter. Wenn zum Beispiel ein Baum erkrankt ist oder unter Nährstoffmangel leidet, schicken andere Bäume über die Pilzfäden Zuckerlösung in sein Wurzelwerk. Die Kommunikationswege offenbaren, dass auch Bäume nicht einzeln »aus der Erde emporwachsen«, sondern als Wald in ihr wurzeln.

Pilze und Menschen unterscheiden sich unter anderem darin gravierend, dass Menschen vermittelt durch symbolische Repräsentation auf ihr Verhalten reflektieren und Entscheidungen treffen können. Wir sind nicht dieselben Wesen wie Pilze. Vielmehr sind wir die Sorte von Wesen, die sich entscheiden könnte, wie Pilze zu sein. Unsere Natur legt unser Leben nicht fest. Unsere Wildheit muss nicht Terror, sie kann nährende, hochsprudelnde Freiheit sein. Das wiederum bedeutet auch, dass die Angst um das Leben uns nicht geradewegs unters Schwert laufen lässt. Wir können uns auch daran machen, untergründige Zusammenhänge auszubilden und sie köstlich zu füllen. So würden wir nicht nur einander das Leben retten, sondern auch das Leben selbst: Es wäre pulsierende Verbundenheit und kein passiver Besitzstand.

Regime der Nicht-Rettung

Was für Hobbes' Naturzustand gilt, trifft auf unsere Situation umso mehr zu: Das Monster ist schon da. In der pandemischen Schockstarre zeigt sich in seltener Klarheit, in welchen politischen Registern die gegenwärtige Sachherrschaft operiert, wenn sie unter verschärften Bedingungen lebensspaltend regiert.

Angesichts der viralen Bedrohung erneuert sich die Operation der Souveränität. Die epidemologisch angemessene Kontaktsperre wirkt zugleich als allzu reale Inszenierung des Versprechens, auf dem Hobbes' Leviathan gegründet ist: dass der Staat uns auseinanderhält. Normalerweise verstaut er nur ein paar – die, die als Bedrohung für die Selbsterhaltung der anderen betrachtet werden –, hinter Gittern oder Grenzen. Im pandemischen Ausnahmezustand müssen jedoch alle voneinander getrennt werden, hübsch verpackt, als Einzelposten oder in der familiären Zelle, und auch darin offenbart sich eine Regel. Mit Michel Foucault lässt sie sich als Regel in der Disziplinargesellschaft beschreiben. In seiner Studie *Überwachen und Strafen* geht Foucault ausgiebig auf eine frühneuzeitliche Quarantäneordnung ein, die der Pestbekämpfung diente. Er bringt den absolut kontrollierten, in Parzellen unterteilten städtischen Raum, in dem alle Bürger_innen in ihre Wohnungen verbannt und per Zählung an den Fenstern erfasst werden konnten, in einem Nebensatz auch Naturzustandskonzeptionen in Verbindung. Foucault selbst interessierte sich allerdings weniger für die Frage der Befehlsgewalt und Legitimität des Souveräns, sondern mehr für die Art und Weise, wie dessen politischer Bevölkerungskörper geformt wird. Er lenkt den Blick von der Kraft des Schwerts auf das Schnittmuster des Schuppenkleids und erblickt in der Pestordnung einen neuen Typus der Macht. Quarantänemaßnahmen wie Einschluss und Registrierung lösen seiner Meinung nach eine ältere Form der Bevölkerungskontrolle ab, deren Modell der Umgang mit Leprakranken abgab. Waren Leprakranke noch durch einen einfachen, drastischen Ausschluss aus dem Leben der Gesellschaft ausgestoßen worden, zeigt sich in der Pest nun ein neues Muster: das des Einschlusses. Darunter versteht Foucault die Erfassung all der möglichst gesund zu haltenden Bürger_innen und den anhaltenden Versuch, sie zur Verinnerlichung von Ritualen der Disziplin und Hygiene zu bewegen.

Der spanische Queer-Theoretiker Paul Preciado, der in diesem Frühjahr selbst eine Covid-19-Erkrankung überstanden hat, schreibt die Foucault'sche Analyse auf einfallsreiche Weise fort. Er weist darauf hin, dass die gewandelten Technologien der Gegenwart die räumliche und institutionelle Disziplin zugunsten einer mobilen Einkapselung »durch ein Ensemble biomolekularer, in den Körper eindringender Techniken, durch Mikroprothesen und digitale Überwachungstechnologien« überwunden haben. Kontrolle werde überhaupt nicht mehr durch Einschluss, sondern durch den permanenten Anreiz zu Konsum, Gesundheit und quantifizierbarer Lust ausgeübt. Verkabelte Körper und smarte Haushalte bilden keine Rückzugsorte, sondern kommunikative Konzentrationspunkte. Die Pestdoktoren der Frühneuzeit brachten Nahrungsmittelkörbe und kontrollierten, ob die eingeschlossenen Haushaltsmitglieder vollzählig am Fenster erschienen oder einen Infizierten verbargen. Nun werden unsere Smartphone-Metadaten automatisch ausgelesen, während wir Vitamintabletten auf Amazon und Schnittsalate bei Lieferando bestellen. Wir sind vernetzt wie ein Pilzgeflecht, aber es sind nicht unsere Wurzeln, sondern die Kanäle der Verwertung und die Antennen der Macht, die zwischen uns verlaufen.

Manche linken Beobachter_innen haben die Rückkehr des Staates in der Pandemie als Bruch mit dem Neoliberalismus begrüßt. Aber wenn, wie die Politikwissenschaftlerin Wendy Brown nahelegt, das Hochziehen von Mauern gerade ein Anzeichen schwindender Souveränität ist, ließe sich die Demonstration staatlicher Souveränität in der Quarantäne auch als ihr letztes Aufbäumen lesen. Indessen geht die eigentliche Souveränität – die Macht, das Leben der Bevölkerung zu durchdringen und zu regieren – in einem furiosen Digitalisierungsschub an die Techgiganten über. Das venezianische Kollektiv Laboratorio Occupato Morion schreibt in diesem Sinne: »[D]iese Zeit des Coronavirus ist aus unserer Sicht wie eine erschreckende präfigurative Übung. Sie nimmt eine Zukunft vorweg, in die wir wie durch ein Fenster hineinschauen können. Eine Zukunft, in der die Gesellschaft noch mehr atomisiert, individualisiert, entmaterialisiert, diszipliniert und selbstdisziplinierend ist.« Vielleicht ist die Arbeit der pestgemäßen Disziplin, der individualisierenden Isolation, über Jahrhunderte bereits so erfolgreich gewesen, dass das neue Schutzversprechen gerade umgekehrt funktioniert. Isoliert sind wir längst. Von den Unternehmen der Techsouveränität wird uns deshalb nun nicht die Separation von anderen, sondern der eingehegte Digitalverkehr mit ihnen gewährt. Demzuliebe klicken wir bei jeder ungelesenen AGB leicht genervt auf Zustimmung anstatt den Gesellschaftsvertrag zu revolutionieren.

Was der Periodisierung in Lepra und Ausschluss, Pest und Einschluss, Corona und Digitalisierung allerdings aus dem Blick gerät, ist die Fortdauer der älteren Regime. Sie werden nicht abgelöst, sondern relokalisiert und ergänzt.

Leprakolonien mögen aus dem heutigen Europa verschwunden sein. Anekdotisch kann ich aber durchaus bestätigen, dass die Erinnerung an sie in der Landbevölkerung nicht gänzlich verblasst ist. Der Vorpächter unseres Hofs wies meinen Vater darauf hin, auf einem bestimmten, in Richtung des nächstgelegenen Dorfs befindlichen Feld nicht so tief zu pflügen. Dann würden ihn nämlich die Archäologen des Landesmuseums behelligen, weil er Mauerstücke des mittelalterlichen Leprosoriums zum Vorschein brächte. Mich hat die Vorstellung immer fasziniert, zumal das Feld die einzige Ecke unseres Hofs war, an der tödlich giftige Tollkirschen wuchsen. Wir hielten die Geschichte also geheim. Aber die Dorfbewohner_innen nannten den Marienholzer Weg, der zu uns führte, weiter »angst und bang«, und der Tierarzt fuhr meinen Vater, der ihm in einer Nacht mit mehreren Schafgeburten anbot, bei uns zu schlafen, schroff an: »Auf diesem Acker möcht' ich nicht begraben sein.«

Tatsächlich haben die gespenstischen Stätten, an denen die, die als lebende Tote behandelt werden, zusammengepfercht sind, einen festen Platz in der Gegenwart. Die verkabelte Isolation, die Preciado so virtuos beschreibt, trifft lediglich die urbane Mittelschicht. An den europäischen Außengrenzen, konzentriert im Lager Moira auf Lesbos und in den höllischen libyschen Camps, aber auch an den Vorposten entlang der globalen Fluchtrouten, setzt die Gemeinschaft souveräner Staaten ein Modell des blanken Ausschlusses durch. Dort werden die Menschen im Namen des Schutzes säuberlich eingeschlossener Gesellschaften nicht voneinander isoliert, sondern zusammengepfercht dem Tod überlassen. Quarantänemaßnahmen und Frontex sind deshalb, in den Worten der türkischen Intellektuellen Zeynep Gambetti, Teil desselben Regimes. Sie tauchen nicht zufällig gemeinsam auf, sondern funktionieren nur im Zusammenspiel.

Schon an Foucaults eigenem Paradebeispiel, der Pest, lässt sich eigentlich eher die Gleichzeitigkeit von Einschluss und Ausschluss zeigen als die von ihm selbst betonte Ablösung eines Regimes durch das andere. Denn in der großen Pestepidemie, die Venedig 1630 durchmachte, gab es parallel zur individuellen Haushaltsquarantäne auch weiterhin das Äquivalent des Todesackers: Ein Teil der Erkrankten wurde auf die Lazarettinsel ins Lazaretto Vecchio verfrachtet und dort elendig sterben gelassen.

Die Ausschlüsse verraten das offene Geheimnis, dass das Schutzversprechen durch Einschluss auch im Innern begrenzt: Es kann nie für alle gelten. Isolierte Individuen können nicht nur ihren eigenen Spargel nicht stechen, sondern überhaupt keine Versorgung sicherstellen. Ein Teil der eingeschlossenen Bevölkerungen muss weiter zur Arbeit. Ihre Arbeit wird als systemrelevant erkannt; sie selbst werden behandelt, als seien sie entbehrlich. Es können auch deshalb nicht alle gemeinsam isoliert werden, weil die mit dem Schwert von außen verordnete Quarantäne großen personellen Einsatz erfordert. Die Polizei ist beschäftigter denn je und muss abzirkeln können, wessen Isolation sie überwachen soll und wen sie draußen hält. Vielleicht gebietet ein der Monstrosität eigenes Kalkül, die Heimat- und Staatenlosen noch schlechter zu behandeln als die Systemrelevanten. Es sind nie einfach irgendwelche anderen, an denen der Ausschluss vollzogen wird, sondern diejenigen, die durch eingefleischte rassistische Gruppenzuordnungen bereits für die destruktive Sachherrschaft vorgezeichnet sind. Menschen, die im Regime des Phantombesitz nicht als Eigentümer_innen ihres Lebens abgesichert werden, sondern die selbst als potenzielles Eigentum oder als vermeintlicher Dieb des Eigenen behandelt werden.

Wo das Modell des tödlichen Ausschlusses im Innern der unter souveränem Schutz isolierten Gesellschaften wiederkehrt, trifft es auch die, die das System der Verwertung als unproduktiven Ausschuss markiert: Obdachlose, in Heimen zusammengepferchte Alte und Menschen mit Behinderung, Gruppen, denen es die Organisation unserer Gesellschaft verwehrt, »nach Hause« zu können. Und sobald die Infektionsrate zu schnell voraneilt, stellt sich überall die Frage nach den Kriterien, anhand derer entschieden wird, wer Zugang zu Beatmungsgeräten und Intensivmedizin hat und wer nicht. Im Zuge eines schlimmen Krankheitsverlaufs kann eine betagte Risikopatientin so im selben Bett liegend gewissermaßen den Ort wechseln und vom Regime des Einschlusses in das des Ausschlusses übergehen.

Das Versprechen des Leviathan vermag lediglich auf die virale Ansteckungsangst der gesunden Bevölkerung zu antworten. Sobald man sich zusätzlich nach guter Versorgung, nach Schutz vor Ausschluss, nach Gerechtigkeit im Schultern der Risiken sehnt, enden seine Mittel. Der Leviathan kann seine Arme nicht öffnen, weil er insgeheim weiß, dass er nicht heilen kann. Er hat die Hände voll mit Waffen, er kann nur trennen. Er schützt einen Teil der Leben vor Infektion. Immerhin. Aber retten, pflegen oder gebären tut er kein einziges.

Das Leben, das die moderne Souveränität beherrscht, erhält sich nur dank dieser Ordnung vollkommen fremder Impulse. In allen wirklich rettenden Praktiken steht am Anfang ein anderer Antrieb als der viraler Furcht. Die Rettung geht von einer anderen Angst aus als die Abriegelung. Denn eine Angst, die auf Verbundenheit vertraut, kann der Unwägbarkeit ins Auge sehen. Sie stellt sich der See und weiß Zucker umzuverteilen. Es ist immer noch Angst, aber eine Angst, die sich stillen lässt: in jedem Moment, überall, durch das Leben selbst, das bereits verbunden ist. Oft braucht es dafür Zuwendung und Austausch, aber Rettung kann auch bedeuten, solidarisch Abstand zu halten, sich aus dem Weg zu gehen und zu maskieren. Retten heißt, die Rettung zu organisieren. Dazu braucht es Zeit und Aufmerksamkeit und die Befreiung aus den trennenden und tötenden Regimen der Sachherrschaft. Schwerter braucht es nicht.

Atmen können

Ruth W. Gilmore definiert Rassismus auf eine Weise, die direkt mit dem Lebensverlust zusammenhängt. Rassismus, sagt sie, ist die Herstellung oder Ausbeutung von gruppenabhängigen Unterschieden in ihrer Anfälligkeit für den vorzeitigen Tod. Sie denkt den Rassismus also weniger vom Nachleben der Sachherrschaft, sondern von seinen gegenwärtigen Folgen aus. Rassismus organisiert unser Zusammenleben so, dass manche Gruppen früher sterben. So, dass diese Tode weniger überraschen und eher in Kauf genommen werden. Rassismus, so könnte man Gilmores Bestimmung auch paraphrasieren, ist das, was manchen Gruppen systematisch den Atem raubt.

Infektiöse Krankheiten haben als Vehikel des Rassismus eine lange Geschichte. Manche Staaten, wie zum Beispiel Brasilien, sind auf der Auslöschung großer Teile der indigenen Bevölkerung durch Epidemien gegründet – wenn Jair Bolsonaro nun angesichts der Covid-19-Pandemie zum Nichtstun rät, setzt er eine koloniale Politik fort, in der die vermögende europäischstämmige Bevölkerung des Landes vom Tod seiner indigenen Bevölkerung ebenso profitiert wie von der Extraktion der Bodenschätze.

England ist ebenfalls eines der Länder, dessen Regierung zumindest kurzzeitig erwogen hatte, das Virus als Wirbelsturm wüten zu lassend – »es einfach irgendwie die Bevölkerung durchwandern lassen«, wie Boris Johnson es formulierte. »Es gehört zu den symbolischen Untaten der Nazis, uralte Leute umzubringen«, notierte Theodor W. Adorno in seinen *Minima Moralia*.

Aktuelle Studien zeigen, dass schwarze Brit_innen und Angehörige anderer ethnischer Minderheiten durch Covid-19 einem größeren Risiko ausgesetzt sind. Ihre Sterblichkeit liegt viermal höher als bei der weißen Kontrollgruppe und lässt sich nicht gänzlich durch Faktoren wie Armut oder berufliches Risiko – Faktoren, deren Verteilung ebenfalls rassistische Muster spiegelt – erklären. Es wäre eigentlich auch sehr erstaunlich, wenn rassistischer Stress (vierzigmal so häufig von der Polizei kontrolliert zu werden wie weiße Engländer_innen etwa) die Immunsysteme nicht schwächte.

Lungenentzündungen und Polizeiwaffen rauben den Atem in rapider Geschwindigkeit. Aber zugleich verschärft sich Jahr um Jahr ein Zustand unserer Biosphäre, in dem die Luft stetig auf ungleiche Weise knapp wird – selbst wenn alle Lungen frei atmen könnten. Die Spirale der Verwertung läuft durch das planetare Leben und stößt neben den vermarktbaren Gütern jede Menge Treibhausgas, Gift und Feinstaub aus. Hält diese Entwicklung an, werden in fünfzig Jahren nicht wie derzeit 0,8 überwiegend in der Sahara gelegene Prozent der globalen Landfläche über der für menschliches Leben erträglichen Jahresdurchschnittstemperatur von 29 Grad Celsius liegen, sondern neunzehn Prozent. Wir werden lernen müssen, der Wüste ebenso ins Auge zu sehen wie der See. Die neuen Heißregionen bilden sich in Südamerika, Afrika, Südostasien und Nordaustralien und würden den Lebensort von einem Drittel der Weltbevölkerung unwirtlich machen. Nachdem die Europäer_innen das im Kolonialismus geraubte Land zumindest teilweise widerstrebend zurückgegeben haben, zerstören sie es durch ihre kapitalistische Produktionsweise womöglich endgültig.

Aber wir brauchen keine fünfzig Jahre warten. Schon jetzt sterben sieben Millionen Menschen jährlich an den Folgen von Luftverschmutzung. Diese Tode sind allesamt gesellschaftlich hergestellt. Sie könnten durch andere Herstellungsverfahren und Lebenszusammenhänge vermieden werden.

Die Klimakatastrophe verstärkt die rassistischen Dynamiken der Lebensverkürzung. Sie droht, diejenigen, die weiterhin vom fossilen Kapitalismus profitieren, der axtschwingenden Mannschaft im Gummiboot anzugleichen. Der Verlust von Atemluft, diesem basalsten Element einer bewohnbaren Welt, ereignet sich auch in diesem Fall in globaler Ungleichzeitigkeit. Der Weltverlust ist situierter Zeitverlust, nicht als Ablaufen einer geteilten linearen Spanne, sondern als Bersten von spezifischen Reproduktionszyklen. Dass als Klimawandelfolge an bestimmten Orten keine Bäume mehr wachsen und zu bestimmten Zeiten kein Regen mehr fällt oder dass bestimmte Giftstoffe nicht abgebaut werden können, verschränkt sich damit, dass bestimmte Körper sich weder frei bewegen noch sicher absondern können, dass ihr Verlust nicht allen als Katastrophe erscheint. »Die Verunmöglichung von Atmen« ist ein langwieriger gesellschaftlicher Prozess.

Das bedeutet auch, dass das Retten von Leben in jeder Umkehr von Weltverlust stattfinden kann. Überall dort, wo Leben an der Schnittstelle von Sachherrschaftszirkeln aufbraust, genährt und gehalten wird. Überall dort, wo wilde Verbundenheit die Sachherrschaft bricht.

Die Revolution für das Leben fächert sich so bereits am Ausgangspunkt, der Lebensrettung, auf: in all die Handgriffe, die verhindern sollen, dass eine bestimmte Lunge sich mit Wasser füllt; in die Ablehnung aller Einrichtungen, die Atemluft ungleich verteilen – Grenzen, Gefängnisse, Fabrikschornsteine und unterfinanzierte Gesundheitssysteme –, und in ein anderes Bild des Lebens, das seinen Ausgang eben von dieser rettenden Hinwendung zueinander nimmt.

Die Revolution für das Leben kämpft nicht gegen den Tod. Sie kämpft gegen den sozialen Tod, gegen das differenzielle vorzeitige Sterben. Genau genommen kämpft sie damit auch dafür, auf eine bestimmte Weise sterben zu können – in sozialem Frieden. Das hieße, zu wissen, das eigene Leben nicht auf der Entlebendigung anderer gebaut zu haben. Oder zu wissen, dass der Zeitpunkt des eigenen Sterbens nicht durch soziales Unrecht vorverlegt wurde. Eines natürlichen statt eines sozialen Todes zu sterben hieße, gewaltfrei von der bewussten Reproduktion des menschlichen Lebens in stoffliche Kreisläufe überzugehen, die sich blind regenerieren, ohne dass je irgendetwas verlorenginge.

An erster Stelle aber gilt die Revolution für das Leben dem Weiteratmen, der Eroberung von Freiheit und wilder Verbundenheit. Will sie sichergehen, dass die geretteten Leben nicht im nächsten Augenblick wieder von Herrschaft eingeholt werden, muss sie sich ausdehnen. Kein Leben wird in einem einzigen Akt gerettet. Um die wieder angenommene Welt zu sichern und unser Verhältnis zum Leben dauerhaft als ein rettendes einrichten zu können, brauchen wir deshalb auch eine andere Arbeit.

RE-GENERIEREN

(Arbeit)

Die Revolution für das Leben ist keine Weltrettung auf einen Schlag. Sie stellt sich den von Menschen unversehens freigesetzten Kräften, aber ohne sie sich allesamt anzueignen. Sie verwahrt sich vielmehr dagegen, dass diese Kräfte weiter auf die bisherige Weise aufgebracht und Gewaltakte als Kraft verherrlicht werden.

Die Revolution für das Leben nimmt sich der in sachlicher Sachherrschaft verlorengegangenen Welt an. Sie zieht sich quer durch den gesellschaftlichen Alltag und globale Verwertungsketten. Überall greift sie gekappte lebendige Beziehungen auf, um sie in eine andere Wirtschaft zu überführen. Die Revolution für das Leben streikt gegen die Erschöpfung und Abtötung und kämpft um eine Arbeit, die nährt: alle, aber allen voran die Arbeitenden selbst.

Als feministische geht die Revolution für das Leben von der Sorge oder Reproduktionsarbeit aus. Diese Tätigkeit richtet sich direkt auf den Erhalt des Lebens und wird im Schatten der Sachherrschaft ständig unterbezahlt oder umsonst geleistet. Aber diese »andere Arbeit«, wie sie die Sozialphilosophin Lea-Riccarda Prix fasst, ist nicht nur eine irgendwie aufzuwertende Hintergrundbedingung der eigentlichen Produktion. Die »andere Arbeit«, in der wir weder unsere Zeit verkaufen noch neue Räume beherrschen, ist die eigentliche Arbeit. Sie bietet den Anhaltspunkt zur Umgestaltung unserer derzeitigen, desaströsen Produktion. Alle Arbeit sollte »andere Arbeit« sein. Dann kann sie frei zwischen der Rettung von Leben und dem Teilen von Gütern wirken, und das, ohne sich zu erschöpfen.

Wir wollen uns lebendig!

In Lateinamerika, und stellenweise auch in Südeuropa, ist die feministische Revolution bereits ausgebrochen. Die vielgestaltige Bewegung kommt unter einer kompromisslosen Losung zusammen: »Nicht eine weniger!«, auf Spanisch »Ni una menos«.

Einen ihrer Anfänge nimmt diese Formel in einer Region, in der sich die globale Gewalt ballt: der als Freihandelszone ausgewiesenen mexikanischen Grenzregion zu Texas, Ciudad Juárez. In diesem Gebiet sind riesige Montagewerke angesiedelt, die Zwischenschritte in der Güterverfertigung so billig wie möglich erledigen. Diese Maquiladoras genannten Fabriken stellen überwiegend weibliche Arbeiter_innen ein, die aus den ärmeren Regionen des Südens zuwandern. Alles ist darauf angelegt, ihre Arbeit so billig wie möglich abzuschöpfen. Sie haben befristete Verträge und schuften unter katastrophalen Arbeitsbedingungen. Ihr Lohn ist lediglich ein geringes »Mahlgeld«, wie Maquiladora übersetzt heißt – die Vergütung, die in der Kolonialzeit einem Müller für das Mahlen von Getreide zustand. Heute ist das Mahlgeld die Bezahlung für prekäre und feminisierte Arbeit – das, was übrig bleibt, nachdem ein Teil der weiblichen Tätigkeit als Phantombesitz eingestrichen und die verbleibende Arbeitskraft unter der Drohung abgewertet wurde, jederzeit als Auswurf entlassen werden zu können. Nichtsdestotrotz verdanken die Arbeiter_innen ihrem Lohn neue Freiheiten; er eröffnet Gestaltungsspielräume und Lebensmöglichkeiten, die in ländlicher Armut ungreifbar bleiben. Für Hunderte von Frauen wurden diese Freiheitsspielräume indessen durch ein anderes Zuschlagen der Sachherrschafts-Falle für immer geschlossen – in der Region Ciudad Juárez fallen Frauen seit Mitte der 1990er Jahre besonders häufig brutalen Morden, Femiziden, zum Opfer. Lokale feministische Aktivist_innen prägten deshalb ab 2002 die Wendung »Ni una mas« – Keine weitere! –, die dann als »Ni una menos« umgekehrt, von den Lebenden aus gezählt, aufgegriffen wurde. »Nicht eine weniger!« ist inzwischen in ganz Argentinien, in Chile, Guatemala, Peru, Spanien und Italien ein Synonym für feministische Mobilisierung geworden.

Die Formel beharrt vom Extrempunkt der Gewalt aus darauf, dass sich alle Verhältnisse ändern müssen. Sie kämpft für Arbeitsmigrant_innen, Transfrauen und Sexarbeiter_innen und deckt zugleich auf, dass mörderische Gewalt kein Problem des gesellschaftlichen Rands ist, sondern einer zentralen Institution: der heterosexuellen Paarbeziehung. Verschleppungen und Überfälle erregen mehr Aufmerksamkeit, aber der Großteil der Frauenmorde wird weltweit in Intimbeziehungen, von Partnern oder Expartnern begangen. So auch in Deutschland, wo jeden Tag ein Mann seine Frau oder Freundin umzubringen versucht und es jeden dritten Tag einem gelingt. Und was ungezählt bleibt, sind all die Tage und Stunden, in denen solche Taten nur ausbleiben, weil Frauen sich von vorn herein gefügig verhalten – Phantombesitz sind –, um Gewaltausbrüchen vorzubeugen.

Im possessiven, patriarchalen Geschlechterverhältnis bewegen sich Frauen immer schon als potenziell ihrer Reproduktionsfähigkeit, und insbesondere ihrer sexuellen Selbstbestimmung, enteignet. Um die Infrastruktur dieses Transfers aufrechtzuerhalten, werden intersexuelle Körper operativ verstümmelt und transsexuelle Körper daran gehindert, ihre Geschlechtsidentität zu leben. Die Phantombesitzverhältnisse legen den Kurzschluss von männlicher Eifersucht oder Verlustangst auf tätliche Eigentumsverteidigung nahe. Insofern die Frau immerhin partiell als autonom wahrgenommen wird, trifft die Gewalt sie selbst. Sie ist zugleich Besitz und Diebin. Der Kopf muss ab, damit die Beine brav zu Hause bleiben.

Das Paradox, als Frau halb Subjekt und halb Objekt zu sein, strukturiert die femizidale Gewalt, aber auch deren kulturelle Einstufung. Im Jahr 2008 formulierte etwa der Bundesgerichtshof in einem Urteil, dass Frauenmorde keine Morde, sondern bloße Totschlagsdelikte seien, wenn sie auf eine Trennung reagierten und »die Trennung von dem Tatopfer ausgeht und der Angeklagte durch die Tat sich dessen beraubt, was er eigentlich nicht verlieren will«. Schließlich habe der Täter in seiner Verzweiflung über die Trennung ja bewiesen, dass er die Partnerin eigentlich behalten wolle. Die Tötung, mit der er »sich ihrer beraubte«, könne deshalb nicht beabsichtigt gewesen sein. Diese Kasuistik verkennt, dass genau so das Tatmotiv aussieht: Ja, er hat sie behalten wollen, aber nicht lebendig.

Frauenmorde werden von einer Kultur begünstigt, in der Männlichkeit danach bewertet wird, ob es ihr gelingt, eine Frau zu »kriegen« und zu behalten. Auch als »Mann« wird niemand geboren. Menschen müssen zu Sachherrschern erst gemacht werden. Die Kultur, in der es den eigenen Status erhöht, eine partiell scheintote Frau an seiner Seite zu haben, ist weder alternativlos noch natürlich. Die argentinische Anthropologin Rita Segato hat erforscht, wie sich eine patriarchale »Pädagogik der Gewalt« im Zuge von Kolonialismus und extraktivistischer – also Bodenschätze raubender –

Ökonomie verbreitet. Gewalt wird in diesen Kontexten zu einer offiziellen Währung, zur »Botschaft des Besitztums«. Sie dient dazu, Territorien abzugrenzen und auch für besitzlose Männer Maskulinität als »Mandat« zu gestalten. Segato bezeichnet das Patriarchat als erste Schule der Gewalt, weil es von Kindheit an und überall im Alltag die eigentumsförmige Verknüpfung von Subjektstatus und der Fähigkeit, brutal zu handeln, einübt. Segato spricht vom Patriarchat gewissermaßen als Urform von Gewalt. Mir scheint hingegen, dass sich das moderne Geschlechterverhältnis auch als letzte Bastion der aktiven, unmittelbaren Gewaltausübung verstehen lässt. Es bietet ein Reservoir von Potenzbeweisen inmitten von anonymen Systemgewalten, die Männer – als Menschen und arbeitende Natur – verwerten, ausbeuten und überflüssig machen. Der Kampf von NiUnaMenos blockiert deshalb nicht nur das misogyne Ventil mörderischer Kräfte, sondern reagiert auf eine Gesamtkonstellation systematischer Politiken der Enteignung. Damit Frauen – und Menschen überhaupt – wirklich sicher leben können, müssen auch extraktivistische, neoliberale und koloniale Ordnungen ausgehebelt werden.

Die Demonstrationen von NiUnaMenos revoltieren gegen die Sachherrschaft, die Männern beibringt, Weiblichkeit als tote Ressource zu beherrschen. Sie setzen ihr eigenes Leben und Begehren gegen die Verdinglichung und verweigern sich auch der Rolle von Frauen als schutzbedürftiger Opfer. In ihren Schlachtrufen artikuliert sich mit dem Protest gegen Gewalt zugleich die wilde Verbundenheit untereinander: #NosMueveElDeseo – »Uns bewegt das Begehren!« – und #VivasNosQueremos – »Wir wollen uns lebendig«.

Die Initialzündung für die ersten lateinamerikanischen Massenproteste ergab sich Anfang Oktober 2016 beim nationalen Frauen*treffen im argentinischen Rosario. Einige Tage zuvor, am 3. Oktober 2016, hatten in Polen Hunderttausende Frauen erfolgreich gegen ein totales Abtreibungsverbot demonstriert. Während der Versammlung der argentinischen Feminist_innen ereignete sich im Land ein weiterer brutaler Femizid, diesmal an der Jugendlichen Lucía Pérez. Trauer, Wut und Entsetzen der tagenden Frauen schlugen in Organisationsarbeit um. Eine der Teilnehmerinnen der Versammlung war die Sozialwissenschaftlerin Verónica Gago, die in Buenos Aires an der Universität lehrt. Gago beleuchtet in ihrem theoretischen Werk explizit Bewegungserfahrungen und setzt so wiederum Anhaltspunkte für den Aktivismus. Sie spielt, wie auch die bereits erwähnte Rita Segato, für die feministische Bewegung jene Rolle, die der italienische Antifaschist und Kommunist Antonio Gramsci als »organische Intellektuelle« bestimmt hat – eine Denkerin aus der und für die Bewegung. Gago zeichnet eindrücklich nach, wie sich beim nationalen Frauen*treffen ein anfänglicher Aufschrei in kollektive Bewegung übersetzte:

> Es war das Geräusch von Schwingungen, nicht der Klang von Worten, der den gigantischen, pulsierenden kollektiven Körper unter dem Regen vereinte, als wir am 19. Oktober 2016 den ersten nationalen Frauen*streik organisierten. Es ertönte die Art von Schrei, die durch einen Schlag auf den Mund erzeugt wird. Das Geheul einer Herde. Mit kriegerischer Veranlagung. In einer Verschwörung des Schmerzes. In einem Sumpf, der den Körper zerrüttet und bewegt. Eine Klage, gleichzeitig sehr alt und nagelneu, die mit einer bestimmten Art zu atmen zusammenhängt.
>
> Der Streik vom 16. Oktober war der erste Frauen*streik in der Geschichte Argentiniens, und er war schnell nicht mehr ausschließlich national. Als wir uns alle koordinier-

ten, brachten wir das Land in nur einer Stunde zum Stillstand, aber wir taten dies auch während des ganzen Tages, auf tausend verschiedene aber miteinander zusammenhängende Arten. Wir ließen die Zeit erzittern. Den ganzen Tag über vermieden wir es, etwas anderes zu tun als uns zu organisieren, um zusammen sein zu können. Durch unsere Praxis des Überflusses (des Exzesses) erkannten wir, dass Tausende von Frauen – an verschiedensten Orten auf der Welt – durch das Bedürfnis nach Mobilisierung, durch das Bedürfnis der Enge zu entfliehen, in die uns die private Trauer gezwungen hatte, zusammengehalten wurden.

Die Passage ist bemerkenswert, weil sie nachzeichnet, wie tief Passion und Durchsetzungskraft in den protestierenden Körpern verankert sind. Man mag Vorbehalte gegen die archaischen Metaphern der Einstiegssätze hegen, aber sie finden eine Lösung für das Problem, im Griff von Traumata, für die die Worte fehlen, dennoch Widerstand zu begründen. Und die Worte kommen dann. Gago berichtet weiter, dass die Antwort auf alle Empörung und alles Mitgefühl, die sich in den sozialen Netzwerken äußerten, »see you at the meeting« lautete: »wir sehen uns beim Treffen.« So ist der Streik entstanden.

Die Literaturtheoretikerin Katrin Pahl hat mich auf die »chorischen« Aspekte des feministischen Protestrepertoires hingewiesen. »Chor« war in der griechischen Antike ursprünglich die Bezeichnung für einen Tanzplatz. Im Rahmen des Tragödientheaters nahm er dann eine besondere Rolle im Bühnengeschehen ein. Der Chor, der seine Textbeiträge manchmal unisono sprach, meist aber sang, vermittelte den Dramenstoff in zwei Richtungen: Er steuerte wichtige Hintergrundinformationen bei, zu denen auch die geheimen Wünsche und Ängste der Figuren gehörten. Mitunter selbst unsichtbar, verkörpert der Chor so gewissermaßen die als weiblich fixierte Reproduktionsarbeit, die Bereitstellung von Lebensgrundlage. Der Chor bleibt aber nicht im Hintergrund, und er dient auch nicht nur rückwärtiger Weltbeschaffung. Er vermittelt zugleich nach vorn, über den Bühnenrand (beziehungsweise das antike Bühnenrund) hinaus. Denn der Chor weiß am besten, wie das Geschehene einzuordnen ist, er kann es exemplarisch beurteilen und damit dem Publikum Orientierung bieten. Nicht die Held_innen, sondern die Chöre bilden den politischen Kern des griechischen, demokratieversierten Theaters.

Aus den lateinamerikanischen Protesten heraus ist das Kollektiv Las Tesis mit einer Tanzperformance berühmt geworden, die die Erfahrung der Vergewaltigung so ausleuchtet, dass die Komplizenschaft von Polizei und staatlichen Stellen mit den Tätern deutlich wird – etwa, indem vorgetanzt wird, wie Frauen, die Täter anzeigen wollen, von der Polizei aufgefordert werden, sich auszuziehen und Kniebeugen zu machen. Aus der Wut über solche Behandlung verallgemeinert sich die Täteranzeige. Der Titel der Choreographie, »Ein Vergewaltiger auf Deinem Weg«, bezieht sich auf einen Werbespruch der chilenischen Polizei, der »Ein Freund auf Deinem Weg« lautet. Im Deutschen müsste man vielleicht »Dein Freund und Vergewaltiger« sagen. Im Refrain hält die feministische Bewegung der patriarchalen Gesellschaft den Spiegel vor: »Der Vergewaltiger bist Du.« »Du« – auch die Frau, die sich nicht vom Begehren bewegen lässt, andere Frauen und sich selbst lebendig zu wollen.

Der Chor steht für eine besondere Kollektivität. Er folgt der ebenfalls im Zuge des Frauenstreiks formulierten Aufforderung »ponemos en práctica el mundo en el que queremos vivir« – »Lasst uns die Welt in die Tat umsetzen, in der wir leben wollen.« Und diese Welt soll eine solidarische sein.

Die queerkommunistische Philosophin Bini Adamczak hat Solidarität als ein besonderes Beistandsversprechen bestimmt. In einer Collage der Stimmen von Simone Dede Ayivi und Arnd Pollmann schreibt sie: »Solidarisch ist, wer sagt und es auch meint: Du bist nicht allein – auch nicht mit mir.« Gegen den Horror gewalttätiger Intimpartner hilft weder ein anderer Beschützer noch die Isolation, in der dann jede einzeln vom Markt aufgerieben wird. Herrschaft wird durch das Eingehen anderer, weitreichender und freier Beziehungen überwunden. Der Chor bietet einen Platz, an dem frau tanzen kann, schon jetzt und trotzdem sicher. Das feministische Kollektiv, das eine Welt vorzeichnet, in der wir leben wollen, beruht weder auf soldatischer Synchronisierung noch auf dem Rausch der Masse. Als Chor politisiert es seine Weltbeschaffungsarbeit und bietet Raum, um schöpferische Individualität hervortreten zu lassen. »Solidarität findet … in Beziehungen statt«, heißt es auch bei Adamczak. »Sie ist etwas, das sich zwischen uns ereignet. Die eigentliche Lebensatmosphäre der Solidarität … bildet … die Dreisamkeit, Viersamkeit, Vielsamkeit eines ausschweifenderen Zusammenhangs.« Ausschweifende Zusammenhangsbildung – Chor-Arbeit – ist die Protestform, in der NiUnaMenos die Revolution für das Leben vortanzt.

Flüssige Streikmacht

Die afroamerikanische Schriftstellerin Audre Lorde, die sich selbst als »black lesbian feminist mother poet warrior« bezeichnete, stellte dank ihrer regelmäßigen Berlinaufenthalte eine große Inspirationsquelle für die afrodeutsche Bewegung dar. Eine Serie ikonischer Aufnahmen zeigt sie in einem Ruderboot auf dem Wannsee. Auf ihrem T-shirt ist ein von Emma Goldmann entlehnter Satz gedruckt: »If I can't dance, I don't want to be part of your revolution« – »Wenn ich keinen Platz zum Tanzen habe, will ich mit eurer Revolution nichts zu tun haben«. Diese Formel steht für eine Haltung, die militante Disziplin und paternalistische Vertröstung auf die Zeit nach der Revolution verweigert. Dennoch lässt sie die Revolution nicht im Tanzen aufgehen. Denn die Revolution will nicht nur hier und da einen Tanzboden schaffen, sondern sämtliche Verhältnisse »zum Beben« bringen und als solidarische neu verfassen. Wie NiUnaMenos immer wieder betonen: Es geht darum, »alles!« zu verändern. Zu diesem Zweck bedient sich die Bewegung des erprobten Mittels des Streiks, ändert bei näherem Hinsehen aber auch an ihm »alles!«.

Der Streik als Tarifstreit und Arbeitskampf setzt reguläre Beschäftigungsverhältnisse voraus, an die eine Gewerkschaftsorganisation angelehnt ist. Ein Großteil der weiblichen Arbeit wird aber unter anders verfassten Bedingungen geleistet und ist mit dem Dilemma konfrontiert, eigentlich unbestreikbar zu sein. In Betrieben, deren prekäre Verträge und ruchlose Kündigungspraktiken die gewerkschaftliche Organisation untergraben wie in den Maquiladoras, ebenso in zum Teil kriminalisierten Schwarzarbeitsmärkten wie der Sexarbeit und erst recht in unbezahlten familiären und nachbarschaftlichen Sorgeverhältnissen kann man keine Firmenleitung durch Arbeitsniederlegung erpressen.

Dort, wo Sorgetätigkeit in öffentlicher oder privatwirtschaftlicher Hand als Lohnarbeit geleistet wird, ist das Erpressungspotenzial wiederum »zu groß«. Ein Streik im medizinischen oder Betreuungssektor würde umgehend Menschenleben kosten und leidende Fürsorgebedürftige gewissermaßen in Geiselhaft nehmen. In Krisensituationen wie der Covid-19-Pandemie berührt dieses Dilemma auch Reinigungsdienste, Nahrungsmittelhandel, Zustellung, Müllabfuhr und Landwirtschaft. Die schlechte Bezahlung suggeriert, dass in diesen Bereichen fast nichts zu tun wäre. Und dennoch zeigt sich, dass selbst kurzzeitiges wahrhaftiges »Nichtstun« katastrophal ist. Das Schicksal der Systemrelevanz besteht darin, in der gesellschaftlichen Arbeitsteilung aufgerieben zu werden, während die eigene Arbeit als unentbehrlich gilt. Wie also streiken, wenn man es gewissermaßen zu gut und gar nicht kann? Streiken dagegen, dass Reproduktionstätige ihrer Lebenszeit beraubt werden? Und oftmals auch ihres Lebens?

Eine Inspirationsquelle für die Frauen*streiks bilden die *piqueteros,* wilde Streikposten und Straßenblockaden, zu denen sich nach der neoliberalen Umstrukturierung Argentiniens in den 1990er Jahren Arbeitslose zusammentaten. Die Erwerbslosenassoziationen organisierten Volksküchen und eine Art Streikgeld füreinander – auf dem Höhepunkt der Proteste im Dezember 2001 plünderten sie auch Supermärkte und bürgerliche Wohnzimmer, aus denen fertig geschmückte Weihnachtsbäume abhanden kamen. Der Streik gegen ein System, das ihre Arbeitskraft überflüssig und ihr Leben nahezu unmöglich machte, ließ sich ebenfalls nicht als Arbeitsniederlegung durchführen. Die Mischung aus Assoziation und Aufstand weist hingegen deutliche Momente dessen auf, was in der anarchistischen Tradition als »aktiver Streik« bezeichnet wird: ein Aussetzen der Arbeit, um einen anderen Alltag zu erproben, oder vielleicht noch treffender: ein Aussetzen des Alltags, um eine andere Arbeit zu erproben.

In einem Flugblatt des Sozialistischen Bundes von 1913 beschreibt der deutsch-jüdische Publizist Gustav Landauer den aktiven Generalstreik folgendermaßen als revolutionäre Strategie:

> Was führt uns zum Sozialismus? Der Generalstreik! Aber ein Generalstreik ganz anderer Art, als er gewöhnlich im

Mund der Agitatoren und im Herzen der schnell hingerissenen Masse wohnt – die abends Beifall klatscht und morgens wieder zur Fabrik trottet. Generalstreik, der gewöhnlich gepredigt wird, heißt: Mit verschränkten Armen abwarten, wer stärker ist und es länger aushaken kann: die Arbeiter oder die Kapitalisten.
Wir aber sagen offen: Mehr und mehr kommt es durch die Organisationen der Unternehmer dahin, daß die Kapitalisten es aushalten können, die Arbeiter aber nicht. In den kleinen Streiks geht es so, in den großen geht es erst recht so, und im passiven Generalstreik würde es nicht anders gehen …
Wir künden euch, ihr Arbeiter, den aktiven Generalstreik! … Es ist ja noch gar nichts für den Sozialismus geschehen, es ist noch gar nicht das geringste von ihm getan worden: wofür wollt ihr denn kämpfen und euch umbringen lassen? Für die Herrschaft irgendwelcher Führer, die dann wohl wissen werden, was sie wollen? Was sie tun? Wie sie eure Arbeit und die Verteilung der Güter, die ihr braucht, anordnen? Wäre es nicht besser, das alles wüßtet und tätet ihr selber? Die Aktion der arbeitenden Menschen heißt Arbeit! Im aktiven Generalstreik sind die Arbeiter so weit, daß sie die Kapitalisten aushungern, weil sie nicht mehr für den Kapitalisten arbeiten, sondern für die eigenen Bedürfnisse.
Ihr Kapitalisten, ihr habt Geld? Ihr habt Papiere? Ihr habt Maschinen, die leer stehen? Eßt sie auf, tauscht sie untereinander, verkauft sie euch gegenseitig – macht was ihr wollt! Oder: arbeitet! Arbeitet wie wir. Denn Arbeit könnt ihr von uns nicht mehr bekommen. Die brauchen wir für uns selbst. Wir haben sie nicht mehr im Rahmen eurer unsinnigen Wirtschaft, wir verwenden sie für die Organisationen und Gemeinden des Sozialismus.

In letzter Instanz ist der Frauen*streik, ist im Grunde die gesamte feministische Bewegung ein aktiver Streik: die Vorwegnahme anderer Beziehungsweisen und Tätigkeiten. Schon die Organisation der Streiks selbst ist andere Arbeit, Arbeit für die eigenen Bedürfnisse, Arbeit die diejenigen aushungert, die bislang die Sorgearbeit plünderten. Ihr Macker, ihr habt Konten, Karren, Kumpels? Esst sie auf, fickt sie, schießt darauf. Oder: arbeitet! Arbeitet an Euch, arbeitet solidarisch, arbeitet für die Befreiung – wie wir, mit uns.

Der aktive Streik lebt von dem Paradox, die Bedingungen zu fordern, unter denen er eigentlich erst möglich wäre. Denn die andere Arbeit in solidarischen Beziehungsweisen lässt sich nicht überall, nicht umfassend, nicht durchgängig vorwegnehmen – sonst wäre die Revolution ja bereits gelungen.

Bei der Organisation der Frauen*streiks wird deshalb immer wieder betont, den Streik als Forschungsinstrument zu verstehen. Jede Einzelne wird mit der Frage konfrontiert: »Wie streikst *Du*?« Welche herrschaftsdurchsetzten Tätigkeiten kannst Du Dich zumindest einen Tag lang weigern auszuführen, welchen Erwartungen trotzt Du, welche Selbstverständlichkeiten durchbrichst Du? Die Frage nach dem »Wie« des Streiks offen zu halten, erlaubt auch die Eingeständnisse, dass sich manchmal gerade die Dinge, die man am liebsten bestreiken würde, nicht einfach aussetzen lassen. Man wird die Kinder nicht so leicht los. Man kann nicht geschlossen aus der Intensivstation abtreten. Aber wenn man sich den Streikwunsch erst mal eingesteht, kann der Protest die kollektive Re-Organisation der zermürbenden Bereiche fordern – eine Re-Organisation, in der die Bedürfnisse der Arbeitenden gemeinsam mit den Bedürfnissen der auf diese Arbeit Angewiesenen an erste Stelle treten. Denn meist ist ja genau das Teil dessen, was die Arbeit so quälend macht: dass die Zeit unter den herrschenden Bedingungen für niemanden reicht. Weder für die Sorgearbeitenden noch für die Patient_innen und Kinder. So öffnet gerade der unmögliche Streik die Frage, wie die gesellschaftliche Sorge für das Leben aussehen sollte.

Meine Brandenburger Nachbarin arbeitete nach der Wende als Putzkraft in einem Pflegeheim. Sie hatte eine Anfahrt von zwei Stunden. Jeden Tag habe sie, so sagt sie, die ganze Rückfahrt lang geweint. Sie putzte Heizkörper, auf denen verzweifelte Heimbewohner versuchten, ihre heimlich handgewaschenen Windeln zu trocknen. Oft ist vollkommen klar, was falsch ist, aber unklar ist, wie der Widerwillen gegen das Falsche zu wirksamem Widerstand zusammenkommt. Der Frauenstreik ist immerhin darauf angelegt, dass er eine Vielzahl von Ausbeutungs- und Erniedrigungserfahrungen berühren kann. Wie Verónica Gago es formuliert, hat er etwas Überströmendes; er verspricht, abgeschiedene Trauer zu massiver Widerstandskraft zusammenfließen zu lassen. Gago ruft auch Rosa Luxemburgs Befürwortung von spontanen, direkt von den Arbeitenden ausgehenden Massenstreiks in Erinnerung. Luxemburg charakterisiert den Streik geradezu als Elementarmacht, als das Meer, in das sämtliche Veränderungswünsche münden könnten.

> Er flutet bald wie eine breite Meereswoge über das ganze Reich, bald zerteilt er sich in ein Riesennetz dünner Ströme; bald sprudelt er aus dem Untergrunde wie ein frischer Quell, bald versickert er ganz im Boden. Politische und ökonomische Streiks, Massenstreiks und partielle Streiks, Demonstrationsstreiks und Kampfstreiks, Generalstreiks einzelner Branchen und Generalstreiks einzelner Städte, ruhige Lohnkämpfe und Straßenschlachten, Barrikadenkämpfe – alles das läuft durcheinander, nebenein-

> ander, durchkreuzt sich, flutet ineinander über; es ist ein ewig bewegliches, wechselndes Meer von Erscheinungen.

Als »wechselndes Meer von Erscheinungen« ist der Streik selbst eine Art Spiegel; er hilft dabei, das eigene und das gesellschaftliche Leben neu in den Blick zu bekommen. »Wie streikst Du?« heißt dann auch: »Wie stellt sich Dir Dein Leben dar, wenn Du es aus der Perspektive der Veränderbarkeit betrachtest?«

Die britisch-deutsche Autorin und Liedermacherin Laura Theis hat eine Ballade geschrieben, an der sich die Gedankenübung der Streikspiegelung märchenhaft veranschaulichen lässt. In ihrem Song »Never been so far from the sea« begegnet uns eine mit Selbstbetrachtungen beschäftigte Meerjungfrau:

> My lover he's a mountain man
> he took a mermaid for his wife
> and even though I love this man
> I am still afraid of heights
> I pass the days as best I can
> sleep in the shower every night
>
> … i hurl myself into the bathtub
> and sprinkle salt onto my skin
> I put up with endless walking
> when all I want to do is swim
> and no one seems to understand
> this predicament I'm in*

* Nie war ich so weit vom Meer entfernt: Mein Geliebter, er ist ein Mann der Berge / er hat sich eine Meerjungfrau zur Frau genommen / und obwohl ich diesen Mann liebe / habe ich noch immer

Die Seejungfrau kann offenbar genau das, was sie am liebsten tut, nicht tun: schwimmen. Sie scheint sich in der typisch bürgerlichen Ehefrauenrolle wiederzufinden – vielleicht nicht mal sonderlich unterdrückt, aus eigener Entscheidung heraus in der jetzigen Lage, aber aus ihrem Element gerissen, vereinzelt und unverstanden. Wie Simone de Beauvoir so treffend bemerkt, besteht eine weitere, die feministische Revolte erschwerende Tatsache darin, dass die Gruppe der Frauen »verstreut unter den Männern« lebt, fein säuberlich jeweils in einzelne Haushalte aufgeteilt. Frauen sind räumlich voneinander getrennt und neigen dazu, sich mit den Klasseninteressen ihrer Männer zu identifizieren. Können sich solche Kreaturen in Luxemburgs Element versetzen? In Theis' Ballade geschieht das über einen ausgesprochen antipatriarchalen genealogischen Rückgriff, denn die Nixe erklärt sich als Tochter der See:

my grandmother was a siren
she taught me how to misbehave
my grandfather was a sailor
if he could see me in this place
he would roll his eyes at me
from beyond his watery grave

… 'cause the ocean is nobody's wife
she may spit you out or eat you alive
the ocean is nobody's bitch

Höhenangst / ich bringe die Tage so gut ich kann hinter mich / schlafe jede Nacht unter der Dusche // … ich stürze mich in die Badewanne / und streue Salz auf meine Haut /ich ertrage endloses Gewander / obwohl ich nichts als Schwimmen will / und niemand scheint zu verstehen / in welchem Dilemma ich stecke

she may embrace you or drown you
and you'll never know which*

Der feministische Streik beruht auf einem besonderen Pakt mit dem Leben. Er ergibt sich nicht aus weiblicher Natur – die nicht existiert –, sondern aus der historischen Verkettung von Weiblichkeit und Reproduktionsarbeit. Denn wie sehr die Sachherrschaft Sorgefähigkeit auch verdinglicht, wie sehr sie die »andere Arbeit« ihrer Lebendigkeit beraubt und verfügbar hält, diese Arbeit wahrt doch ihren besonderen Bezug auf das Leben, auf diese letztlich unverfügbare Macht, die sich nicht gänzlich einhegen lässt, die einen emporheben oder versenken kann. Sorgearbeit weiß und tut schon, was es zum Leben braucht. Sie braucht niemanden zu erpressen, um wirksam zu streiken. Sie bricht aus. Sie verbindet sich mit dem Meer. Sie arbeitet nicht mehr für den Profit und die Lust der Herrschenden, sondern für die Bedürfnisse ihres Chors. Der Generalstreik ist die Generalprobe.

Solidarische Beziehungsweisen

Solidarität heißt, nie von allen verlassen zu sein. Aber sie ist mehr als das Beistandsversprechen, weil sie sich nicht auf Verbundenheit überhaupt, sondern auf eine spezifische Art, unsere Verbundenheit zu organisieren, bezieht.

* meine Großmutter war eine Sirene / sie brachte mir bei, wie man sich daneben benimmt / mein Großvater war ein Seemann / wenn er mich an diesem Ort sehen könnte / würde er die Augen verdrehen / von jenseits seines nassen Grabes // … denn die See ist niemandes Frau / sie mag dich ausspucken oder lebendig fressen / die See ist niemandes Bitch / sie mag dich liebkosen oder ertränken / und du wirst nie wissen, was genau geschah

Der Aufruf zum Internationalen Frauen*streik 2018 bestimmte die von ihm adressierten Frauen folgendermaßen: »Indigene, Migrantinnen, Alte, Mädchen, Jugendliche, Zapatistinnen, feministische Guerilleras, Schwarze, Geflüchtete, Studierende, politische Gefangene, Kriminalisierte, Mütter, Frauen mit Behinderung, Hausfrauen, Hausangestellte, (Kranken-)Pflegerinnen, Sexarbeiterinnen, Rentnerinnen, Dozentinnen, Ärztinnen, Beamtinnen, Gewerkschafterinnen, Arbeiterinnen der informellen Wirtschaft, Kämpferinnen, Arbeitslose, Prekarisierte, Verschwundene, Künstlerinnen, Taxifahrerinnen, Klempnerinnen und eine nicht enden wollende Liste der unterschiedlichsten Frauen«. Es ist weder eine bestimmte Subjektposition noch ein abstraktes gemeinsames Ziel, das diese unabgeschlossene Aufzählung eint. Was sie verbindet, erstreckt sich quer durch die in der Liste aufgerufenen Erfahrungen, quer durch die Subjekte, die, wie wir alle, auch mit sich selbst ringen. Es gibt keinen gesellschaftlichen Standpunkt, an dem nicht griffe, worauf laut Gago die Frauenstreiks in kollektiver Form reagierten: »individuelles Leid und die systematische Politik der Enteignung«. Vermutlich lebt niemand auf diesem Planeten (und definitiv niemand, der dieses Buch liest) ein Leben, das von sachlicher Sachherrschaft, von Eigentumsfixierung und Profitmaximierung, gänzlich unberührt wäre. Die Gitter und die Tretmühlen ziehen sich durch unser Dasein. Die Streikarbeit besteht darin, dieses Dasein, so gut es geht, dagegen in Stellung zu bringen. Gänzlich zugute kommen die bestehenden Verhältnisse langfristig niemandem und kurzfristig nur einigen Wenigen. Nichtsdestotrotz versprechen diese Strukturen, die sie einzwängen und ausbeuten, vielen der Vielen doch gewisse Aussichten und Kompensationen, eine lockende Teilhabe.

Das Wertschöpfungsmodell der Herrschaft ist das der Abspaltung und Verächtlich-Machung. Ein solidarisches Kollektiv misst sich deshalb zuerst daran, ob es mit der Logik des Auswurfs bricht. Ein Sozialismus, der denkt, die Arbeitslosen und Papierlosen erst nachher versorgen zu können, ein Feminismus, der die Huren und Transfrauen und Lesben erst mal noch eine Weile verstecken will, hat seine Barrikade auf der systematischen Enteignung gebaut, nicht gegen sie.

Aber wir können besser bauen. Und wenn wir solidarisch bauen, dann verflüchtigt sich auch diese leichte Anstrengung, mit der die vielen Gruppen aufgezählt werden. Audre Lorde hat in einer wunderbaren Formulierung daran erinnert, dass »Differenz nicht lediglich toleriert werden darf, sondern als Fundus von unentbehrlichen Gegensätzen anzusehen ist, zwischen denen unsere Kreativität dialektische Funken schlagen kann.« Differenz wird überhaupt nur zum Problem, wenn man sie von der Warte der Homogenität aus betrachtet. Aber die Frage ist nicht, welche Einheit wir gemeinsam bilden, sondern welche Welt wir bauen können. Aus der viel naheliegenderen Perspektive der Kooperation stellt Differenz keinerlei Schwierigkeit dar. Sie ist jedoch nicht schon an sich eine Errungenschaft. Die eigentliche Errungenschaft besteht darin, die vielen Vielgestaltigen ins richtige Verhältnis zueinander zu setzen. Schließlich wollen wir nicht nur unterschiedlich sein und nicht nur wir selbst, sondern auch lebendig und frei. Das hat breitere Voraussetzungen: Lebendig sind wir nur bei gewahrten Lebensgrundlagen und frei nur gemeinsam.

Was also ist ein solidarisches Verhältnis? Ein – allerdings etwas sperriger – Begriff für Solidarität ist Mutualismus. Besonders in der anarchistischen Tradition gibt dieses Konzept die erwünschte Grundausrichtung aller Beziehungen vor: gegenseitige Hilfe. Einander zu helfen legt nahezu jede menschliche Moral nahe, auch wenn viele menschliche Gesellschaften es dann so gut wie unmöglich gemacht haben, dieser Moral durchgängig nachzukommen. Aber mit der Bestimmung der »Gegenseitigkeit« verändert sich der Charakter der Hilfe. Sie ist kein wohltätiger Akt, sondern ein gemeinsamer Pakt. Selbst wenn die Kräfte situativ ungleich verteilt sind, wissen wir doch, dass wir Gleiche sind. Wir könnten einander wechselseitig helfen. Die Gegenseitigkeit verweist auch auf ein besonderes und zumindest nach derzeitigem Stand der Kognitionsforschung einmaliges menschliches Vermögen, das der Perspektivübernahme. Ab einem Alter von circa vier Jahren können Menschenkinder Situationen in dem Wissen deuten, dass andere um sie wissen. Sie springen spontan ein, weil ihnen auffällt, dass eine bestimmte Handlung für die vermuteten Absichten eines anderen nützlich wäre – man öffnet die Tür, wenn man jemanden mit vollen Händen darauf zusteuern sieht. Und man versteht den genervten Blick der Person mit vollen Händen, wenn man sitzen bleibt. Man weiß, dass sie weiß, dass man wusste, was ihr geholfen hätte. Dahinter gibt es unter Menschen kein Zurück. Nichtsdestotrotz stehen unterschiedliche Reaktionen auf das Zusammenleben im Wissen umeinander offen. Man kann auch denken, dass die anderen, wenn sie wissen, dass ich sie straflos angreifen könnte, mir bestimmt mörderisch zuvorkommen werden.

Der Anarchismus, der eine Welt ohne Herrschaft anstrebt, setzt darauf, unser Zusammenleben auf eine bestimmte Vereinbarung neu zu gründen: dass wir uns gegenseitig helfen werden, ohne Schuldigkeit und Entschädigung – »aus Prinzip« sozusagen. Denker wie Peter Kropotkin und Gustav Landauer führen als Beispiel mutualistischer Vergesellschaftung oft Reisegesellschaften zu Land oder Wasser an, die einander für die Zeit ihrer riskanten Unternehmung besonderen Beistand schwören. Nicht nur Hilfe, sondern auch Haftung:

Sollte eine_n ein Unglück treffen, kommen alle für den Schaden auf.

Der anarchistische Horizont nimmt konkrete Beziehungen in den Blick, aber er vermengt Solidarität nicht mit Vertrautheit. Man braucht einander nicht zu ähneln und nicht mal näher zu kennen, um eine mutualistische Reisegesellschaft zu bilden. Gegenseitige Hilfe schafft Beziehungen, sie setzt sie nicht voraus. Dass es keinen zwingenden Grund gibt, ein mutualistisches Verhältnis einzugehen, kommt dem unbändigen Freiheitsverständnis des Anarchismus gerade entgegen. Natürlich könnte man auch morden und brandschatzen. Aber da man sich selbst nicht loswird: Will man wirklich mit einem Mörder zusammenleben? Würde man nicht den solidarischen Reisegenossen vorziehen?

Der Marx'sche Sozialismus will die Beziehungsweise Solidarität direkt auf der Ebene der Produktion verwirklicht sehen und diese von der Mühle der Verwertung in ein Versorgungs-Schaffen verwandeln. In diesem Schaffen kämen wir aus marxistischer Sicht unserer menschlichen Natur überhaupt erst richtig nach.

Es gehört zur Natur des Menschen, frei zu sein. Die Freiheit ergibt sich aus der menschlichen Eigenschaft, um sich selbst zu wissen. Unser Bewusstsein und unsere in Sprache gegossenen Gedanken sind so etwas wie ein eingebauter Spiegel. Sie verhelfen zur Reflexion. Und weil wir uns auf diese Art »sehen«, können wir entscheiden, wie wir aussehen wollen. Nicht nur in unserem Outfit, sondern in unserem Handeln – wir wählen es.

Aber genauso gehört, wie eben schon bemerkt, zur menschlichen Natur, dass wir uns umeinander wissend wissen. Unsere Handlungen bestimmen nicht nur, wie wir selbst dastehen, sondern auch in welchen Beziehungen wir stehen.

Die Freiheit auf diesem Gebiet ist eine geteilte. Ob ich weiß, dass Du weißt, dass ich Dich nicht über den Tisch ziehen werde, hängt von uns beiden ab. Und wir beide werden dieses Wissen vermutlich an dem festmachen, was bisher zwischen uns geschehen ist. (Denn auch, ob Du mir glaubst, wenn ich Dir sage, dass ich Dich nicht über den Tisch ziehen werde, hängt vermutlich davon ab, ob ich bislang ehrlich war.) Deshalb ist es auch nicht so leicht mit dem solidarischen Wirtschaften, wo, wie Landauer sagt, »noch gar nicht das geringste von ihm getan worden« ist.

Es stimmt. Wir haben noch nicht richtig angefangen. Aber andererseits kennen wir doch in nahezu jedem Moment, in dem wir uns umeinander wissend wissen, die Sehnsucht nach solidarischer Haltung. Die Sehnsucht danach, dass man etwas miteinander anfangen kann, dass man es gut miteinander meint.

»Sich verstehen« im ganz grundlegenden Sinn ist der erste Schritt zur Solidarität: voneinander wissen, was man will. Der zweite Schritt ist, diese Wünsche so aufeinander zu beziehen, dass dabei Freiheit anstatt Herrschaft entsteht. Die Idee einer sozialistischen Wirtschaft beruht darauf, dass wir diesen Bezug in unserer Arbeit herstellen können. Im Kapitalismus gehen wir für das eigene Überleben arbeiten und produzieren Dinge, von denen sich die Kapitalistin Profit verspricht. Diese Dinge sind von sachlicher Herrschaft diktiert, wir können uns nicht zuverlässig damit vor den Spiegel stellen und sagen: »Genau das wollte ich machen, genau dafür wollte ich meine Lebenszeit einsetzen.« Wenn wir aber in Freiheit produzieren, dann würden unsere Arbeitsprodukte selbst zu einer Art Spiegel; ich erkenne in ihnen sowohl meine Freiheit als auch mein Können: Wow, das hab ich mit meiner Zeit gemacht – eine Verschlüsselung programmiert, Erdbeeren gepflückt, das nächste Kapitel geschrieben. Was aber die Idee der Solidarität verheißt, ist, dass Menschen eine noch viel köstlichere Freiheit kennen. Dass nämlich jemand anderes das eigene Können genießt. Und dass man selbst mehr zu genießen hat, als man herstellen könnte. Dann spiegeln die Produkte unserer Arbeit plötzlich diese andere Freiheit. Es ist eine, die wir nur gemeinsam haben können.

Wieder mal in einem Notizheft, diesmal aber in einem sehr frühen, in dem er sich mit dem englischen Ökonomen James Mill auseinandersetzt, entfaltete Marx 1844 die Grundidee des Sozialismus als freiheitspotenzierende Bedürfniserfüllung in vierfacher Hinsicht. »Gesetzt, wir hätten als Menschen produziert: Jeder von uns hätte in seiner Produktion sich selbst und den andren *doppelt bejaht*«, heißt es in der berühmten Einstiegszeile, bevor Marx beginnt, zwischen zwei Personen das Verhältnis zu demonstrieren, das den Kapitalismus gesamtgesellschaftlich ablösen sollte.

Die zwei doppelten »Bejahungen« ergeben vier Weisen, auf die sich in der solidarischen Arbeit unsere Freiheit spiegelt. Die erste Spiegelung ist, wie bereits erwähnt, die Erfahrung der eigenen Wirksamkeit im freien Arbeitsvollzug:

> Ich hätte 1. in meiner Produktion meine *Individualität*, ihre *Eigentümlichkeit* vergegenständlicht und daher sowohl während der Tätigkeit eine individuelle *Lebensäußerung* genossen, als im Anschauen des Gegenstandes die individuelle Freude, meine Persönlichkeit als *gegenständliche, sinnlich anschaubare* und darum *über alle Zweifel erhabene* Macht zu wissen.

Die über alle Zweifel erhabene Macht klingt etwas hochtrabend, aber tatsächlich stimmt es, dass wir uns selten so wirklich fühlen, wie wenn wir etwas »geschafft« haben. Und der Sinn des Marx'schen Gedankengangs ist ja gerade, über den Moment hinauszuführen, in dem wir bloß selbstverliebt anstarren, was wir gerade gebacken haben.

Denn so richtig wird die Realität unserer Arbeit eben doch nur im Verhältnis auf andere bestätigt – wenn Dir der Kuchen auch schmeckt:

> 2. In deinem Genuß oder deinem Gebrauch meines Produkts hätte ich *unmittelbar* den Genuß, sowohl des Bewußtseins, in meiner Arbeit ein *menschliches* Bedürfnis befriedigt, also das *menschliche* Wesen vergegenständlicht und daher dem Bedürfnis eines andren *menschlichen* Wesens seinen entsprechenden Gegenstand verschafft zu haben.

Der Clou an dieser zweiten Wendung besteht darin, dass hier nicht nur jemand anderes mein Produkt genießt, sondern auch mir als Arbeitender ein einzigartiger Genuss zuteilwird, nämlich zu wissen, dass ich das konnte – etwas für den Genuss und Gebrauch schaffen. Es ist außerdem wichtig, dass Marx hier von »Genuß oder Gebrauch« spricht. Denn Bedürfnisse, die tätig befriedigt werden können, sind aus marxistischer Sicht nie nur »Lebensnotwendigkeiten«, keine Grundbedürfnisse, sondern was immer wir an Wünschen zu haben und zu erfüllen vermögen. Der Marxismus bricht mit einer bestimmten Form des Wachstums – der Kapitalvermehrung. Frugal ist er wahrhaftig nicht. Im Gegenteil gilt die Bereicherung um neue Bedürfnisse gerade als Zuwachs an menschlichen Gestaltungskräften. Unser Austausch macht deutlich, dass die Menschheit insgesamt mehr vermag, als man zuvor wissen konnte. Die dritte Bejahung ist deshalb eine, die die Zweisamkeit überschreitet und ein bestimmtes Verhältnis zur Menschheit insgesamt bejaht, nämlich dass ich für Dich eine Verbindung zum richtig organisierten Ganzen darstelle, zu der Menschheit, die Dich versorgen kann. Ich sehe mich also darin anerkannt,

> 3. für dich der *Mittler* zwischen dir und der Gattung gewesen zu sein, also von dir selbst als eine Ergänzung deines eignen Wesens und als ein notwendiger Teil deiner selbst gewußt und empfunden zu werden, also sowohl in deinem Denken wie in deiner Liebe mich bestätigt zu wissen.

Anders als in der sachlichen Herrschaft, wo wir uns gar nicht direkt begegnen und die Arbeit anderer jeweils nur tot und in Plastikfolie verpackt als Ware bei uns landet, stehen wir in der solidarischen Arbeit direkt im Kontakt. Das, was uns verletzlich und abhängig machen kann – der Hunger und die Liebe –, ist gerade das, was uns nun unsere Macht verleiht. Dass niemand ohne die Arbeit von anderen leben kann, wird zur Grundlage einer Freiheit, die viel weiter reicht als jede »wirtschaftliche Unabhängigkeit«. Denn wenn sich etwas ändert, wenn ich etwas Neues brauche, wenn etwas kaputtgeht, dann kann auch auf dieses neue Bedürfnis solidarisch eingegangen werden. Und meine Gegenüber tun es nicht nur, weil sie mir versprochen haben, im Unglücksfall zu haften, sondern weil sie im Geben ihre eigenen Gaben erkennen. Sie erleben das menschliche Vermögen, umeinander wissend zu schaffen und zu genießen. Das macht uns gemeinsam frei.

In der an Bedürfnissen orientierten Arbeit löst sich nach Marx deshalb letztlich der Unterschied zwischen Geben und Nehmen auf. Bedürfnisse zu erfüllen kann selbst zum Bedürfnis werden, man gebraucht darin seine Kräfte und genießt seine Bezogenheit, oder, wie Marx es in der vierten Bejahung ausdrückt, ich bejahe:

4. in meiner individuellen Lebensäußerung unmittelbar deine Lebensäußerung geschaffen zu haben, also in meiner individuellen Tätigkeit unmittelbar mein wahres Wesen, mein *menschliches*, mein *Gemeinwesen bestätigt* und *verwirklicht* zu haben.

Als arbeitende Wesen – arbeitende Wesen, die umeinander wissen können – besitzen wir also den Schlüssel zu einem Gemeinwesen, aus dem uns niemand aussperren kann. Dass sich in dem menschlichen Vermögen, anders zu arbeiten, ein unendlicher Reichtum verbirgt, fasst Marx schließlich im letzten Satz dieser vierschrittigen Passage zusammen, in der es heißt: »Unsere Produktionen wären ebenso viele Spiegel, woraus unser Wesen sich entgegenleuchtete.« In der solidarischen Arbeit sehen wir – wie in der freien Einzeltätigkeit – uns selbst. Aber wir sehen viel mehr. Als hielte man zwei Spiegel so, dass sie sich ineinander spiegeln, vervielfacht sich die Beziehung. Die Einzelnen bleiben darin erkennbar. Aber auch, dass zwischen ihnen eine ganze Unendlichkeit liegt.

Das Motiv der Unerschöpflichkeit, das sich ergibt, wenn Geben und Nehmen ineinander aufgehen, entspricht dem, was man als »Ökonomie der Fülle« bezeichnet. Die spiegelnden Wogen des aktiven Streiks bieten eine Kostprobe dieses Überströmens. Keine Mangelwirtschaft, in der man immer fürchten muss, mit leeren Händen dazustehen, sondern der Überfluss, der dem Leben so viel besser zu entsprechen scheint und der entsteht, sobald Hände ineinandergreifen. Die Ökonomie der Fülle wird von manchen Feminist_innen ausdrücklich als »weibliche Ökonomie« bezeichnet. Die französische Philosophin Hélène Cixous etwa betont an ihr »das Gebende-Gebärende« und beschreibt die Überschreitung jeder Vorstellung von Äquivalenz: »Sie gibt mehr. Ohne Sicherheit, daß ihr aus dem, was sie gibt, ein Gewinn erwächst, auch kein unverhoffter. Sie gibt zu leben, zu denken, umzuformen.« Die unendliche Regenerationskraft solidarisch eingebundener Arbeit übersetzt sich in ein Bild der Unerschöpflichkeit. Ähnlich formuliert auch die radikal antipatriarchale Psychoanalytikerin Luce Irigaray eine Utopie des Überflusses:

> Wo das Mehr ebenso das Minder der Reserve wäre. Wo die Natur sich ohne Erschöpfung verausgabte; sich ohne Arbeit austauschte; sich – geschützt vor männlichen Transaktionen – umsonst hingäbe: grundlose Lust, Wohlstand ohne Leiden, Lusterleben ohne Besitz. Ironie gegenüber dem Berechnen, dem Sparen, der mehr oder weniger räuberischen, gewaltsamen Aneignung, den mühsamen Kapitalbildungen.
> Utopie? Vielleicht. Aber vielleicht ist es ja auch so, daß diese Weise des Tausches seit jeher die Handelsordnung unterhöhlt.

Diese Vorstellungen sind mitreißend, aber gerade indem sie die Assoziationen zwischen Weiblichkeit und Gabe aufrechterhalten, schüren sie ein Unbehagen, das man bereits an Marx' sozialistische Koproduktion des Menschenwesens herantragen könnte. Tja, Marx, möchte man als Feminist_in entgegnen, bedürfnisorientiert arbeiten – das tun Frauen seit dreihundert Jahren, wenn nicht schon immer. Es wäre sinnvoll, auch die Herstellung von Elektroautos, Baumaterial und Atemmasken solidarisch zu gestalten. Aber dazu müssen wir nicht nur die Produktionsmittel vergesellschaften, sondern auch die Reproduktionsmittel. Denn so, wie die Geschichte gelaufen ist, ist der Blick für die Bedürfnisse des anderen, der Genuss am Erfüllenkönnen, kein allgemeines Vermögen. Es ist ein Vermögen, dessen viele Männer sich entledigt haben und das vielen Frauen als Bürde aufgezwungen wurde. Hey! Kannst Du kurz den Abwasch machen, Marx? Dann schreib' ich weiter!

Bedürfnisorientierte Arbeit ist nur dann frei, wenn sich die Fürsorgenden so vergesellschaften, dass keine_r je allein vor einer Aufgabe steht und jede_r ihrerseits ihre Bedürfnisse anerkannt weiß. Denn sobald in einer Arbeit auch nur entfernt das Leben auf dem Spiel steht – und in einer vernünftigen Gesellschaft wäre das ein großer Anteil der Arbeit, es würde ja kein Schrott mehr produziert –, kann sich erneut Unfreiheit ergeben. Wer das Bedürfnis hat, ist nicht mehr frei, denn er ist denen ausgeliefert, die es erkennen und erfüllen können. Das Patriarchat hat dieses Problem zu lösen versucht, indem es einem Teil der Bedürftigen Besitzrechte an den Sorgenden gewährt. Aber auch ohne zusätzliche Herrschaft sind die, die das Bedürfnis erkennen und erfüllen, nicht mehr frei. Sie können zwar weggehen, aber im Zweifelsfall nur als Mörder_innen. Es sei denn, da sind auch andere, die sich des Falls annehmen. Doch solange es immer wieder dieselbe Gruppe ist, die sich in Bedürfniserfüllung übt, hat es mit der Solidarität nicht geklappt. Erst wenn man wirklich spürt, dass alle ihre antrainierten Rollen verlassen könnten – und zwar ohne dass plötzlich ein brachialer Besitzanspruch zur Wieder-Einhegung ansetzt –, ist die solidarische Arbeit frei. Frei nicht nur vom Verwertungszwang der sachlichen, sondern auch vom Verfügbarkeitszwang der Sachherrschaft.

Solidarische Entvereigentümlichung also. Eine Gesellschaft, in der die Sorgefähigkeit allgemein ist und das Versorgtwerden auch, so dass Arbeit als Regenerationsfähigkeit wirken kann, ohne sich zu erschöpfen. An diesem Anspruch müssen wir jede Fabrik, jede Institution, jeden Haushalt messen.

Und dann müssen wir sie bestreiken. Anders bestreiken,

so, wie es der aktive Reproduktionsstreik vormacht: Er blockiert den Ausschuss abspaltender Arbeit und boykottiert von Herrschaft durchsetzte Arbeit, er bildet solidarische Chöre und Kollektive, die dafür sorgen, dass schon jetzt keine mit ihren Sorgen allein ist, und er fordert eine Gesellschaft, in der alle Arbeit Reproduktionsarbeit ist und alle Reproduktionsarbeit frei. »Wir streiken« heißt dann im Grunde: »Wir arbeiten längst anders. Ihr müsst nur noch aus dem Weg gehen.«

Das eingekapselte Leben

Im sechsten Kapitel war ausführlicher von einer souveränen, staatlichen Politik des Lebens die Rede. Diese Politik verspricht Schutz in Form von Isolation, sie trennt die Einzelnen voneinander, schließt einige ein und andere aus. In der Pandemie zeigt sich drastisch, was auch sonst gilt: Diese Politik des Lebens ist letztlich ohnmächtig. Sie kann zerteilen, aber nicht heilen. Selbst wo sie Fitness, Fleiß und Fruchtbarkeit propagiert, weiß sie doch nur die Gesunden zu verwerten und einen Teil von ihnen – die, die keine systemrelevante Arbeit leisten – vor Ansteckung zu schützen. Den Gebärenden, den Pflegenden, den Nährenden ebenso wie den Bedürftigen, Verletzten oder Infizierten – letztlich also uns allen – hilft nur Arbeit, regenerierende Arbeit. Obwohl diese Ressource überall vorhanden ist, wo Menschen sind, die umeinander wissen können, ist sie im Kapitalismus knapp und ständig am Rande der Erschöpfung. Denn Arbeit ist eine Ware und wird nicht dort bezahlt, wo sie das Leben regeneriert, sondern wo sie hilft, Wert und Ausschuss zu produzieren. Der Leviathan, der den ökonomischen Bereich unseres Lebens aus der demokratischen Politik heraushält, zieht sich aufs eigentumswahrende Schwert zurück und lässt die Hände der kapitalistischen Wirtschaft zufallen.

Der aktive Generalstreik könnte eine Wasserscheide bilden, um die Arbeit von der Verwertung zu entkoppeln und zu politisieren. Dabei steht ihm aber nicht nur der Leviathan entgegen, sondern auch eine gegenerische Politik des Lebens. Nicht die Revolution für das Leben, sondern die weißbürgerlich gepanzerte Lebenspolitik. Wo der Leviathan von oben spaltet und die Bürger_innen im Namen ihrer eigenen Sicherheit voneinander isoliert, spaltet die privatistische Lebenspolitk von unten. Sie verschanzt sich hinter einer selbst errichteten Befestigung, einer sich trotzig gebenden Verherrlichung des beschränkten Alltagslebens. Einschluss und Ausschluss treffen die Individuen nicht, sondern gehen von ihnen aus. Man befestigt diesen kleinen Flecken und verteidigt ihn gegen den Rest der Welt. Der eigenen Kapsel tritt alles Soziale – und selbst die staatliche Schutzpolitik – nur als Ruhestörung entgegen. Nicht das Disziplinarregime der Zelle, sondern das Sachherrschaftsregime der Parzelle: eine domestizierte Pionierphantasie. In der Wagenburg seiner vier Wände frei schalten und walten zu können, niemandem Rechenschaft zu schulden, erst recht nicht über die Ödnis und Langeweile, die diese vier Wände gemeinhin füllt – das ist das Schutzversprechen der Parzelle. Sie ist vornehmlich männlicher Phantombesitz, aber wenn sie nicht gerade selbst zur Beute werden, können Frauen sich in ihr auch recht bequem verpuppen. Die Parzelle wird mit dem wenigen, das in Zeiten umfassender Verwertung überhaupt noch privat ist, ausgestattet. Das bisschen Freizeit, Wohnraum und Kernfamilie, zu dem man es bei aller Erschöpfung gerade noch bringt. Zur Belohnung kann sich jede noch so kleine Kapsel im medial ausgestrahlten Abglanz von Luxuspalästen sonnen.

Mit den Superreichen verbündet sich das befestigte Leben

in der Hochschätzung des Eigentums, das man im Zweifelsfall am liebsten selbst verteidigt. Anfang April 2020 veröffentlichte der langjährige US-Kongressabgeordnete Paul Broun ein Wahlkampfvideo, um wieder als republikanischer Abgeordneter für Georgia ins Repräsentantenhaus einzuziehen. In dem Video schießt der Dreiundsiebzigjährige mit einer halbautomatischen Handfeuerwaffe anscheinend wahllos auf einen Waldrand und preist die Vorzüge des Geräts: »In unsicheren Zeiten wie den unsrigen ist das Recht, sich selbst, seine Familie und sein Eigentum zu verteidigen, von höchster Bedeutung«, lautet seine Botschaft. Und ob es »plündernde Horden aus Atlanta« seien oder eine tyrannische Regierung in Washington – es gäbe kaum eine bessere Freiheitsmaschine (»liberty machine«) als die AR-15, die am Ende des Clips verlost wird. Gewehr-Tombola anstatt Gesellschaftsvertrag, *liberty machine* statt Leviathan: zwei vollkommen gegensätzliche Schlüsse, aber gezogen aus derselben Angst um das Leben, das sich offen als Eigentumsverhältnis zu erkennen gibt.

Es ist ein interessanter Effekt der Covid-19-Pandemie, dass die kollektive und die individuelle Souveränität, das isolierende staatliche Schwert und die befestigende private Handfeuerwaffe, in eklatanten Widerspruch geraten. Normalerweise arrangieren sie sich gut: Die öffentliche Ordnung und die kapitalistische Verwertung lassen möglichst jedem seine Familie und seinen Phantombesitz, um sich darin selbst souverän zu geben. Aber die Quarantänemaßnahmen stören das gepanzerte Alltagsleben ganz gehörig. Das ist keine Ruhe, sich ständig die Hände waschen und mit Lappen vorm Mund rumlaufen zu müssen, zumal wenn man noch mitten in der Wüste des Sozialabbaus seinen Job oder Laden verliert. Paul Broun verglich bereits die Einführung von Obamacare, also der Ausweitung des Krankenversichertenschutzes, mit dem amerikanischen Bürgerkrieg, der von den Yankees in seinen

Augen zu Unrecht gegen die Südstaaten geführt wurde. Auf deutschen »Hygienedemos« setzen inzwischen einige Teilnehmer_innen gesetzlich vorgeschriebenen Impfschutz mit der Shoah gleich. Aber auch manche weniger wahnwitzige und geschichtsfälschende Bürger_innen wenden sich empört gegen eine Regierung, die sie gerade so erfolgreich vorm Seuchentod geschützt hat, dass die Gefahr für sie gar nicht recht fühlbar wurde. Denn man fühlt ja sowieso nichts, nichts außer diesem lästigen Phantomschmerz, den man innerhalb des eigenen Panzers hegt und als Beleg deutet, dass besser nur sein könnte, was früher gewesen ist.

Wehe, die Wogen von Emanzipation und Veränderung rütteln an der Befestigung! Dann muss die Parzelle um jeden Preis verteidigt werden, dann zeigt sich wieder ihr Wert – Panzerung als Selbstzweck –, dann hat man einen Vorwand, seine Vernichtungswünsche auszulagern. Wer in die Parzelle eindringt, darf erschossen werden. Rechtspopulistische Politik tut nichts anderes, als die Befestigung so verfasster Parzellen anzuheizen. Ihre Führer qualifizieren sich gerade dadurch, keine Führer zu sein, sondern sich genauso ungebührlich zu verhalten, wie man es in seiner Parzelle gern ungestraft täte. Sie empfehlen sich durch schlechtes Vorbild, durch rhetorisches Schulterklopfen und durchs Fingieren von Feindbildern. Und wenn man doch mal meint, den Schmutz abwaschen zu müssen, stimmt man ein Loblied auf die Familie an, die die bösen Feminist_innen zerstören wollen.

Es ist kein Zufall, dass der Feminismus ein so beliebtes Ziel der Verteidigungsreflexe befestigten Lebens ist, denn er macht die Panzerung nicht nur von außen, sondern womöglich auch vom Inneren des Alltagslebens her fraglich. Als Erfolgsgeschichte der Frauenrechte allerdings ist der Feminismus längst Teil des kollektiven Phantombesitzes geworden. Man ist offiziell stolz auf unsere Errungenschaften. Sie erlauben weißen Deutschen, ihre Verachtung gegenüber islamischen Kulturen als Fortschrittsverteidigung zu bemänteln. »Wir sind hier eben schon sehr viel weiter als die.« Parallel zu dieser reaktionären Aneignung fungiert eine entkörperte Form des Feminismus als Hassobjekt erster Güte: »Gender« ist das Phantom der Frauenbewegung, das zum Abschuss freigegeben wird. Das geschieht in einer Wucht, die einigen Theoretiker_innen das Leben nahezu unmöglich macht und die die in Geschlechtskörpern und Familienmustern befestigte Infrastruktur der Aneignung wieder sakrosankt werden lässt. Der Backlash ist ein Symptom feministischer Erfolge. Die Befestigung hat Risse. Aber er ist zugleich eine politische Katastrophe, weil er in genau dieser Form zum Angelpunkt für rechte und faschistische Bündnisse wird, die man sich kaum hätte träumen lassen. Wo sonst sind sich orthodoxe Katholiken, Neonazis und deutsche Feuilletonisten vollkommen offen einig?

Gegen diese Phalanx gibt es gar keine andere Möglichkeit als die Offensive. Ja. Natürlich will der Feminismus die Familie zerstören. Er will die Familie als Parzelle der Sachherrschaft zerstören. Er will die Familie als durch Rollendressur aufrechterhaltenen Schrumpfkommunismus zerstören. Aber dabei will er ihre eingeengten Beziehungen der Sorge und Solidarität nicht beschädigen, sondern befreien.

Was die Familie für viele so attraktiv macht, ist mehr als die Pionierphantasie. Familie ist nicht nur das private Hoheitsgebiet, sondern günstigstenfalls auch Schutzraum und warmes Nest. Es ist der einzige Ort, an dem Menschen über Jahre hinweg versorgt werden, ohne bezahlen zu müssen. Um diese Enklave am Laufen zu halten, geht man gern klaglos arbeiten. Und wenn es doch zu eng wird, dankt man es dem Markt doppelt, dass man sich lossagen und selbst versorgen kann. Ist der Job zu hart, spart man für Wellness und holt sich *hygge* ins Haus. Neben der Kollegialität am Arbeitsplatz ist die Familie der Kontext, in dem viele Menschen überhaupt Solidaritätserfahrungen machen. Diese Solidarität muss sich in den gegebenen Verhältnissen sehr intim mit der Herrschaft arrangieren. So entsteht der Eindruck, dass jede, die muckt, anstatt mit anzupacken – etwa feministische Kritik übt –, das letzte bisschen Glück verdirbt. Dann doch lieber die *liberty machine* in der Hand als die *liberation* auf dem Dach!

Diesen Abwehrreaktionen kann man nicht entgehen, man kann aber bei ihnen ansetzen und immer wieder zeigen, dass die Revolution für das Leben den Solidaritätserfahrungen nicht äußerlich ist – sie ist nur der Herrschaft gegenüber kompromisslos. Auch das ist forschender Streik: aufdecken, dass in beengten, vom Eigentum überschatteten Verhältnissen immer wieder Solidarität keimt, sie dort aber bloß vor sich hin kümmert, immer wieder von den Zwängen der Verwertung abgeschöpft und von der Ausbeutung zermürbt wird. Familien, wie wir sie kennen, stutzen Solidarität zur Unkenntlichkeit zurück. Sie sind nie weitschweifig genug, als dass die Sorgearbeit sich in ihnen erschöpfungsfrei regenerieren könnte. Geben und Nehmen bleiben sehr wohl geschieden. Es wird ohne Bezahlung versorgt, aber wahrhaftig nicht frei. Jedes bisschen Aufopferung wird als Schuld verzinst. Kinder müssen keine Rechnungen begleichen, aber sie werden von Erwartungen und Ansprüchen überwältigt, die in bürgerlichen Familien explizit der Aufrechterhaltung von Besitzverhältnissen dienen. Während es als undenkbar deklariert wird, das Erben einfach abzuschaffen, wird doch nach innen ständig austariert, ob die Erb_innen ihres Titels würdig sind. Wenn Nachkommen nicht wie vorgesehen funktionieren, finden Familien unzählige Wege, sie kaputtzumachen.

Es gibt tausend Weisen, einen Menschen spüren zu lassen,

dass man ihn nicht um seiner selbst willen versorgt, sondern weil er Glied der eigenen Familie ist. So wird keine Solidarität eingeübt, sondern Hierarchisierung nach erblicher Zugehörigkeit. Im besten Fall ist die Familie ein Schrumpfkommunismus, im schlimmsten entpuppt sie sich als Keimzelle des Faschismus.

Aber auch wo sich die Generationenverhältnisse patriarchaler Sachherrschaft und Besitzstandswahrung partiell auflösen, bleibt der Phantombesitz an der nächsten Generation bestehen. Kinderliebe ist durchsetzt von Verdinglichung: Wie häufig sehen wir Kinder nicht als freie, lebendige Wesen, sondern als Spiegel? Wie die Werke, von denen Marx schreibt, dass sie uns um unsere Persönlichkeit wissen ließen, »als *gegenständliche, sinnlich anschaubare* und darum *über alle Zweifel erhabene* Macht«. Als Nachkomme vergegenständlicht gehört das Kind den Eltern. Während nahezu niemand sonst es berühren darf, ohne sich verdächtig zu machen, haben sie eine exklusive Verfügungsgewalt, die leicht und unkontrollierbar zu Missbrauch oder auch »nur« Abwertung führen kann. »Childism« nennt die Psychoanalytikerin Elisabeth Young-Bruehl diesen aneignenden Bezug, der junge Menschen nicht als Neuanfänge gelten lässt, sondern als elterliches Hoheitsgebiet ausweist. Der Feminismus, der die bestehenden Familienformen und Verwandtschaftsnormen bestreikt, versucht, ein anderes Gebären und Geborenwerden zu ermöglichen: den Eintritt in die Freiheit.

Die feministische Revolution spült die Befestigungen der Sachherrschaft fort, aber nicht, um das Leben zu überwältigen. Sie befreit Einzelne, Bezugsgruppen und Gemeinwesen von Schwert und *liberty machine,* damit die bislang isolierte Solidarität anwachsen kann. Alle Mutterliebe ist Sehnsucht nach Kommunismus.

Einander zur Welt bringen

Eine Gesellschaft, die zu dem Zweck organisiert ist, für die Sorgenden zu sorgen, kann verschiedene Formen annehmen – eine der konsequentesten und radikalsten hat kürzlich Sophie Lewis in ihrem Buch *Full Surrogacy Now* ausformuliert. Mit ihrer leider noch nicht übersetzten ersten Monographie hat Lewis der materialistisch-feministischen Debatte auf einen Streich ein vollkommen neues Level politischer Entschlossenheit und dialektischer Raffinesse verliehen. Dass ihre queerkommunistische Vision auch für handfeste Skandale in der US-Öffentlichkeit gesorgt hat, nimmt nicht weiter wunder.

Die »reproduktive Kommune« zeichnet sich für Lewis ausgerechnet in der nüchternen Realität des wachsenden Markts für Leihmütter ab, die im globalen Süden Kinder für wohlhabende Erste-Welt-Paare austragen. Schwanger zu sein, das sieht man an diesem Handel, ist kein Zustand, sondern eine Arbeit. Lewis nennt sie: Amniotechnik, Fruchtwasser-Arbeit. Kommerzielle Leihmutterschaft – die Ausbeutung von Fortpflanzung in sachlicher Herrschaft – zeigt, dass Schwangerschaft nicht auf ewig nur in der als Idyll verklärten Sachherrschaftsparzelle stattfinden muss. Auch Fruchtwasser-Arbeit ist gesellschaftlich und übertragbar.

Das Buch empfiehlt indessen nicht, vom Regen der Kleinfamilie in die Traufe käuflicher Kinder zu wechseln. Die Aufhebung beider Formen, die Lewis in den Raum stellt, lautet »volle Leihmutterschaft«, nichts als Leihmutterschaft. Auf gewisse Weise sind wir in arbeitsteiligen Informationsgesellschaften immer schon alle Produzent_innen von einander. Es bedarf einiger institutioneller Phantasie, sich aus einer Gesellschaft wie der unseren heraus vorzustellen, dass wir uns auch dementsprechend verhalten könnten. Aber wenn wir uns wirklich als wechselseitige Produzent_innen erkennen würden, bräuchte man sich nicht an die eine Mutter zu klammern wie ein Ertrinkender an die Scholle. Das ganze Meer böte Nahrung und Nestwärme. Und es trüge und versorgte vor allem auch alle (Leih-)Mütter. Das heißt nicht, dass sich nicht zwischen zwei Körpern, die mal eine Nabelschnur verband, ein inniges Verhältnis entwickeln dürfte. Es heißt aber, dass nichts dafür spricht, dieses Verhältnis exklusiv zu halten. Es ist keine Eigentumsbeziehung.

Die Revolution für das Leben übt auf ihre Weise volle Leihmutterschaft. Sie kehrt den Weltverlust um, indem sie Verlassenes und Ausgestoßenes wieder annimmt. Aber sosehr es in ihr um die Welt geht, muss sie doch zugleich den subjektivierten Weltanteil mitberücksichtigen. Revolution für das Leben heißt auch, einander zur Welt zu bringen, immer wieder, in jeder Situation. Wir müssen nicht nur Zugang zu Gemeingut erkämpfen, sondern einander gemein machen. Phantombesitzansprüche über Bord werfen helfen, Wehen unterstützen, gemeinsam die Wellen »alter See« brechen.

Gegenseitige Hilfe in weitschweifender Verbundenheit ist eine unendliche Ressource. Sie von der selten ganz unblutigen Amniotechnik her zu denken, hilft, sich keine zu harmonische und symmetrische Vorstellung von Solidarität zu machen. Lewis weist darauf hin, dass »Amnion«, die Fruchtblase oder Eihaut, vom griechischen Wort für »Lamm« kommt – eine Assoziation mit Milde, die sie als irreführend verwirft.

Ich denke sofort an den Schafstall. Die erste Arbeit, an die ich mich erinnere – ich war vielleicht vier –, war das Füttern von Flaschenlämmern. Es kommt bei Schafen häufig vor, dass sie ein Junges nicht annehmen, und das zieht man dann »mit Hand« auf. Betriebswirtschaftlich kann sich das eigentlich nicht rechnen, aber diese kleinen Bündel nicht trocken zu rubbeln, ihnen nicht die Reste der Eihaut von der Nase zu pulen und ihnen, nachdem man selbst einen Schluck aus der Milchpulle genommen hat, um die Temperatur zu prüfen, nicht das Saugen beizubringen, war überhaupt keine Option. (Wobei die Tatsache, dass die Kinder mitmachten, nahelegt, dass die Zeit durchaus schwer aufzubringen war.) Die Unrentabilität steigerte sich noch, wenn die Kinder mitunter die Regel vergaßen, dem Schlachtvieh keine Namen zu geben. Es gab mal einen Schafbock, der noch ausgewachsen auf dem Hof war, weil ich ihn getauft hatte – besonders geschickt übrigens mit dem Zweitnamen meines Vaters. Mild sind ehemalige »Buddellämmer« nicht gerade. Als ich acht oder neun war, hat Johannes mich mal mit seinem Kopf so auf den Hofplatz geboxt, dass alle Knie, Ellenbogen und Handballen blutig geschrammt waren. Die Universalisierung von Sorge bedeutet nicht, dass wir fortan in einer heilen Blase wandeln. Sie stellt die Verletzungen nur in einen anderen, einen flüssigeren Zusammenhang. Das Böckchen verwendete Kraft, die ich ihm eingeflößt hatte, und ich konnte reinlaufen und getröstet werden. Alles Leihmutter-Power, und genug davon. Gerechtigkeit kann in der insgesamt sorgenden Gesellschaft immer über diverse andere Kanäle wiederhergestellt werden. Umfassende Leihmutterschaft bedeute schließlich auch, dass Eltern die reale Freiheit haben, ihre Kinder zu verlassen. Sie sind ja nicht die Einzigen. Während Homogenität und Herrschaft schon durch vereinzelte Widerstandsmomente irritiert werden, kann Solidarität in wilder Verbundenheit einiges an Querschlägerei vertragen.

Das übrigens auch schon vor der Revolution. Eine meiner eindrücklichsten Demonstrationserfahrungen machte ich bei einer großen antifaschistischen Demonstration in Verona im April 2019. Die dortige Ortsgruppe von NonUnaDiMeno, der italienischen Variante von NiUnaMenos, hatte die Demo unter dem Motto »Transfeminist City« organisiert. Anlass war der Protest gegen den von rechtsradikalen und fundamentalistisch religiösen Netzwerken abgehaltene »World Congress of Families«, zu dem auch Matteo Salvini als Sprecher beitrug. Ich hatte am Vortag einen kleinen Redebeitrag auf einer feministischen Versammlung geleistet und lief zusammen mit meiner Belgrader Kollegin und Freundin Adriana Zaharijević in der wogenden Menge staunend durch die Stadt. Die Demo bildete bei weitem die größte antifaschistische Mobilisierung, seit die Lega Nord gut ein Jahr zuvor in die Regierungskoalition eingetreten war. Die Zusammensetzung war herrlich – überall die unglaublich entschlossenen und umsichtigen Aktivist_innen von NonUnaDiMeno, aber auch ältere Veteran_innen des italienischen Feminismus mit wilden grauen Mähnen, eine Abordnung der Partisanenverbände mit Trompeten, Kinder und Enkelkinder, Neurowissenschaftler_innen, die zuvor noch nie auf einer Demonstration gewesen waren, sich aber diesmal zu sehr darüber geärgert hatten, dass die homophoben Anti-Gender-Agitator_innen Unwahrheiten über ihr Fachgebiet verbreiteten. (Im Vorfeld des Familenkongresses hatte es in etlichen Kleinstädten eine antifeministische Veranstaltung zu Hirnforschung und Geschlechtsidentität gegeben, die auf einem einzigen »Forschungs«-Aufsatz aus dem Jahre 1936 basierte.) Als der Demonstrationszug um eine Straßenecke bog, stand auf dem Balkon einer katholischen Vereinigung eine unheimlich schöne Frau und tanzte ausdauernd. Sie hatte sich ein Transparent auf den Bauch getaped, auf dem »Salvini, non mollare!« stand. Das heißt, wie ich erst mal herausfinden musste, »Salvini, gib nicht auf!« Die Tänzerin ist in Italien recht bekannt, sie hat sich als Lega-Nord-Anhängerin einen Namen gemacht. Selbst Transfrau und Sexarbeiterin mit türkischem Migrationshintergrund, bietet sie eine etwas schillerndere Variante des vermeintlichen Paradoxes, dass

Menschen auch gegen ihre eigenen Gruppeninteressen politisch Stellung beziehen können. Ich gebe zu, ich war an dem Tag unmäßig gut gelaunt und siegesgewiss (und fand sie wirklich sehr schön). Aber für mich war diese Tanzeinlage, angesichts derer die Menge nicht in Pöbeleien, sondern in Bella-ciao-Gesang ausbrach, die Krönung der Demonstration. Denn am Ende unterscheidet sich doch genau daran ein solidarisches von einem faschistischen Kollektiv: dass in seiner Mitte selbst noch seine Gegner sicher tanzen können.

Sorgearbeit ist nie unkompliziert, selbst nach der Revolution wird sie nicht von selbst regenerierend sein. Und noch haben wir uns fast gar nicht zur Welt gebracht. Auch im solidarischen Rahmen können einzelne Beziehungen zerreißen, gerade im solidarischen Rahmen ergeben sich Auseinandersetzungen darum, wie Bedürfnisse gedeutet und bedacht werden sollten. Solche Auseinandersetzungen sind Teil der Arbeit, sie bilden einen vielstimmigen Chor, aber keinen, in dem die einen nur »ich« schreien und die anderen nicht atmen können. Diese Auseinandersetzung lässt sich nicht dadurch auflösen, dass jede und jeder für sich selbst spricht, denn in der Sorgearbeit sind häufig Entscheidungen über weitgehend Sprachloses zu fällen, vom Regenwurm bis zum Säugling. Erst recht in dem Spätstadium der Umweltzerstörung, in dem wir uns befinden, ist Regeneration nicht durch bloßen »Schutz« zu haben. Wir müssen politisch entscheiden, was wir mit Giftstoffen und Treibhausgasen machen, wie wir auf invasive Arten reagieren und wie es aussehen könnte, nicht nur innerhalb der menschlichen Gattung, sondern innerhalb des gesamten planetaren Ökosystems Solidarität zu üben. Die reproduktive Weltkommune wäre somit auch ein Stimmengewirr, in dem wir miteinander um das Verständnis möglichst weitreichender Zusammenhänge ringen. Einander zur Welt bringen heißt dann, die Perspektive der »zärtlichen Erzählerin« einzunehmen, die die polnische Schriftstellerin Olga Tokarczuk in ihrer Nobelpreisrede entwirft: eine Perspektive, aus der sich die wechselseitige Verwobenheit des Lebens, so gut es geht, erschließt. Aus solchem Wissen können wir umsichtige Entscheidungen darüber fällen, welche Lebenszyklen wir nähren und halten und welche Herrschaftskreisläufe wir brechen wollen – was wir auswildern und was wir »mit Hand« großziehen.

Die Erde ist kein Besitztum, auch keines, das wir von »unseren« Kindern geliehen hätten. Die Erde gewährt uns Ko-Leihmutterschaft. And the ocean is nobody's bitch.

TEILEN
(Güter)

Die Welt ist ein Ensemble von Gezeiten. Sie setzt sich aus Kreisläufen zusammen, in denen das Leben Materie transformiert. Menschliche Arbeit kann lebendige Zyklen bewusst reproduzieren; aber das Leben regeneriert sich auch »natürlich,« das heißt ohne externe Zielvorgabe. Die Kreisläufe sind unendlich verwoben, sie erstrecken sich über ganz unterschiedliche Zeitspannen – Atemrythmen, Vegetationsperioden, Produktionszyklen.

Menschliche Arbeit stellt Welt gezielt her. Sie speist nährende und formende Energie in bestimmte Gezeiten ein – Flaschenlämmer füttern, Mikrochips programmieren, Lastenfahrräder schweißen. Alles planvolle Fertigen von Gegenständen ist in Stoffwechselzyklen situiert; wir führen uns diese nur selten in Gänze vor Augen.

Solidarisch zu arbeiten heißt, füreinander Welt herzustellen. Die menschliche Kreativität erlaubt uns dabei, dass wir auch neue, raffinierte Bedürfnisse erfüllen. Trotzdem bleibt die Arbeit reproduktiv in den Zyklus von Wunsch und Genuss eingebunden. Menschliche Umsicht erlaubt zudem, sich nicht nur an unmittelbar artikulierten Bedürfnissen zu orientieren, sondern auch die Reproduktionsbedingungen der natürlichen Welt zu berücksichtigen oder zwischen verschiedenen Ansprüchen abzuwägen.

Solange aber die Verwertungsspirale des Kapitals Ressourcen aus lebendigen Kreisläufen absaugt, ohne sich um die Gezeiten ihrer Regeneration zu scheren, kann auch eine neuorientierte Arbeit immer wieder kapitalistisch verwertet werden. Wir können uns in größerem Maße umeinander und um die Welt kümmern, aber Profitieren tun weiter die Trichterbesitzer, die Zeit kaufen und Weltanteile wegschaufeln. Deshalb ist andere Arbeit auf einen anderen Güterverkehr angewiesen. Sie braucht Zugriff auf die Stoffe, die durch die Gezeiten zirkulieren, um die Welt wirklich vor fortgesetzter Erschöpfung zu retten.

In ihrem Buch mit dem sprechenden Titel *Keine Enteignung ist auch keine Lösung* beschreibt die Publizistin Sabine Nuss gesellschaftliches Eigentum – das Gemeineigentum einer solidarischen Gesellschaft – folgendermaßen: »Gesellschaftliches Eigentum wäre deshalb nicht mehr ›privat‹, sondern gesellschaftlich, weil jene, die den Reichtum tatsächlich produzieren, die Verfügungsmacht über die Produktionsmittel innehaben, um sie einem neuen Zweck zu widmen: sich als Gesellschaft unter lebensfreundlicheren Bedingungen zu reproduzieren.«

Um sicherzustellen, dass das Kapital die Welt nicht weiter ausplündert, müssen wir es in eine andere Form des Eigentums überführen. Eine, die es uns erlaubt, demokratisch zu bestimmen, wie wir die ohnehin geteilte Welt am besten gestalten. Gesellschaftliches Eigentum würde bedeuten, auch die Maschinen andere Gezeiten lehren zu können als den einen, stupiden Dreh: immer in denselben Trichter baggern, bis von der Welt nichts mehr übrig ist.

Im Boden lassen

Das Aktionsbündnis Ende Gelände tritt in vieler Hinsicht das Erbe der deutschen Anti-Atombewegung an und verbindet in direkten Aktionen zivilen Ungehorsams Umweltfragen mit Kapitalismuskritik. Die Gruppe ist der von Akteur_innen aus dem globalen Süden angestoßenen Klimagerechtigkeitsbewegung zuzuordnen, die sich 2007 unter dem Namen »Climate Justice Now!« in Bali als Netzwerk formiert hat.

Die Arbeitsteilung innerhalb des deutschen Umweltaktivismus hat sich im Juni 2019 beim Klimaaktionswochenende besonders eindrücklich bewährt. Vom 19. bis zum 24. Juni 2019 waren insgesamt 40000 überwiegend junge Menschen in und um Aachen auf der Straße. Ein von Fridays for Future angemeldeter Demonstrationszug zog direkt an der nördlichen Grubenkante des Braunkohletagebaus Garzweiler entlang. Aus ihm heraus lösten sich 1500 Aktivist_innen von Ende Gelände – allesamt in Gold angesprühten Schutzoveralls und mit Masken – und rannten die Abbruchkante hinunter. Diejenigen, die an der heftig von Schlagstöcken Gebrauch machenden Polizeisperre vorbeigelangten, begannen in der Grube ausgelassen zu tanzen.

»Grube« ist ein verniedlichendes Wort für diese Mondlandschaft. Ein elf Hektar großer, in Stufen abgebaggerter Krater, der bereits die Häuser von Tausenden Dorfbewohnern, Ackerland und Waldflächen verschlungen hat. Kahle, staubige, leergeschaufelte Erde. Wie ein Amphitheater für Giganten, in dem die Aktivist_innen mit ihren schillernden Kostümen auf Ameisengröße schrumpften. Und natürlich ist auch etwas Grandioses an dieser Ödnis. Etwas, das auf Planung und Können verweist. Es ist nicht an sich falsch, irgendwo die Erde zu bewegen, und ich verstehe gut, dass die Arbeit mit diesen Maschinen reizvoll ist. Ich kriege selbst

Bauchkribbeln, wenn ich mir vorstelle, im Führerhäuschen so eines Riesenbaggers zu sitzen. Nicht die Tätigkeit des Baggerführens soll aufhören – die man schließlich auch bei Renaturisierungsanstrengungen einsetzen kann –, sondern die Kontrolle von Firmenleitungen über die Bodenschätze der Erde.

Denn was grundfalsch ist, ist ein Gezeitenwerk von Jahrmillionen aufzulösen, um es innerhalb von ein paar Jahrzehnten zu verfeuern. Das Ergebnis der Inkohlung, in deren Verlauf Grünpflanzen zu Torf und schließlich Braunkohle wurden, wird hier nämlich nicht vernichtet, um eine unvergleichlich sinnvolle menschliche Gemeinschaftstat zu vollbringen. Alles, worum es geht, ist der Profit von ein paar Konzernen. Nebenbei gelingt es zwar, Heizwärme, Strom und Konsumgüter in eine erodierende Gesellschaft zu pumpen – aber das zu einem Zeitpunkt, an dem sich fossile Energieträger ersetzen ließen und wir längst wissen, dass die Abfallprodukte dieser Verbrennung den Planeten zum Inferno machen.

Diese Mondlandschaft ist also nicht um einer menschlichen Wundertat willen entstanden, sondern in Verlängerung einer Untat. Die Kohleverstromung verlängert nicht nur den Raubbau an der Natur, sie verschärft auch das Ausbeutungsverhältnis zwischen komfortabel eingekapseltem weißen Leben in den Industriestaaten der Nordhalbkugel und weiterhin vom Kolonialismus gezeichnetem Leben im globalen Süden. Die fünf rheinischen Kohlekraftwerke verwerten neben der im heimischen Tagebau gewonnenen Braunkohle auch Steinkohle, die in Kolumbien unter katastrophalen Bedingungen abgebaut wird. Die von einem multinationalen Bergbaukonglomerat betriebene Grube El Cerrejón im Nordosten Kolumbiens ist sechsmal so groß wie Garzweiler und hat bereits 60 000 Menschen von ihrem Land vertrieben. Die

Kohlegewinnung vernichtet den Lebensraum von Kolumbiens größter indigenen Bevölkerungsgruppe, den Wayúu, sie verschmutzt den Fluss Ranchería und verpestet die Gegend mit Quecksilber und Feinstaub. Aber auch das bei der letztendlichen Verbrennung in deutschen Kraftwerken freigesetzte CO_2 bleibt nicht vor Ort. Das Treibhausgas verteilt sich in der gesamten Atmosphäre und sorgt in den Weltregionen, deren Emissionen vergleichsweise gering sind, für die verheerendsten Folgen.

Im Rheinland selbst bietet sich im kleineren und eingehegteren Maßstab dennoch ein ähnliches Bild wie in Kolumbien. Die Feinstaubbelastung in der Tagebauregion liegt deutlich über europäischen Grenzwerten; auch hier und in der Lausitz werden Dörfer zwangsgeräumt und abgebaggert, auch hier droht die Ernte auf dem Halm zu vertrocknen. Letzteres liegt neben der allgemeinen Klimaerwärmung daran, dass Unmengen von Grundwasser in den Rhein abgepumpt werden müssen, damit die Gruben trocken bleiben, was die Wasservorräte der Region schröpft. Nichtsdestotrotz verpflichtet der Staat sich durch seine Auffassung der Eigentumsgesetze dazu, diese Destruktionsstätte als Privateigentum der Firma RWE zu schützen – besser zu schützen, als das meiste sinnvolle Privateigentum (Fahrräder, Häuser, Handtaschen) geschützt wird.

Bei der Protestaktion im Sommer 2019 hatten sich die Aktivist_innen von Ende Gelände von ihrem zwanzig Kilometer entfernten Camp aus in verschiedenen, farblich getrennten »Fingern« organisiert und zu Fuß auf den Weg zu verschiedenen Knotenpunkten der Kohleinfrastruktur gemacht. Die Finger erlauben die taktische Aufgabenteilung und differenzieren die Bewegung intern. Anders als bei kleineren Maschinenbesetzungen, wird der Verlauf der großen Protestaktionen im Vorfeld detailliert geplant und demokratisch abgestimmt. Nach dem Demokratieverständnis der Bewegung heißt das, dass Konsens über das gemeinsame Vorgehen herrschen muss. Nur das, womit alle ausdrücklich einverstanden sind, passiert, und letzte offene Entscheidungen werden auf dem Plenum im Camp gefällt. So ein Verfahren ist aufwändig, aber es fundiert auch eine unglaubliche Dynamik, die sich ergibt, wenn auf Basis wirklich geteilter Übereinkünfte kollektiv agiert wird. Und es kann manchmal auch sehr schnell gehen. So wurde im Juni 2019 noch nach Bezug des Camps spontan die Formierung eines zusätzlichen »bunten« Fingers beschlossen, in dem Menschen im Rollstuhl, Kinder, und andere, die keine längeren Märsche und waghalsigen Kletteraktionen unternehmen wollten, am Protest teilnahmen. Dass neben dem bereits erwähnten goldenen auch der rote Finger vom Südende her in die Grube gelangte, verdankte sich einer vom bunten Finger errichteten Straßenblockade, die der Polizei den Weg abschnitt.

In der direkten Aktion werden die Ressourcen der widerständigen Körper bereits sehr effektiv geteilt. Mit der Vergesellschaftung der Trichter und Bagger geht es indessen nicht so schnell. Die Proteste eröffnen bestenfalls einen Ausblick auf ein Ende jener Wirtschaft, in der Großkonzerne mit der Verwandlung von Kohle in Treibhausgas Gewinne einfahren. Die konkrete Protestform der Besetzung von Kohleinfrastruktur setzt nur für einige Stunden – oder im Juni 2019 beachtliche zwei Tage lang – die Forderung um, die die Bewegung leitet und auch mit Fridays for Future vereint: »Leave it in the ground!« – »Lasst es in der Erde!«

»Leave it in the ground« bezieht sich neben den Bodenschätzen auch auf die Baumwurzeln, insbesondere die des Hambacher Forsts, der dem Tagebau Hambach, der größten der drei rheinischen Braunkohlegruben, nach und nach zum Opfer fällt. Hartnäckige Proteste und einfallsreiche Baumbesetzungen skandalisierten die Rodung der seit tausend Jahren bewaldeten Fläche. Im Oktober 2018 stoppte das Oberverwaltungsgericht Münster die Abholzung in letzter Minute. Der Etappenerfolg verweist aber auch darauf, dass der Schutz von Natur aussichtslos ist, solange Firmen Sachherrschaft über die Erde erwerben können: RWE baggert nun so dicht an die Waldkante, dass dem Forst die Grundwasserzufuhr abgeschnitten ist und die Bäume vertrocknen.

Die Besetzungen, bei denen sich Aktivist_innen im Zuge größerer oder kleinerer Aktionen an Bagger und Förderbänder festschweißen, bringen kurzzeitig die Räder zum Stillstand. Sie weisen zumindest daraufhin, wo die Notbremse wäre. Die Aktivist_innen verbreiten in ihren Aufrufen, in den um Verständnis werbenden Briefen an Anwohner_innen und in den Aktionsvideos viel gute Laune und Zuversicht. Man sieht, dass diese jungen Menschen lieber handeln, als gelähmt zuzuschauen, und dass sie es genießen, wie es wiederholt formuliert wird, »mit den eigenen Körpern die Kohleinfrastruktur zu blockieren«.

Wenn die Klimaaktivist_innen in wehenden Schutzanzügen in die Grube stürmen oder sich im Dickicht des vom Abbaggern bedrohten Hambacher Forsts einnisten, vermitteln sie dennoch auch ein archaischeres Bild. Die besetzenden Gruppen wirken wie Rächer_innen, die von dort gekommen sind, wo die Kohle eigentlich hätte bleiben sollen: aus der Erde. Wie die vorzeitlichen Furien, die gemäß der griechischen Sagen aufstiegen, um Orestes seinen Muttermord vorzuhalten, weigern sich die Aktivist_innen, ihren Gesellschaften den fossilen Kapitalismus durchgehen zu lassen. Gerade weil es in vieler Hinsicht zu spät ist, lassen sie nicht locker. Auch wenn immer noch Kohle brennt und geschürft wird, kann sich das Begehren artikulieren: »What do we want? Climate justice! – When do we want it? Now!« (»Was wollen wir? Klimagerechtigkeit! – »Wann wollen wir das? Sofort!«) Denn für die Klimagerechtigkeitsbewegung beläuft sich das Ziel nicht nur auf die Verringerung der Erderwärmung. Vielmehr beharrt die Gerechtigkeitsforderung darauf, mit den Folgen der Klimakrise solidarisch umzugehen. Das bezieht eine ganz neue, durchaus unheimliche Dimension ins Gerechtigkeitsverständnis ein. Wir haben nicht nur Reichtum umzuverteilen. Wir haben auch Gift, Desaster, Gezeitengeröll zurückzunehmen. Die Furien, die sich weigern, das Unrecht zu übergehen, wissen es: Weltwiederannahme ist ein dreckiger Job. Die Verursacher des Notstands sollen ihren Wohlstand nicht in Steueroasen verprassen, während in Sibirien der Permafrost taut, in Somalia, Äthiopien und Kenia Heuschrecken die Ernte vernichten, in Indien das Trinkwasser ausgeht und in Brasilien, Bolivien, Venezuela, Kolumbien, Paraguay und Peru der Amazonas brennt.

Dass ein Teil der Aktivist_innen in relativem Wohlstand und mit guten Bildungschancen aufwuchs, wiegt ihnen die Weltzerstörung nicht auf. So leicht lassen sie sich nicht beschwichtigen. Für einige ist im Gegenteil »ein Leben unterhalb der Pfändungsgrenze« gut denkbar, was ihnen die Angst vor den horrenden Schadensersatzforderungen nimmt, die RWE erhebt, obwohl nicht einmal Maschinerie zu Bruch gegangen ist. Schadensersatz. Wieso zahlt eigentlich RWE keinen Schadensersatz an die vom Klimawandel am stärksten betroffenen Regionen? Das ist eine gute Frage. Die Antwort lautet, dass es RWE dann nicht mehr gäbe. Kein kapitalistisches Unternehmen könnte gegenwärtig noch Gewinn machen, wenn wirklich alle Folgekosten der Produktion beglichen würden, wenn also Wert nur noch entstehen dürfte, wo nichts rücksichtslos als Auswurf fallen gelassen würde – nicht die Dörfer um die Grube, nicht das Quecksilber im Abwasser, nicht der Feinstaub in den Lungen der Anrainer, kein Tropfen Gletscherschmelzwasser.

Aber es könnte ohnehin keine Summe Geldes den Weltverlust begleichen. »Betroffen« sind ja auch nicht die von der Erwärmung beschädigten Regionen insgesamt. Die Reichen werden sich jeweils weiter versorgen oder absetzen können, bei den Armen brechen die grundlegenden Reproduktionszyklen zusammen. Feinstaub atmen. Quecksilber trinken. Spreu ernten. In der Fremde wohnen. Die Kohle in der Erde zu lassen ist also Teil eines weitschweifenderen Kampfs, dessen Front nicht nur zwischen Bodenschatz und Baggerschaufel verläuft. »Friede den Gruben, Stress den Palästen.«

Besetzung und Verwurzelung

Im antiken Drama lassen sich die Furien beschwichtigen, als ein Gerichtshof errichtet ist, vor dem Vergehen verhandelt werden und der Anspruch der Gerechtigkeit gewahrt bleibt. Aber ihr Anlass zur Empörung war ein einzelnes Verbrechen. Wie richtet man den von einer gesamten Lebensform aufrechterhaltenen Destruktionszusammenhang? Seine fortlaufenden Effekte würden vom Schuldspruch völlig unberührt weiterwirken. Kein einmaliger Akt der Kompensation wird dieser Lage gerecht. In einer Welt, deren Lebensgrundlage angegriffen ist, gibt es Gerechtigkeit nur in anhaltender anderer Arbeit und in der Vergesellschaftung sowohl von intakten Grundgütern als auch von gebrochenen Gezeiten. Gerechtigkeit funktioniert nicht mehr korrektiv, sondern nur aus neuen, solidarischen Gemeinwesen heraus.

Die Besetzungen lassen sich aus dieser Perspektive noch einmal neu betrachten. Nicht als flüchtige Blockaden der

Kohleextraktion, sondern als Ansatzpunkte eines rebellischen Universalismus, der darauf zielt, die Welt wirklich zu teilen – auch wenn das Kollektiv vorerst über nicht viel mehr Welt verfügt, als es selbst mitbringt. Ende Gelände begegnet der Aufgabe, auch selbst ein Gemeinwesen zu werden, indem die Aktivist_innen nie einzeln am Protest teilnehmen, sondern Bezugsgruppen bilden. Diese Elementareinheiten sind ihrerseits den Prinzipien von Solidarität und Konsens verpflichtet und bestehen aus drei bis sieben Leuten, die beieinanderbleiben, aufeinander achten und die Aktion gemeinsam vor- und nachbereiten. In einer pragmatischen Checkliste für Bezugsgruppen finden sich folgende Ratschläge:

> Sprecht über eure Bedürfnisse:
> - Was wünscht ihr euch voneinander?
> - Wo liegen eure persönlichen Grenzen für die Aktion?
> - Wie soll eure BG [Bezugsgruppe] mit euren Erwartungen und Grenzen umgehen?
> - Was können eure BG-Mitglieder für euch tun, wenn es euch schlecht geht?
> - Brauchen BG-Mitglieder regelmäßig bestimmte Medikamente? Zeigt/erklärt euren BG-Mitgliedern, wo in eurem Gepäck eure Medikamente zu finden sind.
>
> Vereinbart, wie ihr Entscheidungen treffen wollt:
> - vereinbart Handzeichen (Zustimmung, Veto, Richtungsanzeigen, »Kommt zusammen zum Besprechen« etc.)
> - übt schnelle konsensorientierte Entscheidungsfindung auch schon im Alltag oder im Camp (sollen wir uns ein Bier holen oder schlafen gehen? etc.)

Die Berücksichtigung dieser Punkte würde vermutlich alle Zusammenarbeit und Zwischenmenschlichkeit verbessern.

Vielleicht sollte man genau so beginnen, überall dort, wo eine Institution der Sachherrschaft fällt – wo ein Gefängnis geschlossen, eine Grenze geöffnet oder eine Firma vergesellschaftet würde. Oder auch nur dort, wo sich irgendein Zwischenraum innerhalb der bestehenden Ordnung auftut. Sprecht über eure Bedürfnisse. Vereinbart, wie ihr Entscheidungen treffen wollt.

Die jüdisch-französische Philosophin Simone Weil verfasste im Zweiten Weltkrieg, in ihren letzten Lebensjahren, eine Erklärung der Pflichten der Menschen. Als Anarchistin schien ihr eine auf Rechte gegründete politische Ordnung zu eng mit dem Gewaltmonopol des Staates verknüpft. Als katholische Mystikerin empfand sie vielleicht zudem, dass menschliche Güte nur in einer Demokratie der Gemeinen, und nicht in einer der Besitzenden, wirken könne. Weil verankert die Pflichten gegenüber den Menschen, wie die Solidarität, in den Bedürfnissen der Menschen. Sie ordnet jede Verpflichtung einem Bedürfnis zu und erklärt die Bedürfnisse insgesamt für »heilig«.

Als theologische Denkerin reflektiert Weil zunächst nicht noch einmal auf die Geschichtlichkeit der von ihr aufgelisteten Bedürfnisse. Sie betrachtet sie als Offenbarung, so dass auch die Pflichten ihnen gegenüber überzeitlich dieselben bleiben. Wir brauchen ihrzufolge immer Nahrung und Behausung, wir brauchen immer Gleichheit und Hierarchie, immer Sicherheit und Risiko, immer Ordnung und Freiheit. Durchweg irdische Solidarität könnte aber dynamischer sein. Denn sie rekurriert nicht auf eine externe Quelle unendlicher Güte, sondern auf die unerschöpfliche Wechselseitigkeit, die sich ergibt, wenn die Erfüllung deiner Bedürfnisse mir selbst zum Bedürfnis wird, sich also Bedürfnisse ineinander spiegeln, anstatt Pflichten zu begründen. Weil kommt dieser

Vorstellung insofern sehr nah, als sie ein »über alles andere hinausreichendes« Bedürfnis ansetzt: das nach Verwurzelung. Die Verwurzelung besteht in der realen, aktiven und natürlichen Teilhabe eines Menschen an einer Gemeinschaft. Obwohl Weil wiederum traditionelle Beispiele für Gemeinschaften wählt, geht es dabei nicht um irgendwelche Gemeinschaften. Es müssen Gemeinschaften sein, die der Seele erlauben, mit dem Universum in Verbindung zu stehen. Verwurzelung ist für Weil so gesehen etwas sehr Ähnliches wie »Freiheit« für den Linkshegelianer Marx: die Teilhabe an gesellschaftlichen Organisationsformen, die ihrerseits Freiheit verwirklichen. Wo aber wurzeln, wenn die gegebenen Verhältnisse solche der Herrschaft sind? Bleibt dann nichts als wurzelloser Protest, als furienhaftes Aufbrausen aus der Erde?

In eine Broschüre von Ende Gelände heißt es:

> [W]ir wollen die Zerstörung und Ungerechtigkeit dort aufhalten und anprangern, wo sie passiert. Und wenn Aktionen die Blüten unserer Bewegung sind, dann ist die Organisierung unser Wurzelwerk. Deshalb feiern wir die Schönheit unserer gemeinsamen Arbeit und der achtsamen Organisierung, die uns in der Klimagerechtigkeitsbewegung besonders erscheint. Für uns ist dieser Teil entscheidend. Denn die Art, wie wir uns organisieren, wie wir miteinander umgehen und zusammen handeln, entscheidet nicht nur darüber, wie viel wir verändern können. Es zeichnet zugleich ein Bild davon, wie wir in Zukunft miteinander leben wollen.

Organisierung ist immer schon mehr als nur das Verhalten zueinander. Sie bildet Kanäle, über die kommuniziert und sich verabredet, sowie Kanäle, über die Material ausgetauscht wird. Als organisierte Bewegung hat Ende Gelände eine Aktionslogistik. Güter gelangen dorthin, wo man sie im Protest braucht – oder auch dorthin, wo sie dringender als im Protest gebraucht werden. Als nämlich im Frühjahr 2020 die Schutzausrüstung, die der Bewegung lediglich als Kostüm diente – halb Katastrophenvergegenwärtigung, halb Tarnkappe –, im Zuge der Corona-Krise plötzlich einen ganz neuen Bedeutung gewann, entschied die Bewegung, ihr Lager aufzulösen und das Material ins Flüchtlingslager Moira an der EU-Außengrenze zu versenden. Es mag langsam gehen mit der solidarischen Vergesellschaftung der Welt. Aber gehen tut es.

Wenn auch die Bagger nach dem Protest noch in Firmenbesitz sind – viele andere Dinge sind bereits in solidarische Zirkulation versetzt worden: Möhren in der kollektiven Camp-Küche, Infotexte im Internet, Fahrradschlösser in der Maschinenbesetzung. Die Verbundenheit der Aktivist_innen übersetzt sich in eine wilde Solidarität. Wilde Solidarität verwandelt Dinge in Gemeingüter und Beziehungen in ein neues Gemeinwesen. So entstehen Wurzeln und Wurzelgrund gemeinsam. Auch nährender Humus ist schließlich selbst ein Produkt der Pflanzen.

Der Naturphilosoph Emanuele Coccia weist sogar darauf hin, dass die ersten Pflanzen wurzellos waren:

> In der Alltagssprache genauso wie in Literatur und Kunst sind die Wurzeln häufig Emblem und Allegorie für das ganz Grundlegende, Ursprüngliche, für das, was hartnäckig stabil und unverrückbar, ja notwendig ist. Sie sind das Pflanzenorgan schlechthin. Und doch ließe sich unter den Formen, die das Leben im Lauf seiner Geschichte erschaffen und übernommen hat, kaum eine finden, die zweideutiger wäre. Die Wurzeln sind für das Überleben des Individuums nicht notwendiger als die übrigen Teile

des Organismus; aus rein evolutionärer Sicht sind sie kein Ursprung des Pflanzenprodukts – anders als etwa die Fotosynthese. Die Vorteile, die sie mitbringen, sind die des Netzwerks und nicht die von Isolation und Unterscheidung.

Wurzeln sind zweideutig. Sie versorgen nicht nur den Baum mit Wasser, sie bringen auch das Sonnenlicht – in Form von durch Fotosynthese gewonnener Zuckerlösung – bis in die tiefsten Winkel der Erde, in ein Netzwerk von Kanälen, das den Austausch untereinander erlaubt. Als Einwurzelung betrachtet ist Bezugsgruppen-Besetzung die Kunst, zwischen Beton und Baggern, in den Zwischenräumen von sachlicher Herrschaft und Sachherrschaft, Reproduktionszyklen zusammenzuziehen und neu zu verknüpfen – so, dass Lebensgrundlagen nicht nur verteidigt, sondern auch geschaffen werden. Diese Reproduktionszyklen folgen eher dem Muster des Waldbodens mit seinen Pilzfäden als der kapitalistischen Verwertung, die die Dinge aufwirbelt, um Wert ans Kapital binden und den Rest fallen lassen zu können. Die Bezugsgruppen finden sich zu einer solidarisch organisierten und zukunftsbedachten Gruben-Erstürmung zusammen. Und sie richten die Gegenwart.

In Aischylos' Orestie verwandeln sich die mutterrechtlichen Furien in Eumeniden – »Wohlmeinende« –, sobald ihnen ein institutioneller Unterschlupf gewährt wird. Den Muttermörder lässt sein Gewissen endlich in Ruhe. Das könnte eine eitle, patriarchale Hoffnung sein. Denn wie in der besitzstandswahrenden politischen Revolution ist auch im Mythos das solidarische Leben noch nicht zu seinem Recht gekommen. Warum sollte es sich also bezähmen lassen? Vielleicht verkennt der Dramatiker auch den Doppelcharakter der Erdgöttinnen. Sie sind womöglich immer wohlmeinend geblieben, aber sie sind es in einem Gemeinwesen, dessen Existenz untergründig ist. So ist es wohl auch jetzt. Die Herrscher der Gruben sehen Furien mit ungekämmten Haaren. Die Kenner_innen des Waldes strecken ihre Wurzeln aus.

Freie Gaben

In Bezug auf Öl, Kohle und Baumwurzeln mag die Antwort auf die Frage nach der gesellschaftlich richtigen Verwendung einfach sein: Sie sollen im Boden bleiben. Dort tun sie schließlich, was uns nützt – sie binden CO_2. Mit dieser klaren Ansage zieht aber bereits eine ganz neue Dimension in Verteilungsdebatten ein. Vergesellschaftung heißt nicht immer, dass das Ding jetzt allen zusteht. Vergesellschaftung kann auch heißen, dass wir endlich entscheiden können, bestimmte Sachen in Ruhe zu lassen. Vergesellschaftung verleiht demokratische Entscheidungsfreiheit über Güter. Man kann es aber auch andersherum denken, von der Vergesellschaftung als bewusster Wiederannahme des Abgespaltenen her: Da wir ohnehin schon mehr CO_2 in der Atmosphäre haben, als uns lieb ist, wollen wir auf keinen Fall mehr davon. Also stoppen wir die Kohleverstromung, die das Kohlendioxid ausstößt, also bleibt die Kohle im Boden.

Wenn der erste Schritt der Weltwiederannahme darin besteht, die Freisetzung von Treibhausgasen und toxischen Substanzen zu unterbinden, dann muss im zweiten Schritt die exklusive Aneignung der durch sie beschädigten Grundgüter verhindert werden. Luft und Wasser sollten allen gehören. Aber selbst bei diesen basalen Ressourcen können wir auf dem derzeitigen Stand der Destruktionsdynamiken nicht mehr davon ausgehen, dass sie unproblematisch vorhanden und teilbar wären, sobald sie den Großeigentümern und Firmen entrissen sind. Unabhängig von regenerierender Arbeit wird es nicht ausreichend saubere Atemluft und Trinkwasserquellen geben, und erst recht nicht immer da, wo sie am meisten gebraucht werden. Wenn wir nicht zusehen wollen, wie der Markt ihre Knappheit fördert und ausschlachtet, müssen wir neue Verteilungsmechanismen finden.

Über Alternativen zum Markt nachzudenken heißt nicht, dass man Märkte gänzlich abschaffen wollte (was ja auch nur durch autoritäre Überwachungsmechanismen zu bewerkstelligen wäre). Begrenzte Märkte für ausgewählte Güter hat es in nahezu allen Gesellschaften gegeben. Auch sozialistische Wirtschaft wäre mit ihnen vereinbar, solange die Produktion trotzdem auf gesellschaftliche Bedürfnisse gerichtet wäre und nicht auf maximalen Profit am Markt. Das Problem der sachlichen Herrschaft entsteht nicht daraus, dass es Märkte gibt, sondern daraus, dass wir sie die Güterherstellung und -verteilung kontrollieren lassen.

Die Alternative zum Markt lautet auch nicht notwendig staatliche Planung. Dieses realsozialistische Schreckgespenst dient in nahezu jeder öffentlichen Debatte dazu, die Suche nach Alternativen zum Kapitalismus ergebnislos abzubrechen. Mir liegt nicht viel an der Verteidigung der staatlichen Planwirtschaft, in der – zumal solange internationaler Wettbewerb besteht – der Staat leicht zum Monopolkapitalisten wird. Aber die Abschreckungskraft der Planwirtschaft scheint sich ohnehin in den Erfahrungen der Corona-Krise merklich abgenutzt zu haben. Jedes noch so zähe Politbüro hätte es wahrscheinlich schneller geschafft, den Bedarf der Kliniken an Atemmasken und Sauerstoffgeräten zu decken als die Marktwirtschaft, deren Rettung die Regierungen indessen gigantische planerische Anstrengung kostet. Die Luftfahrtbranche wird in Deutschland nun in einem Umfang gefördert, der Verstaatlichung bedeutete – nur dass der Staat bei Gestaltungsbefugnissen und Gewinnanteilen dankend abwinkt. Unrentabler Kohlestrom soll noch bis 2038 subventioniert werden; Geld für bessere Gehälter in der Pflege gibt es weiterhin nicht. Und ausreichend Masken nur, weil Menschen sie in Heimarbeit nähen und verschenken.

An der Planwirtschaft war nicht das Planen falsch, sondern die Wirtschaft: Auch als sozialistische brach sie nicht umfangreich genug mit den Mustern der Sachherrschaft. Wie die DDR-Bürgerrechtsbewegung immer wieder mahnte, wurde rücksichtslose Umweltzerstörung betrieben. Im Volkseigentum war das Missbrauchsrecht des Eigentums nicht ausgesetzt, und auch die Arbeitskraft war von gesellschaftlicher Verfügung nicht befreit. Im Gegenteil, ihr Einsatz konnte polizeilich erzwungen werden. Nach § 249 im Strafgesetzbuch der DDR konnten Menschen als arbeitsunwillig oder »asozial« eingestuft und mit Freiheitsstrafen belegt werden, wenn sie sich »einer geregelten Arbeit hartnäckig entzogen.«

Die Revolution für das Leben setzt dagegen auf eine Planung, die die Freiheit und Spontaneität ihrer Elemente erhöht. Sie muss sich aus einer Demokratie der Teilenden heraus ergeben und das Geteilte lebendig halten – frei von Sachherrschaft und Verwertung. Wir können auf elementarer Ebene – ob wir sie nun explizit als Bezugsgruppe fassen oder nicht – jederzeit damit beginnen, Güter anders zu bewegen, als es die Verwertung tut, die tote Dinge als Waren in Umlauf hält. Eine mögliche Form des bedürfnisorientierten Gütertauschs ist das Schenken. Beim Schenken übereignen wir Objekte direkt und umsonst. Unter Anthropolog_innen gibt es eine rege Debatte um den Gabentausch. Seine Faszination rührt daher, dass er menschliche Beziehungen grundlegend betrifft und mit einer anderen Logik als der kapitalistischen versieht. So eindeutig das Schenken aber mit dem Profit bricht, so unklar ist dennoch, ob es nicht ein anderes Abhängigkeitsprinzip intakt hält – das der Schuld. Insofern die Gabe zur Gegengabe verpflichtet, droht sie die Freigebigkeit, also das, was das Geschenk vom Tauschartikel unterscheidet, wieder zu verlieren. Auch wenn wir es vermeiden können, in eine Überbietungsspirale aus Schenken und Zurückschenken zu verfallen, schätzen wir weiterhin Güter auf ihren Wert ab und messen sie aneinander. Wenn man aber die Perspektive der Teilnehmerin einnimmt, zeichnen sich auch Verfahren ab, mit denen die Äquivalenzlogik wieder ausgehebelt werden kann. Die Haltung der am Tausch Beteiligten kann sicherstellen, dass jede Gegengabe statt als Bezahlung als Neubeginn gilt. Das zweite Geschenk präsentiert sich dann, wie der französiche Phänomenologe Paul Ricœur es nennt, immer wieder als »zweite erste Gabe.« Wer die Gegengabe empfängt, muss diese wiederum als Geschenk behandeln, als überraschende, erfreuliche Zuwendung. So begleicht sich keine Schuld, sondern bestätigt sich eine Beziehung.

Wenn man sich für die Feinheiten des Gabentauschs interessiert, braucht man keine als vermeintlich vormodern exotisierten Kulturen zu studieren. Auf dem Land generell, aber vor allem in den ostdeutschen Regionen, die noch von der grauen Ökonomie der DDR-Planwirtschaft geschult sind, lassen sich solche Rituale gleichermaßen finden. Man kann dabei viel falsch machen, wenn man nicht durchschaut, dass es zur Virtuosität der Gabe gehört, sie von Anfang an so anzustellen, dass keine Schuld etabliert wird. Das war jedenfalls die wichtigste Lektion, die mir beim Einstieg in diesen Austausch-Kosmos aufging.

Nicht erst die Empfängerin der Gegengabe, sondern jede Erstspenderin arbeitet daran, die Schuld auszusetzen. So wird die Spontaneität der Gegengabe, ihr Wesen als zweite erste Gabe, bereits in der Haltung des ersten Gebens gewahrt. »Hier, die Bohnen habe ich übrig,« sagte die Nachbarin, der aufgefallen war, dass wir viel Besuch hatten. »Ich weiß ja nicht, ob ihr damit was anfangen könnt, sonst kommen sie auf den Mist.« Als ich dann den leeren Eimer zurückbrachte und die Köstlichkeit der Bohnen lobte, strahlte die Nachbarin: »Ja, nicht wahr? Das ist auch mein Lieblingsgemüse.« Seitdem habe ich immer wieder beobachtet, dass zum Schenken, wenn es nicht nur ein Weihnachtskonjunktur-Trick ist, dazugehört, die Gabe im Voraus zu entwerten. Denn gerade wenn die Gabe ernsthafte Bedürfnisse berühren könnte, muss der entstehenden Abhängigkeit entgegengewirkt werden. »Ich kann das sowieso nicht gebrauchen.« »Ich war grad unterwegs zum Recyclinghof, wollte nur noch mal nachfragen, ob ihr dafür Verwendung habt.« »Hau's auf's Osterfeuer, wenn's Dir doch im Weg ist.« So wird der Zwang in die Schuld nicht erst nachträglich durch die gespielte Überraschung über die Gegengabe relativiert – »das wäre doch nicht nötig gewesen«. Nein, er wird von vornherein gebannt. Die zweite Gabe kann die erste sein, weil die erste gar nicht zählte. Es ist möglich, diesen Gestus im Gabentausch immer weiter aufrechtzuerhalten. »Hier, ich hab im Regal gar keinen Platz mehr für die ganze Marmelade.«

Und doch ist dieses Muster ein wenig bedrückend. Muss man wirklich erst alles für nichtig erklären – in gewisser Weise also die Geste des Markts gegenüber unverwertbaren Gütern wiederholen –, um freiheitswahrend schenken zu können? Braucht man diese Finte vielleicht nur noch so lange, wie wir gemeinhin von der Schuld regiert werden? Oder ist und bleibt diese Nichtigmachung der Gabe doch das eigentliche Geschenk? Erweist man nicht genau damit der Beschenkten den größten Gefallen: dass sie nicht nur frei von

Schuld bleibt, sondern auch frei darin, die eigentlich Gebende zu sein: die, die dem Akt der anderen durch freudige Aufnahme Wert verleiht.

Die erste Gabe so zu leisten, dass die Gegengabe sich als »erste zweite Gabe« geben kann, heißt eigentlich, bereit zu sein, immer das letzte Geschenk zu machen. In jeder Gabe ist dann nicht nur das Geschenk der Verbundenheit, sondern auch das der möglichen Abstandnahme enthalten. »Donner le depart« – jemandem den Abschied gewähren beziehungsweise schenken – nennt Hélène Cixous, eine der virtuosesten Künstlerinnen der französischen Sprache, eine solche Geste.

Manchmal denke ich, dass wir vielleicht erst dann richtig werden teilen können, wenn wir dieses Ritual der Abwertung noch viel ernster nehmen. Nicht als – zumal vorgetäuschte – Herabsetzung der Dinge, sondern als Selbstprüfung der Freigebigkeit. Kann ich mich von diesem Ding wirklich trennen? Kann ich es vorbehaltlos aufgeben? Nicht in Erwartung von Gegenleistung, nicht um meinen Geschmack bestätigt zu sehen, nicht mal darauf spekulierend, meinem Gegenüber definitiv eine Freude zu machen? Kann ich dieses Gut, diesen Zeitaufwand als wahren Überfluss ansehen, den ich ohne Vorbehalt freisetze? In einer Welt der Ausbeutung und Verwertung lautet die Antwort natürlich meist »nein.« Wir schaffen es vielleicht gerade noch, Opfer zu bringen, aber wer hat denn wirklich etwas übrig? Erst diese Art von Überfluss wäre aber wahrer Reichtum. Nicht frei geben zu können verweist dann nicht auf einen Mangel an Großzügigkeit, sondern auf einen Mangel an wirklich solidarisch geteilten Ressourcen in der Welt. Offenbar muss ich noch fürchten, dass für mich nicht genug da sein könnte. Ich kann noch nicht geben, ich muss weiter kämpfen. Aber lohnender als der Kampf darum, das mir Geschuldete beglichen zu sehen, wäre der Kampf darum, solidarische Beziehungsweisen auszuweiten:

mit mehr Menschen in nährenden Austausch zu treten und mehr Güter aus der sachlichen Sachherrschaft in regenerierende Vergesellschaftung zu überführen. Aktiv streiken und bezugsreich besetzen.

Anonyme Liebe

Die kapitalistische Verwertung tut alles, um einen den Genuss und Gestaltungsspielraum solidarischer Beziehungsweisen vergessen zu machen, gegen den jeder Konsum schal wirkt. Aber in der reziproken, persönlichen Form, in der der andere Austausch hier bislang erläutert wurde, erfordert er ein hohes Maß an Zuwendung. Wollen wir wirklich in jedem Arbeits- und Verteilungsvorgang so viel Wärme aufbringen? Die vierfache Beziehungs-Bejahung bei Marx, die vorgezogene Entwertung der Güter im Gabentausch: Bedürfnisorientierter Güterverkehr scheint geradezu intime Kommunikation vorauszusetzen. Daraus wird schnell gefolgert, dass solidarische Versorgung nur im Kleinen gelingen kann – viele kleine Bezugsgruppen wären möglich, aber keine Weltkommune.

Mir scheint bei näherem Hinsehen allerdings bereits die Annahme fragwürdig, dass freiheitsstiftende Bedürfnisorientierung im Kleinen tatsächlich einfacher sein sollte. Wir sehen ja in Familien und WGs, dass auch Nahbeziehungen, die auf Solidarität und Unterstützung abzielen, ständig scheitern und überlastet sind. Kaum eine Erbschaft ohne Familiendrama. Es ist nicht ausgemacht, dass der Kommunismus und die Demokratie »im Kleinen«, in das immer schon Eifersucht und etliche alte Geschichten hineinspielen, so viel leichter zu machen wäre. Die Alternativen sind bloß einfacher auszuprobieren, wenn sich nur sieben anstatt sieben Milliarden Menschen zum Start des Experiments zu verabreden brauchen.

Das Problem der Überlastung durch zu viel Kommunikation und »Wärme« stellt sich wenn, dann auf allen Ebenen. Unabhängig davon, wie groß ihre Reichweite ist, muss Verbundenheit solidarische Abstandnahme ermöglichen. Manche Bedürfnisse wollen wir vielleicht gar nicht anerkannt wissen, sondern schlicht erfüllt, manche Dinge wollen wir haben, aber niemandem verdanken. Es gibt immer diese Schnaps- oder Schokoladensorte, die man nicht auf die gemeinsame Einkaufsliste schreibt, aber mitbringt, wenn man selbst zum Supermarkt geht. Eine sozialistische Wirtschaft, die den Markt als primären Verteilungsmechanismus überwinden will, muss eine Infrastruktur bereitstellen, die dem individuellen Distanzbedürfnis gerecht wird. Auch dem Markt gelingt das bei weitem nicht immer. Wer kennt nicht den Wunsch, im Klamottenladen vom Verkäufer unbehelligt zu bleiben, im Supermarkt keinen Nachbarn zu treffen oder die Dessous-Werbung auf dem Arbeitslaptop loszuwerden, nachdem man online shoppen war?

Für einen gelingenden Sozialismus müssen wir nicht nur das warme Geben lernen, sondern auch das kalte Nehmen. Den meisten Menschen fällt Letzteres viel schwerer. Es scheint uns unmöglich, dass Dinge umsonst sein sollen. Insofern ist nicht nur das bezugsreiche Besetzen, sondern auch das Plündern von Supermärkten – nachts und vermummt – ein Vorgriff auf eine freie Welt. Menschen sollen sich ungestört holen können, was sie wollen. Das logistische Problem, das sich darauf beläuft, die Regale weiter zu füllen, ist nach der Vergesellschaftung der Produktionsmittel nicht schwerer zu lösen als zuvor. Die Schwierigkeit besteht eher darin, sich an den Gedanken zu gewöhnen, dass niemand mehr bezahlen muss.

Die Vorstellung von Plünderung verbreitet gemeinhin eine Panik, die dem Status quo zugutekommt. Dabei ist die Furcht um das Eigentum eigentlich eine Furcht vor dem Eigentum. Die Dammbruchszenarien, die der bloße Gedanke an konsequenzlosen Diebstahl in bürgerlichen und verbürgerlichten Köpfen lostritt, gibt uns die gegebene Ordnung ein. Die Furcht gilt eigentlich der vertrauten Gewalt der Sachherrschaft, nicht den Unwägbarkeiten eines Lebens jenseits derselben. Denn wer sollen sie überhaupt sein, diese Leute, die, sobald das Eigentum nicht mehr geschützt ist, brüllend in unsere Vorgärten einfallen? Beruht nicht diese vermeintlich so grundlegende Angst bereits auf einer sehr speziellen rassistischen Projektion? Fürchten wir den Aufstand derer, für die wir selbst das Raster gefügiger Dinge vorgesehen haben?

Oder gilt die Abneigung weißen »Chaoten,« die vermeintlich Gartenzäune zertrampeln und das Recht auf Privateigentum an Zahnbürsten bestreiten? Die Furcht vor Eigentumsgegnern ist eigentlich eine Furcht vor der ungebremsten Eigentümergewalt. Die Eigentumsfixierung grenzt lediglich ein, wer wo zu Zerstörung und Missbrauch berechtigt ist. Wer diese Grenzen verletzt, erlaubt sich Vollmachten, die anderen zugesichert waren. Was sollte so jemanden davon abhalten, wahllos weiterzumachen? Offenbar ist der Rebellin das Eigentum nicht heilig, womöglich geht sie einem also gleich selbst an den Kragen. Aber sind wir nicht viel mehr als unser Phantombesitz? Warum identifiziert man sich überhaupt mit dem *Minneapolis Police Department*, mit einem Supermarktregal, mit einem gigantischen Bagger? Denen gilt der Zorn der Furien, nicht Ihnen oder mir. Wenn die, die Eigentumsrechte verletzen, nicht auch ruchlose, unter Wachstumszwang stehende Firmen oder faschistische Alleigner sind, dann bleibt der Dominoeffekt aus. Was da eingebrochen ist, ist überhaupt keine Willkür, denn die Plündernden spielen nicht das Spiel der Sachherrschaft. Sie denken nur, dass man mit diesen spezifischen Dingen etwas anderes anfangen könnte. Die Supermarktwaren sollten lieber zur Essensausgabe im Gemeindezentrum dienen. Die Kohle sollte besser im Boden bleiben.

Und wenn Sie die Panik nicht loswerden – könnte es sein, dass Ihre eigenen Wünsche die Quelle der Plünderungsangst sind? Langweilen Sie sich so, dass Sie manchmal gern geplündert würden? Oder wollen Sie selbst plündern? Es muss ein Heidenspaß sein, nicht wahr? Wobei es vermutlich nach kurzer Zeit auch langweilig würde. Es wäre interessanter, gemeinsam Produktionstechniken und Verteilungswege zu organisieren, die die Welt intakt halten und noch verschönern. Wie müsste die Welt denn aussehen, damit Sie es weniger verlockend fänden, alle Dämme brechen zu sehen? Womöglich wäre es dieselbe Welt, in der es mich nicht mehr reizt, mit Brecheisen umzuverteilen?

Tatsächlich ist der Kapitalismus selbst die Ordnung, innerhalb derer Menschen Gefahr laufen, ihren Vorgarten und ihre Zahnbürste zu verlieren. Wir müssen nicht mal eine globale Perspektive einnehmen, um das zu bemerken. Wir alle leben Tag für Tag umgeben von wohnungslosen Mitmenschen, die irgendwann ihren Job verloren haben und ihre Rechnungen nicht mehr bezahlen konnten. Wir sagen uns, dass uns ihr Schicksal nichts angeht, und wissen also, dass auch wir verloren sein könnten. Kein Wunder, dass wir Angst haben – und wenn nicht vor dem eigenen Abstieg, dann um der dunklen Ahnung willen, dass unser Reichtum etwas zu tun hat mit der Verlassenheit anderer. Nicht nur, weil Reichtum im Kapitalismus vor Diebstahl geschützt ist. Sondern weil kein Wert entsteht, ohne dass Unwert abgespalten und aufgegeben würde.

Plündern ist keine Lösung; nicht zu plündern auch nicht. Damit bedürfnisorientierte Produktion mit anonymer und spontaner Konsumption zusammengebracht werden kann, braucht es vermittelnde Infrastrukturen. Der kapitalistische Markt selbst konzentriert sich inzwischen zunehmend in einigen wenigen Instanzen. Die Quarantäne hat wie im Zeitraffer antizipiert, wie uns wenige Onlinehandelsplattformen mit der nahezu gesamten Güterpalette unseres Konsums versorgt. Amazon kanalisiert den Güterverkehr, mit erpresserischen Geschäftsbedingungen für die gelisteten Vertreiber und höllischen Arbeitsbedingungen für die Angestellten in Logistikzentren und Auslieferung. Die Anbieter_innen konkurrieren um das Geld der Abnehmer_innen, ein Wettbewerb, der mehr und mehr davon abhängt, wer im digitalen Raum ein paar Sekunden Aufmerksamkeit auf sich ziehen kann. Je genauer eine Firma weiß, wer ihre Produkte brauchen könnte, desto bessere Chancen hat sie, wirksam zu werben. Google wertet unsere Kalender, E-Mails, Landkartennutzung und Suchanfragen unter anderem aus, um Bedürfnisprofile zu erstellen. Das alles geht automatisch. Es ginge auch weniger zentralisiert und mit besserer Anonymisierung. Wir haben längst die technischen Möglichkeiten, um ganz anders zu planen, als es die sozialistische Planwirtschaft tat – nämlich auf individuelle Vorlieben zugeschnitten. Wir müssen uns nicht tief in die Augen schauen, um zu wissen, was die andere will. Wir können diese Informationen maskiert und verschlüsselt tauschen. Wenn wir die Plattformen vergesellschaften und ihre zentralistische Krakenstruktur umbauen würden, könnten wir vollkommen anonym Bedürfnisse kommunizieren und ihnen in der Produktion entgegenkommen.

Andere Arbeit lässt sich in einen anderen Güterverkehr übersetzen. Wir könnten einander zur Welt bringen. Wir könnten einander die Welt bringen.

Das Gegebene

Die Vergesellschaftung von Gütern stößt uns darauf, dass es nicht nur uns sieben Milliarden gibt, die wechselseitig um ihre Bedürfnisse wissen und diese persönlich oder anonym und unbekanntermaßen erfüllen können, sondern auch alles, was zwischen uns liegt. Es gibt die ganze Welt. Wir alle sind in etliche Gezeiten eingebunden. Mit allen Pflanzen und Tieren leben wir durch sie.

Was wir einander geben, was wir durch unsere Arbeit transformieren, entnehmen wir immer schon Kreisläufen, die vor uns da waren. Aber genau genommen entnehmen wir nichts. Die Natur macht keine erste Gabe. Sie gibt nicht. Es gibt sie, und es gibt uns in ihr. Wir sind ziemlich spezielle Tiere, aber nichtsdestoweniger selbst Natur. Insofern stehen wir auch nicht in einem Austausch mit der Natur – sie da, wir hier. Wir befinden uns vielmehr in einer Unzahl von Reproduktionszyklen, manche mehr menschengelenkt, andere weniger, aber allesamt Leben, das in verschiedenen Kreisläufen Materie transformiert. All das ist umsonst. Aber es hat jeweils seine Zeit.

Das eigentliche Problem einer neuen Produktionsweise ist nicht, wie das Zeug zu den Leuten kommt. In einer Welt, in der jeder Mensch potenziell augenblicklich in in alle Winkel der Welt ausstrahlende Kommunikationsnetze eingebunden ist, können Bedarf und Güterbestand leicht zusammengebracht werden. Und auch wenn sich plötzlich Nachfragekonzentrationen ergeben, denen die Produktion nicht nachkommt, sind Lösungen erkennbar. Angenommen, alle wollen plötzlich Lastenräder haben, aber niemand mag die schweißen. Dann schaut man eben, wie sich das Schweißen so organisieren lässt, dass es mehr Freude macht, stellt ein paar Anleitungen zum Selberbauen ins Netz, wirbt für Alternativen

(Elektroroller mit Kiste auf dem Heck, Handwagen und so weiter) und diskutiert in der überregionalen Räteversammlung über die Einrichtung neuer Produktionsstätten und die gerechte Verteilung ihrer Ergebnisse. Man stelle sich vor, wie interessant es wäre, wenn die Leute auf Instagram ihre individuellen Transportgefährte posteten und ihre Verbesserungsvorschläge für die kollektiven Verkehrsmittel.

Die eigentliche Herausforderung jeder kommenden sozialistischen Infrastruktur besteht darin, die menschlichen Bedürfnisse mit den Regenerationszeiten verschiedener Güter abzustimmen. Wir müssen viel weitreichenderes Wissen darüber gewinnen, in welche Gezeiten das, was wir verwenden und verbrauchen, eingebunden ist. Welche Kreisläufe wollen wir anzapfen, welche befüllen, was sollten wir weitgehend in Ruhe lassen? Die Frage, wie wir wurzeln wollen, stellt sich unablässig.

In den nie erprobten Entwürfen sozialistischer Räteregierungen aus der deutschen Novemberrevolution waren die politischen Gremien ganz selbstverständlich nach Produktionszweigen aufgeteilt. Die Werktätigen in den Fabriken verfügten über alles entscheidende Wissen, sie müssten sich nur ungestört von den Bossen um die Herstellung kümmern können. Zukünftige Räte werden – ein wenig wie die Finger von Ende Gelände – auch andere gesellschaftliche Zugehörigkeiten und ökologische Verankerungen erfassen müssen. Die Novemberrevolution scheiterte bereits daran, die Reproduktionssphäre rätedemokratisch mitzuorganisieren. Als die Männer aus dem Krieg zurückkamen, wurden die Frauen aus den Betrieben und damit zugleich aus den betriebsbasierten Räten verdrängt. Ein kurzlebiger Hausfrauenrat wurde schnell wieder aufgelöst; Sorge galt nicht als Arbeit. Ein ökologischer Sozialismus müsste aber auch einen viel weiteren Horizont der Reproduktionsarbeit mitbedenken als die in Haushalten, Kindergärten und Kantinen geleistete. Es braucht Fürsprecher_innen aller Gezeiten. Nur so können die Bedingungen der menschlichen Arbeit – die jeweils erforderlichen Stoffe und Materialien – mit den Bedingungen der natürlichen Regeneration abgestimmt werden.

Eigentlich gibt es solches Wissen und solche Akteur_innen schon. In vielen Berufsfeldern, in Telegram-Gruppen zu Nachbarschaftshilfe und Aktionsplanung, in der Wissenschaft, in der globalen Klimagerechtigkeitsbewegung. Die Eumeniden sind längst da. Ihre Ansprüche bleiben mit dem aktuellen, kapitalistischen Produktionsprozess nur weitgehend inkommensurabel. An eine Produktion, die nur ihre Profitmaximierung plant, treten die Belange des Lebens fremd und von außen heran. Insofern tat die deutsche Fridays-for-Future-Aktivistin Luisa Neubauer auch sehr gut daran, den ihr von Siemens werbewirksam angetragenen Aufsichtsratsposten abzulehnen. Das ist bestimmt nicht die Institution, die die Furien zu bezähmen vermag. Aber in einem Gemeinwesen, dessen Produktionsmittel vergesellschaftet sind, könnte Umsicht tatsächlich wirksam werden. Wir könnten teilen, statt zu verwerten, und wir könnten teilen, ohne restlos aufzuteilen. Denn Güter wären endlich keine Beute mehr. Sie würden lebendig bleiben.

PFLEGEN

(Eigentum)

Die Revolution für das Leben befreit die Güter aus den Händen derer, die sie zerstören und sich an ihrer Erschöpfung bereichern. Diese Befreiung darf jedoch nicht direkt in die Wiederaneignung aller Weltbestandteile übergehen, denn aus der Kritik kapitalistischer Sachherrschaft ergibt sich der Bedarf nach einem anderen Umgang mit den Dingen. Die Weltwiederannahme ist nicht nur eine Ersetzung des Subjekts der Verfügung – auch wenn damit schon viel gewonnen wäre. Sie ist eine Absetzung oder, wie Daniel Loick es in seiner *Kritik der Souveränität* formuliert, eine »Ent-setzung« der Herrschaft. Eine neue Beziehungsweise also, nicht nur unter uns, sondern auch gegenüber den Dingen. Sie hören auf, »tote Materie« zu sein. Und das nicht aufgrund einer magischen Beseelung (obwohl ich nichts dagegen habe, wenn jemand sich das so vorstellt), sondern aufgrund der Betonung ihrer Eingebundenheit in andere Zyklen. Der Kapitalismus definiert Dinge in zwei Kreisen: Im Zirkel der Eigentumszuschreibung wird bestimmt, wer verfügt, und im Zirkel der Warenproduktion, was es wert ist. Eine ökologisch-solidarische Lebensform müsste fragen: In welche Regenerationszyklen ist das Gut eingebunden? Und wem sollte es anvertraut werden?

Die Revolution für das Leben schafft also das Eigentum nicht ab; sie schafft es um. Das erfordert indessen eine andere Operation: Personen müssen von Phantombesitz getrennt werden. Die Fiktion, gegenüber einem zum Eigentumsobjekt degradierten Ausschnitt des Lebens seine Willkür unbehelligt geltend machen zu können, muss aufhören. Diese Fiktion trennt Menschen von Personenstatus und Atemluft, sie errichtet auf Körpern Beutegründe des Geschlechts, sie macht unverzichtbare Arbeit zum Wegwerfartikel, sie stiehlt Land und höhlt die Erde aus. Um das Eigentum umzuschaffen, müssen wir nicht nur Zäune ausreißen. Wir müssen den Phantombesitz vom Sockel stoßen und uns selbst gemein machen.

Die westliche revolutionäre Tradition mit ihren Kategorien von Freiheit, Gleichheit und Geschwisterlichkeit hat eine Leerstelle von der Größe des Globus. Freie, gleiche und sogar solidarische Beziehungen verlaufen zwischen Menschen, aber sie berühren nicht hinreichend die Lebensgrundlagen. Die Schriftstellerin Leanne Betasamosake Simpson, die dem indigenen Volk der Nishnaabeg angehört, rekonstruiert dagegen ein Freiheitsverständnis, das sich über eine besondere Objektbeziehung vermittelt: »Was bedeutet es für mich als Nishnaabekwe, in Freiheit zu leben? Ich will, dass es meinen Urenkeln möglich sein wird, sich in jedes Stück unseres Territoriums zu verlieben.« Die Befreiung von der kolonialen Landnahme des kanadischen Staats bewährt sich hier nicht in Eigentumsübertragung, sondern im Raum für eine Liebesbeziehung zum Land. Menschen können sich nur gemein machen, wenn ihr Geteiltes seinerseits frei von Sachherrschaft ist.

Wasser ist Leben

Im Herbst 2016 bildete ein Schauplatz fernab urbaner Zentren den Kristallisationspunkt für die massivsten Umweltproteste des Jahrzehnts in den USA. Mitglieder der indigenen Völker der Dakota und Lakota organisierten vom Sioux-Territorium des Reservats Standing Rock im Bundesstaat North Dakota aus den Widerstand gegen die »Dakota Access Pipeline«, die durch ihr Gebiet verlegt wurde. Die DAPL, die von den Dakota auch als »schwarze Schlange« bezeichnet wird, sollte unter dem Missouri, von dem die Wasserversorgung des Reservats abhängt, durchs Erdreich geführt werden. Zu Baubeginn lag kein Umweltgutachten vor, weil es der Firma Energy Transfer Partners gelang, die fast zweitausend Kilometer lange Pipeline als Aneinanderreihung kleinerer Baustellen einstufen zu lassen.

Die Pipeline, ebenso wie das parallele Bauprojekt der Keystone XL Pipeline, war bereits zwei Jahre zuvor in den Blick indigenen Widerstands gerückt. Die Vorsitzende des Meskwaki-Stammes in Iowa, Judith Bender, legte ihren Einspruch gegen das Bauvorhaben folgendermaßen dar:

> Als ein Volk, das seit Tausenden von Jahren in Nordamerika lebt, sorgen wir uns um die Umwelt, um das Land und das Trinkwasser … Unsere Hauptsorge ist, dass die Grundwasserträger Iowas erheblich beschädigt werden könnten. Ein einziger Fehler genügt, und das Leben in Iowa wird sich für die nächsten Jahrtausende verändern. Wir denken, dass dies geschützt werden sollte, denn es ist das Wasser, das in Iowa die beste Lebensweise ermöglicht.

Die Wasserschutzkampagne wurde später maßgeblich von indigenen Jugendorganisationen vorangetragen. Die Gruppe ReZpect Our Water organisierte einen spirituellen Lauf nach Washington, D.C., und verbreitete eine von der dreizehnjährigen Anna Lee Rain Yellowhammer (Hunkpapa Sioux) und ihren Freund_innen formulierte Petition, in der die Formulierung geprägt wurde, die den gesamten Protest leiten würde: »mni wiconi – Wasser ist Leben«.

Als ungeachtet der Kampagnen der Pipelinebau voranschritt und die Baggerarbeiten sich einer Grabstätte näherten, unternehmen drei Dakota-Frauen Anfang September 2016 die erste Blockadeaktion und ketten sich an die Bulldozer. Energy Transfer Partners trieb den Bau der Pipeline mit Polizeigewalt, Militäreinheiten und Milizen der zuvor im irakischen Kriegsgebiet operierenden Sicherheitsfirma TigerSwan voran.

Auch unabhängig von der drohenden Grundwasserverseuchung verletzte der Pipelinebau indigene Territorialrechte. Die Dakota Access Pipeline verläuft durch Land, dass gemäß des Fort-Laramie-Abkommens aus dem Jahr 1868 unter Sioux-Hoheit steht. Dieser Vertrag wurde nach blutigen Kriegen in Fort Laramie zwischen US-Regierung und indigenen Völkern unterzeichnet, wobei die amerikanischen Unterhändler nur mit einigen Häuptlingen sprachen und ihnen nicht die Möglichkeit gaben, gemäß der indigenen Mitbestimmungsverfahren ihre Stammesmitglieder zu konsultieren. Wie alle je von US-Regierungen mit den Erstbewohner_innen des Landes geschlossenen Verträge wurde auch das Fort Laramie-Abkommen nicht eingehalten. Zuletzt kam es in den 1960er Jahren zum Vertragsbruch, als ein Großteil des Lands, das den Sioux-Stämmen als Reservat zugesprochen worden war, durch den Bau des »Big Bend Dam« zerstört wurde. Lower Brule Reservation grenzt an den Damm und an »Lake Sharpe«, einen der vier Missouri-Stauseen, die von dem United States Army Corps of Engineers für Hochwasserschutz und Wasserkraft entworfen wurden. Die Arbeiten an Damm und See wurden in den 1960er Jahren abgeschlossen. Nach der Entstehung von Lake Sharpe wurden Teile des Reservats überschwemmt und Siedlungen zerstört. Bei der

Überflutung gingen viele fruchtbare Böden und Wälder am Ufer des Missouri verloren, was die wirtschaftliche Situation der Bewohner_innen verschlechterte.

Im Jahr 2016 vermochten die Wasserschützer_innen, das fossil-kapitalistische Infrastrukturprojekt DAPL fast ein halbes Jahr lang aufzuhalten. Sie wehrten sich dagegen, dass ihr Land, wie es der politische Theoretiker Nick Estes (Lower Brule Sioux) ausdrückt, abermals zur »nationalen Opferstätte« würde – ein Ort, dessen Beschädigung und Vergiftung sehend in Kauf genommen wird, um andernorts Annehmlichkeiten und Profite zu sichern. Tatsächlich sollten die Wasserschützer_innen mit ihren Befürchtungen recht behalten. Nachdem Donald Trump das Camp im Februar 2017 brutal räumen ließ und neben der Dakota Access auch die Keystone XL Pipeline fertig gestellt wurde, machten sich schon beim ersten Testlauf kleinere Lecks bemerkbar. Im November 2019 sind schließlich anderthalb Millionen Liter Rohöl in die Feuchtgebiete North Dakotas eingedrungen.

Eine der entscheidenden Konfrontationen mit der Polizei fand am 20. November 2016 auf einer von Aktivist_innen besetzten Brücke über dem Canon-Ball-Fluss in Morton County statt. Die Wasserschützer_innen – neben den Dakota-Aktivist_innen auch Verbündete der Black-Lives-Matter-Bewegung und weiße Aktivist_innen, die ins Sacred Stone Camp eingeladen worden waren – standen bei eisigem Wetter und Dunkelheit hinter einem Transparent mit der Aufschrift »mni wiconi – Wasser ist Leben«. Die Polizei attackierte die Blockade mit Wasserwerfern. Die Aktivist_innen wiederholten unbeirrt ihren Schlachtruf – »mni wiconi – Wasser ist Leben« –, mussten aber angesichts der gepanzerten Übermacht ihre Stellung auf der Brücke schließlich aufgeben.

Dem Medienkollektiv Unicorn Riot gelang es, Einblick in einen polizeilichen E-Mail-Wechsel zu gewinnen, der im Nachgang der Aktion geführt wurde. Ein selbstzufriedener Beamter schreibt darin: »Tja, Wasser ist wohl doch nicht Leben.«

Die jämmerliche Ironie der kapitalistischen Produktionsweise lässt sich kaum besser auf den Punkt bringen. Denn der Beamte hat ja recht. Nur sieht man an den Bedingungen, unter denen er recht hat, das ganze Ausmaß seines Unrechts. In diesen paar nächtlichen Stunden verhilft das Wasser, eingesetzt von Polizeifahrzeugen, der Gewalt zum Sieg. Ganz ähnlich gelingt es dem Kapitalismus, in einer brutalen Verkürzung der Zeit, unter Absehung aller langlebigeren Zusammenhänge, das Leben für seine Zwecke einzuspannen: geballt und mörderisch, wie Wasser in der Hochdruckpumpe des Wasserwerfers. Profit entsteht und gibt dem System scheinbar recht, weil nur der winzige Ausschnitt an der Schlauchmündung in den Blick genommen wird. Unglaublich, wie produktiv diese Ordnung ist! John Locke frohlockte schon im 17. Jahrhundert, dass die Arbeit der weißen Siedler_innen das Land hundertmal produktiver mache, als es die Ureinwohner vermocht hätten. Nun liegt das Land im Sterben.

Die Lächerlichkeit der Behauptung, dass Wasser kein Leben sei, entblößt sich selbst. Die brutale Zeitraffung blendet Zusammenhänge aus und lagert problematische Folgen auf die Zukunft aus. Das verschweißt sie mit der Herrschaft. In sich ist das Gezeiten verleugnende Regime nicht tragfähig – es kann selbst nicht ohne Wasser leben. Aber dieser Widerspruch bringt es nicht zu Fall. Denn gestützt auf Gewalt kann das Regime vom Leben – und vom Wasser – zehren und diese Abhängigkeit dennoch verleugnen.

Was es womöglich zu Fall bringt, ist der Widerstand von

der Warte des Lebens aus, wie ihn die Wasserschützer_innen leisten. Von dort aus kann die im Wasser fortbestehende Dialektik des Lebens offen zugegeben werden. Wasser ist Leben; Wasser ist kein Leben. Entsprechend erläutert die Hebamme und Theoretikerin Wicanhpi Iyotan Win Autumn Lavender-Wilson: »Als Dakota verstehen wir, dass ›mni wiconi‹ kein flauschiges abstraktes Konzept ist, das dazu dient, irgendeine hochnäsige pseudo-spirituelle Praxis zu befeuern. Sauberes Wasser hat die Kraft zu heilen, verunreinigtes Wasser hat die Kraft zu töten.«

Gerade weil Wasser töten kann, ergibt sich die Verpflichtung, es zu schützen – vor der schwarzen Schlange und vor dem verlängerten weißen Arm der kapitalistischen Sachherrschaft.

Weltwahrung

Die besondere Perspektive indigenen Widerstands ergibt sich nicht daraus, dass in den Reservaten eine von kapitalistischen Mustern unberührte Kultur fortgesetzt worden wäre. Eine solche Kultur gibt es nirgends mehr. Und wenn es sie gäbe, würde sie vermutlich wenig zum Verständnis unserer Lage beizutragen haben. Was die Perspektive so aufschlussreich macht und der indigenen Kritik besonderes Gewicht verleiht, ist die Erfahrungsdauer an der Schnittstelle von konstanter Enteignung und kollektiver Erinnerung alternativer Praktiken. Eine der Anführer_innen der Dakota-Rebell_innen betont im Interview wiederholt, wie bekannt ihr all das vorkäme, was in der Auseinandersetzung mit der Ölfirma geschähe. »Wir sehen das seit fünfhundert Jahren«, sagt sie. Eine ähnliche Stelle findet sich auch bei Leanne Betasamosake Simpson: »Wir haben Hunderte von

Jahren direkter Erfahrung mit der absoluten Zerstörung des Kapitalismus. Wir haben seine apokalyptische Verwüstung auf unserem Land und in unseren Beziehungen zu Pflanzen und Tieren erlebt.«

Als erzählende Tiere können Menschen ganz andere Zeiträume überblicken als eine Gewinnspanne oder ein Gefecht. Man kann lauter einzelne Baustellen sehen. Oder eine schwarze Schlange im Dienst des fossilen Kapitalismus. Selbst dessen Spanne weiß Simpson aus ihrem Erinnerungsarchiv heraus zu überschreiten: »Wir haben Tausende und Abertausende von Jahren Erfahrung mit dem Aufbau von und dem Leben in Gesellschaften außerhalb des globalen Kapitalismus.«

Dass indigene Kritik über die moderne Sachherrschaft hinausweist, verdankt sich nicht einfach der Tatsache, dass ihre Quellen besonders weit zurücklägen. Der Widerstand gegen koloniale Enteignung beruft sich nicht, oder zumindest nicht ausschließlich, auf einen älteren Anspruch, sondern auf eine andere Qualität der Beziehung zum Land.

Damit umgeht die indigene Kritik das Dilemma, in das die Sachherrschaft sie gezwungen hat. Denn im Fall der nordamerikanischen Völker raubte die kolonialistische Besiedlung Land, das bislang gar nicht als Eigentum betrachtet wurde. Das führt zu der perfiden Situation, dass noch der Widerstand gegen den Verlust der Lebensgrundlage die Logik der Sachherrschaft zu bestätigen droht. Wer Diebstahl beklagt, scheint Eigentumsrechte zu bestätigen. Und weniger als Eigentumsrechte einzufordern, ist in einer lückenlosen Besitzordnung ebenfalls problematisch – partielle Zugeständnisse in Form von »kulturellem Besitz« sind Augenwischerei, wenn sie den traditionellen Eigentümer_innen nur erlauben, auf einem Berg zu beten, an dessen Bodenschätzen sich andere ungehemmt bereichern.

Ein Register indigener Sachherrschaftskritik weist deshalb zusammen mit dem kolonialen Zugriff jedweden Eigentumsanspruch an Land zurück. Im 19. Jahrhundert etwa analysierte Hin-mah-too-yah-lat-kekt, ein Anführer aus dem Volk der Nez Percé, die Lage folgendermaßen:

> Das Land wurde ohne Demarkationslinien geschaffen, und es ist nicht Sache des Menschen, es zu spalten. … Ich sehe, wie die Weißen im ganzen Land an Reichtum gewinnen, und ich sehe ihren Wunsch, uns Land zu geben, das wertlos ist. … Die Erde und ich sind uns einig. … Ich habe nie gesagt, das Land gehöre mir, um darüber zu verfügen.

Hin-mah-too-yah-lat-kekt weist sich gerade dadurch als rechtmäßiger Landeigner aus, dass er die eigentumscharakteristische Willkür niemals in Anspruch nähme. Es käme ihm nach eigener Auskunft nie in den Sinn, mit dem Land zu machen, was immer er wolle. Auch Simpson betont, dass die Nishnaabeg keinen Begriff von Privateigentum hätten – und auch keine Vorstellung von Commons. Das Land gehört nicht »allen«. Es ist gar kein Besitzobjekt. Nichtsdestotrotz ist das Land immer schon geteilt, und zwar mit allem, was darauf und davon lebt. In ihrem traditionellen Umgang mit Tieren und Pflanzen in ihrer Umgebung sprechen die Nishnaabeg diese als ebenbürtige Nationen an. Die Nation der Eichhörnchen, der Ahornbäume, der Lachse. Jedes Territorium ist multinational. »[U]nsere Existenz war immer international, unabhängig davon, wie verwurzelt wir sind. Wir waren immer vernetzt. Wir haben den Busch immer als ein Netzwerk internationaler Beziehungen betrachtet.« Dieses Netzwerk ergibt eine andere Perspektive der Vergesellschaftung. Zumindest ein Teil der Güter müssten nicht in den Allgemeinbesitz überführt, sondern gänzlich von der Sachherrschaft befreit werden, um geteiltes, verbundenes Leben zu ermöglichen.

Wo ein isolierter Wille mit seinem jeweiligen Profitinteresse über abgehackte Gebiete herrscht, löst sich das vielschichtige Gewebe des Lebens bis zur Unkenntlichkeit auf. Die anderen »Nationen« werden wie Material behandelt, sie werden verwertet oder verdrängt und häufig sogar ausgerottet. Selbst wo sie unter Schutz gestellt werden, lässt sich ihnen kein eigener Anspruch auf das Gebiet mehr zuschreiben – absolute Sachherrschaft ist exklusiv, das Land gehorcht einem neuen Besitzer.

Simpson beschreibt den Beginn ihrer eingehenderen Auseinandersetzung mit den Traditionen der Nishnaabeg als die Einweisung in eine Karte der Verluste durch die Stammesälteren.

> Ich notierte auf großen topographischen Karten jeden Ortsnamen für jeden Strand, jede Bucht, Halbinsel und Insel, an den sie sich erinnern konnten – Hunderte und Aberhunderte von Namen. Wir trugen alle ihre Jagdrouten ein, und die von früher und die noch älteren. Wir haben Jagd- und Fischgründe, Beerensträucher, Reisfelder und Medizinplätze eingezeichnet. Wir haben Geburtsorte und Gräber abgesteckt. Wir haben zeremonielle Stätten markiert, Orte, an denen sie lebten, Orte, an denen sich das Leben abspielte. Wir markierten auch die Häuser ihrer Verwandten – Orte, an denen Elche und Bären lebten, Nistplätze und Brutstätten. Wir notierten Reiserouten, Quellwasserstellen, Lieder und Gebete. …
>
> Wir dokumentierten auch den Schmerz. Das Kriegsgefangenenlager, das Internierungslager und seine Schule, die einige Kinder der Nishnaabeg besuchten, damit sie weiterhin bei ihren Familien leben konnten und nicht in ein

Internat mussten. Die 150 Jahre der klaren Grenzziehungen. Die hydroelektrischen Dämme, die Richtung, in die der See fließen sollte. Die Überschwemmung, die Straße, die Eisenbahnschienen, die Minen, die Pipeline, die Wasserleitungen. Die chemischen Sprühungen, die Parks und Campingplätze der Weißen. Die Todesfälle.
Die Überlagerungen zeigten Jahrzehnt um Jahrzehnt der Verluste. Sie zeigten das Warum.
Am Fuße einer Karte der Verluste zu stehen, bedeutet Klarheit.

Die Verluste, die hier kartiert werden, sind keine Verluste von Besitz, sondern die Verluste von Gezeiten, von teilbarem Leben. Selbst wo die traditionelle Lebensform der Nishnaabeg weitgehend unterbrochen ist, bewahrt der erzählende Nachvollzug eine Perspektive, die aus der kolonialen Logik hinausweist. Simpson wird der Anspruch auf ihr Land übertragen, indem ihr Sinn für eine Verpflichtung gegenüber diesem Land geweckt wird. Sie betont die Klarheit, die sie angesichts ihrer Karte der Verluste gewonnen habe. Diese Klarheit ist nicht einfach zu erringen; sie ergibt sich vom Standort einer besonderen historischen Erfahrung aus und übersetzt sich in eine zukunftsweisende Perspektive. Sie vergegenwärtigt sich das Leben so, als obliege es ihr, es aufrechtzuerhalten. Wie Atlas, dem aufgegeben ist, das Himmelsgewölbe zu stützen, tritt Simpson hier in eine intergenerationelle Verantwortung der Weltwahrung ein, zu der auch ein Verständnis darüber gehört, wie sich die Lebenszyklen von Elchen, Vögeln, Waldrodungen und Pipelines zueinander verhalten.

Diese Annahme der Weltwahrung ist letztlich ausschlaggebend für den besonderen Nachdruck der indigenen Sachherrschaftskritik. Denn hier steht nicht früherer gegen späteren Eigentumsanspruch (was nicht heißt, dass man nicht auch den geltend machen sollte). Hier steht die Weltwahrung gegen die Willkür. Wenn überhaupt etwas einen Anspruch auf die Welt begründet, dann dass man sie von seinem jeweiligen Standpunkt aus insgesamt aufrechterhält. Von diesem Standpunkt aus wird zugleich klar, dass die Erde, wie das Wasser, kein Eigentum ist. Sie ist Leben.

Standorte

Die Weltwahrung ist eine der Sachherrschaft konträre Haltung. Sie braucht kein Eigentum, aber einen Standort, von dem aus sie ihrer Verpflichtung gegenüber anderem Lebendigen gerecht werden kann: nämlich der Verpflichtung, seine Gezeiten aufrechtzuerhalten. Diese sorgende Einstellung ist keine Aufopferung, sie braucht auch keinen Altruismus. Sobald man sich unsere Abhängigkeit von den planetaren Lebensgrundlagen vor Augen führt, wird klar, dass die Weltwahrung eine Form der Selbsterhaltung ist, eine Selbsterhaltung, die die Abhängigkeit von anderem Leben offen zugeben kann und deshalb keiner Herrschaft bedarf.

»Gezeiten aufrechterhalten« mag abstrakt klingen. Dabei besteht Weltwahrung in ganz einfachen und konkreten Lebensvollzügen, überall dort, wo weder Kontrolle abgezirkelt noch Gewinn gemacht wird.

Weltwahrende Zwischenräume gibt es in nahezu jedem Leben, sie sind nur sehr viel dünner gesät und häufig herrschaftskonformer, wenn wir anstatt indigener Kämpfe weiße Reproduktionszusammenhänge durchleuchten. In weißen, westlichen Alltagen verpflichtet uns Atlas' Aufgabe insofern immer auch auf praktische Solidarität mit den Auseinandersetzungen, die weltweit in direkter Konfrontation mit kapitalistischer Landnahme geführt werden. Zugleich gilt es, den Momenten Raum zu geben, in denen wir statt vom Feldherrenhügel aus auf die Welt zu schauen, unseren Teil von ihr schultern. Wo können wir, um das Bild aus dem ersten Kapitel aufzugreifen, einen Bereich freigeben, anstatt zu seiner Eroberung eine Stute zuschanden zu reiten? Welche neue Beziehungen ergäbe sich gerade zu den Weltbestandteilen, an denen uns am meisten liegt und die wir deshalb vorschnell unser eigen nennen?

Die englische Dichterin U.A. Fanthorpe beschreibt die Arbeit des Atlas' in folgenden Worten:

Atlas

There is a kind of love called maintenance
Which stores the WD40 and knows when to use it

Which checks the insurance, and doesn't forget
The milkman; which remembers to plant bulbs;

Which answers letters; which knows the way
The money goes; which deals with dentists

And Road Fund Tax and meeting trains,
And postcards to the lonely; which upholds

The permanently rickety elaborate
Structures of living, which is Atlas.

And maintenance is the sensible side of love,
Which knows what time and weather are doing
To my brickwork; insulates my faulty wiring;
Laughs at my dry rotten jokes; remembers

My need for gloss and grouting; which keeps
My suspect edifice upright in air,
As Atlas did the sky.*

Es ginge also um eine spezielle Form der Liebe, eine herrlich profane und nüchterne Liebe, die nichtsdestotrotz die Welt zusammenhält. Diese Liebe, die Fanthorpe Instandhaltung nennt – oder Umsicht, auf jeden Fall aber vernünftig –, bahnt innerhalb des Gedichts einem Perspektivwechsel den Weg. Man meint, hier spräche jemand dankbar über eine andere Person (und tatsächlich sind viele von Fanthorpes Gedichten Duette mit ihrer Partnerin), aber am Ende stellt sich heraus, dass es das Haus selbst ist, das die Liste seiner Instandhaltung würdigt. Umsicht weiß, welche Spuren Zeit und Witterung am Gemäuer hinterlassen, und Umsicht hält das Bauwerk aufrecht – wie Atlas das Himmelsgewölbe. So demonstrieren diese Zeilen, was es heißt, wenn Sorge und Solidarität den Umweg über die Dinge der Welt nehmen. Man bejaht sich nicht nur wechselseitig und in seinem menschlichen Wesen, man bejaht sich als Teil einer Welt.

* Atlas: Es gibt eine Art von Liebe, die man Instandhaltung nennt // Die WD40 lagert und weiß, wann es zu benutzen ist // Die die Versicherung überprüft, und nicht vergisst // Den Milchmann; die daran denkt, Blumenzwiebeln zu pflanzen; // Die Briefe beantwortet; die den Weg kennt / Den das Geld geht; die sich um Zahnärzte kümmert // Und um Road Fund Tax und das Erreichen von Zügen, / Und um Postkarten für die Einsamen; die aufrecht erhält // Die ständig gebrechlichen, raffinierten / Strukturen des Lebens, das ist Atlas. // Und Instandhaltung ist die vernünftige Seite der Liebe, / die weiß, was Zeit und Wetter / mit meinem Mauerwerk machen; die meine fehlerhaften Leitungen isoliert; / Die über meine trockenen, verdorbenen Witze lacht; die sich erinnert / An mein Bedürfnis nach Glanz und Fugenmörtel; die / Mein verdächtiges Bauwerk aufrecht in der Luft hält, / Wie Atlas es mit dem Himmel tat.

Die Kritik an der Sachherrschaft schafft überhaupt erst Raum für solcherart umsichtige Beziehungen. Sie gibt aber auch eine Maßgabe an die Hand, um diese Umsicht nicht auf das eingekapselte Leben zu beschränken, das einem im Wirbel der Verwertung zugestanden wird. Die Umsicht weiß, dass das leicht baufällige Haus in weitere reproduktive Zirkel eingebunden ist. Versicherung und Straßenbau. Zahnarztbesuche und Trostbriefe. Jedes Ding verweist auf die »gebrechlichen, raffinierten Strukturen des Lebens«. Insofern wir nicht nur ein altes Haus bewohnen, sondern einen angeschlagenen Planeten, haben wir sehr viel mehr Gezeiten zu berücksichtigen, als das Gedicht aufzählt.

Die Atlas abgeschaute Neigung, seinen Teil des Himmelsgewölbes zu stemmen, gibt eine gute Richtschnur ab. Sie lässt uns in den Winkeln unseres Alltags erkennen, dass oft haargenau die Dinge »das Leben« sind, die uns der Kapitalismus verdirbt und vorenthält. Wer hat schon noch Zeit, Trostbriefe an entfernte Bekannte zu schreiben? Wem gehören die Häuser, um deren Gemäuer man sich kümmern könnte? So ergeben sich Kämpfe, die abstrakte Solidaritätsbekundungen in praktische Allianzen gegen Profitmaximierung und Eigentumsfixierung übersetzen, die allerorten anzutreffen sind. Auch der Kampf um die Städte, um Zugang zu Wohnraum und zu sicheren Häfen, wirft die Sachherrscher aus dem Sattel. Der Kampf um ihre Enteignung ist dann immer schon einer, der vom Standpunkt der Weltinstandhaltung geführt wird, von brandneuen Klassiker_innen, die sich der Welt bereits auf neue Weise annehmen.

Bei Häusern, die sich schließlich neu bauen lassen, hat nicht immer die Instandhaltung Vorrang. Die gebrechlichen und raffinierten Strukturen des Zusammenlebens in Minneapolis kommen gut ohne das Gebäude des dritten Polizeireviers aus. Andere Weltbestandteile liegen näher an unseren

Lebensgrundlagen und stehen in langwierigeren Regenerationszyklen, seien es immaterielle Aspekte wie die Nachbarschaftskultur eines Stadtviertels oder eben: der Ackerboden.

Nachdem mein Vater gestorben war und meine Mutter erfolgreich für den Erhalt des Pachtvertrags gekämpft hatte, fand sie beim Spaziergang auf einer Grünfläche eine Pflanze, die sie nicht kannte. Sie nahm ein Stängelchen mit nach Hause. Aber auch das Bestimmungsbuch half nicht weiter. Sie fragte meinen alten Biologielehrer, der in ihrem Laden einkaufte. Auch er wusste, trotz seiner botanischen Passion, nicht auf Anhieb Rat. Einige Tage später kam er freudig erregt wieder in den Laden. Lämmersalat galt in Schleswig-Holstein zu dem Zeitpunkt seit zwanzig Jahren als ausgestorben. So lange hatten meine Eltern den konventionell begonnenen Betrieb ökologisch bewirtschaftet.

Daran muss ich manchmal denken, wenn jemand sagt, im Kleinen lasse sich nichts ändern. Auch was klein ist, kommt auf den Standpunkt an. Ob man in der Stadt seine Möhren im Bioladen kauft, mag manchem als kleine Frage erscheinen. Aber auf sechzig Hektar Ackerland ist es eine große Frage, ob ökologisch Unkraut kontrolliert wird oder »Roundup« gespritzt. »Roundup« ist ein Breitband- oder Totalherbizid. Es tötet alle Pflanzen, weil es dem Phosphation soweit ähnelt, dass die Pflanzen es an seiner statt aufnehmen und daraufhin in sich zusammenfallen. Das krebserregende, 1970 von Monsanto patentierte Spritzmittel trägt bizarrerweise schon eine Komplizenschaft mit aller Sachherrschaft im Namen: »round up«, das heißt, eine Herde zusammenzutreiben, um sie zum Schlachten fahren zu können; es bezeichnet in der Polizeiarbeit Einkesselung und Verhaftung; der »Cherokee Round Up« bestand in Internierung und Zwangsumsiedlung der indigenen Cherokee.

Die Instandhaltung lebendigen Ackerlands hängt aber nicht allein an einem Glyphosat-Verbot. Es ist eine Vielzahl von Techniken – Fruchtfolge, Handarbeit, Maschineneinsatz –, die Land belebt und fruchtbar hält. Abolition ist auch im Fall des Pflanzenschutzes keine einfache Abschaffung, sondern die Stiftung einer ganz anderen Fülle. So kategorische Unterschiede wie das Aussterben einer Art können davon abhängen.

Dennoch kann in in den Nischen kapitalistischer Sachherrschaft die Welt bestenfalls vorläufig gewahrt werden. Nach Ablauf der Vertragsdauer geht das gepachtete Land zurück an den Eigentümer. Die derzeitige Rechtslage schützt Ackerland, auch langjährig biologisch bewirtschaftetes, weder davor, zum Spekulationsobjekt zu werden, noch vor Roundup-Einsatz – sie schützt die kapitalistische Landnahme.

»Survival pending revolution«, hieß eine strategische Ausrichtung der Black Panther Party, die in den 1960er Jahren in den USA den Schwarzen Befreiungskampf führte. Dabei ging es darum, neben der militanten Auseinandersetzung auch konkrete Überlebensstrategien zu entwickeln, solange die Revolution noch ausstand. Das von der Bewegung großflächig in weniger wohlhabenden Gegenden für afroamerikanische Kinder organisierte Frühstücksprogramm ist ein Beispiel dafür. Survival pending revolution. Vermutlich ist der Lämmersalat einverstanden.

Wie aber in den Zwischenräumen der bestehenden Herrschaft der ausstehenden Revolution entgegenzuackern ist, ist seinerseits eine Aufgabe für umsichtige Experimente. Nicht alles wächst von selbst weiter wie das unverwüstliche Wildkraut. Und welche Art von Instandhaltung geboten ist, weiß die ältere oder ortsspezifische Erfahrung keineswegs immer besser. Mir ist das klargeworden, als eine gute Freundin vor zwei Jahren einen Schrebergarten bei Berlin übernahm. Ich gab bereitwillig Tipps und hielt die Sache für eher aussichtslos. Petra stellte Tomaten in den Schatten hinter den Schuppen, säte im Februar aus und konnte Unkraut und Salat nicht unterscheiden. Petra ist neben ihrer Arbeit als Friseurmeisterin und Mutter Künstlerin. Sie hatte bereits diverse Schaffensphasen als Filmemacherin, Fotografin, Zeichnerin. Ich halte diesen Garten für ihr verblüffendstes Kunstwerk. Nach zwei Jahren lebt alles. Wirklich alles. Die Beete quellen über vor Gemüse und Kräutern und Blumen, vieles weiß ich nun nicht mal mehr zu bestimmen, alles ist voller Insekten, aber weitgehend frei von Schädlingen. Die Erde ist dunkel und krumig und scheint geradezu zu pulsieren. Natürlich pflanzt Petra Tomaten inzwischen in der Sonne, aber in etlichen anderen Dingen behielt ich unrecht. Mein Wissen rührte aus den Jahrzehnten vor 1,5-Grad-Klimaerwärmung, vor zunehmender Dürre und ständigen Gewittern. Aber Petras Experimente fanden genau jetzt statt, genau unter diesen Bedingungen. Sie erntet im Februar Gemüse, das ich für nicht winterfest erklärt hätte, und rettet Erdbeeren unter Grünkohlblättern durch den Hagel.

Omnia sunt communia

Den äußersten Gipfel der Eigentumskritik markiert gemeinhin der Satz, der seit der Frühneuzeit durch die radikale Imagination geistert: Omnia sunt communia. Alle Güter sind gemein.

Die Formel wird auf Thomas Müntzer zurückgeführt, aber es stimmt nicht, dass sie den Schlachtruf der Bauernkriege bildete. Es ist zweifelhaft, ob Müntzer den Satz – ein Bibelzitat aus der Apostelgeschichte – überhaupt gesagt hat. Die einzige Quelle für dieses Äußerung ist ein Folterprotokoll, ein von der Obrigkeit 1525 nach der Schlacht von Frankenhausen aufgesetzter Text, in dem Müntzer auch Verrat an seinen Bundgenossen in den Mund gelegt wird.

Die Variante radikaler Gütergemeinschaft, die einem bis in die Gegenwart Schauer über den Rücken jagt, lautet, dass alles allen gehören solle. Dieses Bild war in gewisser Weise immer schon eine Projektion der Konterrevolution. Mit »omnia sunt communia« legen die Folterschergen Müntzer einen Aneignungswunsch in den Mund, den er selbst bei den Fürsten ankreidet hatte. Was vor sich geht, ist eine Zuschreibung sachherrschaftlicher Neigungen auf diejenigen, die faktisch beraubt wurden. Die Bauernkriege stellten sich gegen die herrschaftliche Aneignung von Wäldern und Allmenden. In einer Rede von 1524 verurteilt Müntzer die in seiner Zeit neuexpandierende Sachherrschaft: »Sieh zu, die grundtsuppe des wuchers, der dieberey und rauberey sein unser herrn und fürsten, nemen alle creaturen zum aygenthumb.«

Außer in einigen christlichen Sekten und Bettelorden hat »omnia sunt communia« nie geheißen, dass allen alles gehören solle. Bei Müntzer nicht, der den Gutsherren jeweils zwei bis fünf Pferde und sogar ihre Schlösser lassen wollte; im Marxismus schon gar nicht, wo das Privateigentum an Produktionsmitteln, nicht das Privateigentum überhaupt aufgehoben werden sollte. Auch der Anarchist Gustav Landauer sagt: »gegen den Besitz, sei es nun Gemeindebesitz oder Privatbesitz, ist nichts einzuwenden, sondern gegen die Besitzlosigkeit.« Vor den Projektionen der Konterrevolution bewahrten diese Einschränkungen nicht. Die Münchener Räterepublik etwa, an deren Leitung Landauer beteiligt war, scheiterte schon vor der Niedermetzelung durch die Freikorps daran, dass sich in Bayern auf dem Land das Gerücht festsetzte, die Sozialisten wollen »die Frauen sozialisieren«.

Die Welt der Sachherrschaft unterstellt jedem Angriff aufs Eigentum ultimativ die Vergewaltigungsabsicht, die das sachherrschaftliche Patriarchat lehrt. Denn es ist die Welt der Sachherrschaft, die sich gar keinen anderen Reiz des Eigentums mehr vorstellen kann als die Allherrschaft.

Selbst wenn es doch, wie in der Verhörsmitschrift verbreitet, stimmen sollte, dass die Gütergemeinschaft das geheime Kernprogramm der verbündeten Bauernkrieger darstellte, kann »omnia sunt communia« nicht geheißen haben, dass jeder unbeschränkt Zugriff auf die Sachen des anderen haben sollte. Denn die Bundesgenossen verschworen sich außerhalb der modernen Konzeption absoluter Sachherrschaft. Ihre Forderungen wurzeln in einer radikalen Kritik der Leibeigenschaft, in der Erfahrung der Allmenden, im Recht des Waldes.

Wenn wir die kommunistische Formel für die Gegenwart aufgreifen wollen, dann müssen wir sie von der Projektion der Sachherrschaft trennen, von der Angstlust, die sich vorstellt, dass alle alles mit allem machen könnten.

Alles soll allen gehören! Nur »gehören« soll etwas vollkommen anderes sein. »Omnia sunt communia« ist besser übersetzt mit »alles soll gemein sein«. Wo Simpson verwandte Nationen von Tieren sieht, könnten die Bauernkrieger_innen alle Kreaturen als Gemeinden ansprechen. Alles soll allen gehören heißt dann: Alles kann sich frei von Leibeigenschaft organisieren. Und es heißt auch: Alles ist allen anvertraut. Alle sind einander anvertraut.

Und genau so ist es. Bei allem Weltverlust haben wir doch einen Sinn dafür, dass wir zumindest einen ganz leisen Rest an Verantwortung dafür mittragen, wenn Energy Transfer Partners zweitausend Kilometer leckende Pipeline verlegt oder RWE einen tausend Jahre alten Wald ruiniert. Es ist unsere Welt. Wir halten sie aufrecht.

Bis ins 19. Jahrhundert hinein gab es im Deutschen den heute ausgestorbenen Begriff der »Pflegschaft«. Das war ein Gut, für das man verantwortlich war, ohne es zu besitzen. Je mehr Eigentum als Kapital zu dienen begann – also zum Grundstock von Besitzstandsmehrung in Firmen und Unternehmen wurde –, desto stärker schwand diese Bedeutung. Nicht nur, weil eine Pflegschaft kein Kapital sein konnte (sie ließ sich ja nicht als Investition aufs Spiel setzen), sondern auch, weil persönliche Güter, für die man eine starke Verantwortung fühlte, nun auf massivere Weise gegen den Ressourcenhunger des Kapitals geschützt werden mussten. Auch sie wurden Privateigentum. Nur dort, wo Eigentumsanspruch gegen Eigentumsanspruch stand, konnte man seiner Dinge sicher sein – zumindest wenn man durch weißen und männlichen Phantombesitz als würdiger Privateigentümer ausgewiesen war.

Im selben Moment hörten die Dinge auch auf, vor ihren Eigentümern sicher zu sein. Und immer mehr Weltbestandteile wurden zu Eigentum, Dinge, von denen man sich kaum hätte vorstellen können, dass sie als abgrenzbare, übertragbare, missbrauchbare Objekte zu behandeln wären: Land. Menschen. Arbeitskraft. Sorgetätigkeit. Ideen. Saatgut. DNA. Wasser. Luftraum. Dabei sind sie allesamt lebendige Elemente von grundlegenden Reproduktionskreisläufen.

Das klassische sozialistische Programm mit seinem Kern der Vergesellschaftung von Produktionsmitteln reagiert darauf, dass wir in gewisser Weise bereits vergesellschaftet sind: Wir produzieren arbeitsteilig unseren Reichtum, wir leben unter allgemeinen Gesetzen und wachsen in ähnlich gestrickte soziale Normen hinein. Diese Normen – z. B. als bürgerliches Leistungsprinzip – ebenso wie diese Gesetze – zum Beispiel das Erb- und Eigentumsrecht – hindern uns aber daran, uns so zu organisieren, dass wir den Reichtum direkt füreinander schaffen können. Der revolutionäre Akt besteht in der Aneignung der Produktionsmittel, in deren Besitz dann die volle Vergesellschaftung – bewusste gemeinsame Koordination – stattfinden kann. Alles soll sozial werden, also auf die Bedürfnisse des menschlichen Zusammenlebens abgestimmt.

Jede sozialistische Solidarität ist aber gegenwärtig mit der Fragilität der planetaren Lebensgrundlagen konfrontiert. Wir brauchen einen Ausweg nicht nur aus der sachlichen Herrschaft der Profitorientierung, sondern auch aus der Sachherrschaft der Eigentumsfixierung. Ein umsichtiger Kommunismus muss nicht nur darauf reagieren, dass wir soziale Wesen sind, sondern auch, dass wir lebendige Wesen sind. Wesen, die in eine natürliche Welt verwobener Gezeiten eingelassen sind. Zumal auf unserem Level des planetaren Austauschs und Krisengeschehens jedes Ensemble von Gezeiten bis in die letzten Fasern hinein mit anderen verbunden ist. Wir müssen in diesem Gefüge einen Standort finden, der Leben aufrechterhält. Das kann nur gelingen, wenn wir nicht weiter lebendige Objekte abzirkeln und wahllos aus ihren Zusammenhängen lösen. Nicht nur die Verwertung muss aufhören, sondern auch die Verwüstung. Neben die Vergesellschaftung muss die Weltwahrung treten. Wir könnten ein Gemeinwesen werden, das alle Gezeiten einbezieht und sich über sie abstimmt. Uns mögen Dinge gehören, aber wir wären keine modernen Eigentümer_innen mehr. Wir wären sanfte Verbündete der uns anvertrauten Weltbestandteile.

Omnia communia sunt. Alles existiert gemeinsam.

Atlas zu sein hieße dann: so sicher in wechselseitiger Regeneration und umsichtiger Instandhaltung stehen, dass alles ineinandergreift, ohne dass man den Gezeiten Gewalt antun müsste. Das befreite Leben trägt sich selbst.

Dann endlich wäre auch Atlas frei. Er könnte sich in jedes bisschen Welt verlieben.

Gegenwärtigkeit

Gegenwart ist, wo sich alle Gezeiten treffen. Jeder Reproduktionszyklus hat seine eigene Spanne und Myriaden von Voraussetzungen im Material anderer Zyklen. Aber alles, was lebt, ist jetzt anwesend. Und vieles, das nicht lebt, auch. Die Gegenwart ist der Raum, in dem alles, was es gibt, zusammenkommt. Omnia communia sunt. Alles existiert gemeinsam. Das Leben, die Welt, die Natur – sie sind nie eins. Aber sie kommen, wie Gemeine, in einem Raum zusammen. »Weltinnenraum« nennt Rilke das in einer Gedichtzeile: »Durch alle Wesen reicht der *eine* Raum: | Weltinnenraum. Die Vögel fliegen still | durch uns hindurch. O, der ich wachsen will, | ich seh hinaus, und *in* mir wächst der Baum.« In diesen Zeilen liegt eine große Romantik. Wenn es überhaupt Romantik – also abstrakte Beschwörung unendlicher Verbundenheit – geben soll, dann lieber so als in Valentinsritualen. Man kann Rilkes Strophe aber auch vollkommen materialistisch lesen. Der Weltinnenraum ist die Gegenwart, in der sich alle Stoffwechsel kreuzen (meinetwegen sogar wörtlich: der gebratene Vogel in mir auf dem Weg dazu, als Kompost einen Baum zu nähren).

Jede menschliche Arbeit kann bewusst bestimmte Kreisläufe regenerieren und andere blockieren. Wenn diese Arbeit in der Hoffnung geschieht, an der Grundordnung des Raums etwas zu ändern – also zum Beispiel sämtliche Verwertungsspiralen des Kapitals zu blockieren oder nur noch von Sachherrschaft befreite Beziehungen zu unterhalten –, ist sie revolutionär. Die Revolution für das Leben hat viele Namen.

Abolition. Aktiver Streik. Vergesellschaftung. Weltwahrung. Sie sind allesamt Arbeit am Weltinnenraum.

Diese Arbeit geschieht an der Kreuzung zweier Sehnsüchte. Die eine ist der unbändige Drang nach Befreiung aus der kapitalistischen Herrschaft. Sie übersetzt sich in menschliche Selbstbefreiung von dem Zwang, seine Zeit verkaufen zu müssen, und von dem Los, Gegenstand der Ausplünderung zu sein. Diese Sehnsucht will die alte Unfreiheit nicht in neuen Formen von Phantombesitz verlängert sehen, und sie will die natürliche Welt aus dem Griff der Verfügung und Verwertung lösen. Darum kämpfen an verschiedenen Fronten der Sachherrschaft unter anderem Black Lives Matter, NiUnaMenos, Ende Gelände und die Wasserschützer_innen in Dakota. Die erste Sehnsucht ist eine Sehnsucht danach, die Gewalt der Vergangenheit in der Gegenwart unschädlich zu machen. Je weiter zurück diese Befreiungssehnsucht blickt, desto umfassender sie die beschädigten Gezeiten in den Blick nimmt, desto größere Trauer mischt sich in die Wut, die die erste Sehnsucht vorantreibt. Sie spricht aus Leanne Betasamosake Simpsons Karte der Verluste. Es gibt viel zu wenige Zwischenräume. Vieles wird verloren bleiben.

Die Revolution für das Leben birgt zugleich eine zweite Sehnsucht. Die, endlich in die befreite Zukunft eintreten zu können. Die Sehnsucht nach solidarischen Beziehungsweisen und Weltliebe. Die Sehnsucht nicht nur nach der Abwesenheit von Herrschaft, sondern nach der Anwesenheit freier Gezeiten.

Olga Tokarczuk stellt ihrer Nobelpreisrede, in der sie die Idee einer Erzählung aus »vierter Person«, also aus einer Perspektive, die uns noch nicht zur Verfügung steht, entwickelt, eine Kindheitsanekdote voran. Es gäbe ein Bild, auf dem Tokarczuks Mutter, mit ihr schwanger, melancholisch aus dem

Fenster schaue. Als Kind habe die spätere Autorin die Mutter gefragt, warum sie auf dem Foto traurig aussehe. Die Antwort der Mutter lautete: Weil Du noch nicht da warst und ich Dich vermisst habe.

Wie kann man etwas vermissen, das noch gar nicht da ist? Vielleicht weil es sich schon in Umrissen abzeichnet. Vielleicht weil diese Umrisse eine Form erkennen lassen, in der die Gewalt der Vergangenheit überwunden wäre. Vielleicht weil jedes Leben, das an die Grenzen der Sachherrschaft rührt, eine Ahnung größerer Freiheit und Verbundenheit weckt.

Die zweite Sehnsucht, die die Revolution für das Leben leitet, vermisst also, was sie noch gar nicht kennen kann: eine Welt, in der wir pflegen, statt zu beherrschen, teilen, statt zu verwerten, regenerieren, statt zu erschöpfen, und retten, statt zu zerstören.

Alles, was wir brauchen, ist da.

Schluss

Das Leben transformiert irdische Materie in wiederkehrenden Kreisläufen über ganz unterschiedliche Zeitspannen hinweg. Diese Kreisläufe sind verwoben, sie durchkreuzen sich und sind auf unzählige Weisen voneinander abhängig. Jedwede Alltagspraxis und alle Weltgeschichte ruht auf dieser Grundlage. Einige der weitreichenden Wechselwirkungen vermag die moderne Naturwissenschaft zu entschlüsseln. So wissen wir zum Beispiel seit vierzig Jahren, was weder Kapitalist_innen noch Arbeiter_innen im 19. Jahrhundert ahnten: dass ihre öl- und kohlegefütterten Dampfmaschinen das Klima verändern. Genau das tun unsere Verbrennungsmotoren und Kohlekraftwerke weiterhin Tag für Tag.

Doch selbst wenn er nicht das Klima zerstörte, sollten wir den Kapitalismus abschaffen. Er ist eine viehische Wirtschaftsform. Irgendetwas muss er immer aneignen und verwerten, selbst wenn er Kohle im Boden ließe und CO_2 reduzierte. Jede kapitalistische Aneignung und Verwertung tendiert zu Missbrauch und Nichtigmachung. Nicht wegen der – oft allerdings beträchtlichen – Brutalität der Bosse, sondern weil es sich eben rechnet, alles aus dem Material herauszuquetschen und das Beiwerk abzustoßen. Und es muss sich rechnen: Denn im Konkurrenzkampf am Markt gewinnt immer die Firma Überhand, die ein Gut günstiger herstellen kann als andere.

Kapitalistische Wirtschaft bricht in die raffinierten und überquellenden Kreisläufe natürlicher Regeneration mit zwei brachialen Gesten ein. Die erste ist vom modernen Eigentum diktiert und zirkelt einzelne Aspekte ab, als seien sie, was sie im Zuge dieser Behandlung häufig werden: tot. Dass etwas als Eigentum bloßes Ding ist, heißt nicht, dass es das vorher schon war. Die Verdinglichung ist der Effekt der Abzirkelung, die Land, Bodenschätze und Maschinen ebenso wie immaterielle Gefüge, menschliche Beziehungen und Körper treffen kann. Herausgelöst aus vielfachen Verbindungen und Regenerationszyklen sind diese Dinge dann verfügbar.

Die zweite Geste ist von der Ware diktiert und sucht nach Gewinn. Sie kann die als Eigentum fixierten Dinge packen und aufwirbeln, um Wert von Ausschuss zu trennen. Wert ist, was am Markt Profit erringt – also mehr einbringt, als Erwerb und Aufwirbelung gekostet haben. Wert ist, was die erfolgreiche Ware hat, was ihr ein gestundetes Weiterleben gewährt. Die widerrufene Ware ebenso wie alles von ihr Abgetrennte – die Produktionsabfälle, die Emissionen des Transports, die Verpackungen – sind für nichtig erklärt. Der Kapitalismus kann Gewinn machen, weil er auf diese Verluste keine Rücksicht nimmt. Indem die Warenproduktion ihre Abfallstoffe einfach fallen lässt, oder zumindest möglichst günstig entsorgt, setzt sie Verlustspiralen ganz neuen Ausmaßes in Gang. Denn die wertlosen Dinge sind ja nichtsdestotrotz da. Feinstaub, Treibhausgas, kontaminiertes Kühlwasser, verseuchte Böden, Plastiktüten. Wo sie auf der Welt auch hingeraten, durchkreuzen sie existierende Regenerationskreisläufe. Fisch- und Regenwurmpopulationen verenden mit Mikroplastik in den Eingeweiden, Insekten werden von Pestiziden dezimiert, und kunstdüngerversalzene Erdkruste bricht in unfruchtbaren, harten Schollen auf. Flüsse führen quecksilberverseuchten Schlamm und kosten etliche Lebewesen das Trinkwasser; die Atmosphäre erwärmt sich, mindert Regenfälle, befördert Waldbrände, schmilzt Gletscher und mildert die hiesigen Winter. Staubige, abgashaltige Luft greift atmende Lungen an. Unsere Lungen.

Und unsere Welt. Die brechenden Gezeiten führen zum teilweise unwiederbringlichen Verlust unserer Lebensgrundlagen; in ihnen materialisiert sich der Weltverlust. Dieser größte denkbare Verlust scheint uns dennoch kaum zu berühren. Wir machen einfach weiter. Als moderne Individuen verlieren wir mit der Welt etwas, von dem wir abzusehen gewohnt sind. Wir verstehen uns selbst als Einzelposten, wir messen unsere Freiheit an der uneingeschränkten Verfügung über eine kleine Parzelle – im Zweifelsfall sind das nur wir selbst, die wir möglichst viel aus uns machen und im Wettstreit mit den anderen bestehen wollen. Wir müssen ständig unsere Zeit verkaufen, um selbst zu überleben. Die Gezeiten der natürlichen Welt kommen nicht in den Blick, während man das Geld auftreibt, um sich seine Nahrung, sein Dach über dem Kopf und ein wenig Erholung zu sichern.

Aus Sicht der kapitalistischen Verwertung ist auch der erschöpfte Körper der Arbeitenden ein Abfallprodukt. Er wird ausgesetzt, um sich über Nacht oder übers Wochenende zu regenerieren. Wo dies nicht gelingt – vielleicht von Anfang an nicht gelungen ist, weil ein arbeitsunfähiger, unqualifizierter oder ungefügiger Körper vorliegt –, greift die Eigentumsfixierung erneut, oft staatlich vermittelt. Die Arbeitskraft muss abgezirkelt und eingebläut werden, sei es in Hartz-IV-Sanktionen oder dualen Masterstudiengängen. Steht hingegen mehr Arbeitskraft bereit, als benötigt wird, selektiert die Profitorientierung. Nicht alle Arbeit ist verwertbar, manche muss als Auswurf weggeschafft werden. Die Überflüssigen lassen sich nicht alle zu Hause abstellen, zumal wenn Wohnraum ein begehrtes Spekulationsobjekt ist. Die

Politik schafft Verwahrungsstätten: Gefängnisse innerhalb der Grenzen, Lager jenseits.

Die beiden Gesten der Einkreisung und Aufwirbelung kappen Verbindungen und schaffen ortlose Objekte, die Gezeiten anschwellen und bersten lassen. Menschen müssen sich nicht auf diese viehische Art und Weise versorgen. Aber um uns anders zu versorgen, brauchen wir andere Gesten. Denn das Ende der Zerstörung erfordert nicht, dass wir aufhören, in die Gezeiten einzugreifen. Alle Gezeiten greifen ineinander. Es gilt auch nicht, eine bestimmte Balance unangetastet zu lassen, wenn es denn überhaupt noch eine gäbe. Es ist kein menschlicher Fehlgriff, die Welt zu verändern. Man kann sie schließlich auch verschönern. Aber dafür muss man sich auf ihre Zusammenhänge konzentrieren.

Ein anderes Verhältnis zueinander und zur Welt muss unserer Abhängigkeit von geteilten Lebensgrundlagen gerecht werden und auch der akuten Situation, in der diese bereits von desaströsen Zerstörungsdynamiken durchzogen sind. Es zielt aufs Ganze, kann aber im ganz Kleinen begonnen und geübt werden.

Die erste Geste der Revolution für das Leben rettet. Sie springt ein, um das Leben dort aufrechtzuerhalten, wo unverzichtbare Gezeiten zu brechen drohen. Sie kämpft darum, dass rassistisch degradierte Menschen weiter atmen können, und muss dafür diverse Zirkel der Sachherrschaft blockieren: die Polizeipatrouille, die Grenzbefestigung, den Raubbau an Ressourcen und die regional unterschiedlich verheerende Erderwärmung.

Die zweite Geste der Revolution für das Leben regeneriert. Sie befreit die Arbeit aus der doppelten Unfreiheit, entweder als patriarchal beherrschte Sorge gefügig oder als käufliche Zeit verwertbar sein zu müssen. Arbeit kann etwas ganz anderes sein, etwas im Grunde sehr Vertrautes, das in den

Zwischenräumen immer schon die Welt zusammengehalten hat: eine Wiederherstellung des Lebens und seine beständige Neuerfindung. Andere Arbeit, gelöst aus dem Sog der Verwertung, kann sich solidarisch orientieren, sie kann Gezeiten anstoßen und nähren; sie ist selbst ein Regenerationskreislauf und als solcher unerschöpflich.

Die dritte Geste der Revolution für das Leben teilt. Sie verwandelt die ehemals als Kapital beherrschten Güter in Gemeinwesen. Anstatt Profit an sich zu binden, bieten solche Gemeinwesen geteilten Wurzelgrund. Sie ermöglichen die Abstimmung darüber, welche Gezeiten wir zusammenziehen, welche Genüsse wir frei gewähren und welche Stoffe wir ruhen lassen. Produktion im Gemeinwesen achtet auf das Freigesetzte, unterbindet schädlichen Ausstoß und fängt bereits Verschleudertes ein, gerade so, wie Wälder Treibhausgas in Sauerstoff und Pflanzensaft zurückverwandeln.

Die vierte Geste der Revolution für das Leben pflegt. Sie besitzt nicht, um Raum einzunehmen, sondern um von ihrem Standpunkt aus die Welt zu stützen. Sie hält ein möglichst vielfältiges Ensemble von Gezeiten intakt, sie schaut, was auf welche Weisen ineinandergreift, und lernt und staunt und ahnt, dass sich die von äußerer Gewalt befreiten Gezeiten sogar selbst tragen können, so tragen, dass darin alle frei wären – selbst die teilenden, weltwahrenden Revolutionär_innen.

Ob wir den Kapitalismus vermissen würden? Die funkelnden Schaufenster, die röhrenden Motoren, das Getümmel und die Schlacht?

Wir werden gelernt haben, virtuoser mit unseren Gelüsten umzugehen. Vielleicht werden wir Zwischenräume für Verdinglichungsnostalgie und viehische Zwänge finden – Zwischenräume in einer Welt, die weiterhin lebendig ist, weil wir uns ihrer angenommen haben, als sie schon verloren schien.

Danksagung

Vielen Dank an Barbara Wenner, Yelenah Frahm und Bibi Stewart. Es ist so schön, mit Euch zu schreiben.

Vielen Dank an Aurélie, Ann und die ganze Kommune.
Es ist so schön, mit Euch zu leben.

Literaturverzeichnis

EINLEITUNG

Zitatnachweise

»*... eine gute Welt! ...*« Bertolt Brecht, »Die heilige Johanna der Schlachthöfe«, S. 347-454 in: ders., *Ausgewählte Werke in sechs Bänden. Erster Band,* Franfurt/M. 1997, S. 450.

»*... feudale Hierarchien ...*« Cedric J. Robinson, »Racial Capitalism: The Nonobjective Character of Capitalist Development«, S. 9-18 in: *Black Marxism. The Making of the Black Radical Tradition,* London 1983.

»*... bleibt es nicht ...*« Bertolt Brecht, »Lob der Dialektik«, in: ders., *Ausgewählte Werke in sechs Bänden. Dritter Band,* Franfurt/M. 1997, S. 238.

»*... Selbstverständigungen ...*« Karl Marx, »Brief an Arnold Ruge, September 1843«, in: *Marx-Engels-Werke Band 1,* Berlin 1976, S. 346.

BEHERRSCHEN (Eigentum)

»*... der erste ...*« Jean-Jacques Rousseau, *Abhandlung über den Ursprung der Ungleichheit unter den Menschen,* Stuttgart 2005, S. 74.

»… *alleinige und despotische Herrschaft …*« William Blackstone, *Blackstone's Commentaries on the Laws of England.* Hrsg. v. Morrison, Wayne, London 2001, § 2.2.

»… *volles Dingrecht …*« Bürgerliches Gesetzbuch der Bundesrepublik Deutschland, § 903; online einsehbar unter: https://www.gesetze-im-internet.de/bgb/__903.html.

»… *Akkumulation …*« Karl Marx, »Die sogenannte ursprüngliche Akkumulation«, S. 741 - 791 in: *Das Kapital, Band 1. Marx-Engels-Werke Band 23,* Berlin 1962.

»… *Terrorkampagne gegen Frauen …*« Silvia Federici, *Caliban und die Hexe. Frauen, der Körper und die ursprüngliche Akkumulation,* Wien 2012, S. 82.

»… *Macht Platz! …*« Fjodor Dostojewskij, *Schuld und Sühne,* München 1997, S. 79.

»… *im Zeichen triumphalen Unheils …*« Max Horkheimer u. Theodor W. Adorno, *Dialektik der Aufklärung,* Frankfurt/M. 2012, S. 9.

»… *Feldherrenhügel-Wahrnehmungsweise …*« Daniel Loick, *Missbrauch des Eigentums,* Berlin 2016, S. 105.

»… *Fabriken zur Herstellung von Leichen …*« Hannah Arendt, *Elemente und Ursprünge totaler Herrschaft,* München 1986, S. 701.

»… *ein erniedrigtes, ein geknechtetes …*« Karl Marx, »Zur Kritik der Hegelschen Rechtsphilosophie. Einleitung«, S. 378 - 391 in: *Marx-Engels-Werke Band 1,* Berlin 1976, S. 385.

»… *Beziehungsweise …*« Bini Adamczak, *Beziehungsweise Revolution. 1917, 1968 und kommende,* Berlin 2017, S. 239 - 257.

»… *allenthalben zunehmende Verlassenheit.*« Hannah Arendt, *Elemente und Ursprünge totaler Herrschaft,* München 1986, S. 729.

»… *Sandsturm …*« ebd.

Weiterführende Literatur

Eine ausführlichere Version des hier vorgestellten Arguments mit detaillierten Hinweisen auf die Forschungsliteratur findet sich in meinem Aufsatz »Ownership's Shadow«, S. 33-67 in: *Criticial Times* 3:1, 2020.

Zur Begriffsgeschichte des Eigentums stütze ich mich vor allem auf: Dieter Schwab, »Eigentum«, S. 65-115 in *Geschichtliche Grundbegriffe*, hrsg. v. Werner Conze und Reinhart Koselleck, Stuttgart 1997; sowie Peter Garnsey, *Thinking about Property: From Antiquity to the Age of Revolution*, Cambridge 2007.

Zwei entscheidende Studien zum Zusammenhang von Eigentumsform und intersektionalen Herrschaftsverhältnissen sind der klassische Aufsatz »Whiteness as Property« von Cheryl I. Harris, S. 1707-91 in: *Harvard Law Review* 106: 8, 1993 und das aktuelle Buch von Brenna Bhandar: *Colonial Lives of Property. Law, Land, and Racial Regimes of Ownership*, Durham 2018.

VERWERTEN (Güter)

»*… Teufelsmühle …*« Karl Polanyi, *The Great Transformation. Politische und ökonomische Ursprünge von Gesellschaften und Wirtschaftssystemen*, Frankfurt/M. 1973, S. 59.

»*… einem Vampyr gleich …*« Karl Marx, »Hefte zur Agrikultur. Großheft 1865/66. Exzerpte zu Justus von Liebig«, in: *Marx-Engels-Gesamtausgabe IV. 18.*, Berlin 2019, S. 143.

»*… städtischer Abwässer …*« Justus von Liebig, »Chemische Briefe«, zit. nach August Bebel, *Die Frau und der Sozialismus*, Stuttgart 1910, S. 435.

»… *zurück aufs Land geschafft* …« August Bebel, *Die Frau und der Sozialismus*, Stuttgart 1910, S. 435-439.
»… *Totengräber* …« Friedrich Engels und Karl Marx, »Manifest der Kommunistischen Partei«, S. 459-493 in: *Marx-Engels-Werke Band 4*, Berlin 1972, S. 474.
»… *Vermarktlichung von Geld* …« Karl Polanyi, *The Great Transformation. Politische und ökonomische Ursprünge von Gesellschaften und Wirtschaftssystemen*, Frankfurt/M. 1973, S. 103.
»… *Warenfetisch* …« Karl Marx, »Der Fetischcharakter der Ware und sein Geheimnis«, S. 85-98 in: *Das Kapital. Band 1. Marx-Engels-Werke Band 23*, Berlin 1962.
»… *Schnittsalat-Konsument*…« Jia Tolentino, *Trick Mirror. Reflections on Self-Delusion*, New York 2019, S. 67.
»… *Eleminiere Deinen Nächsten* …« Virginie Despentes, *Das Leben des Vernon Subutex 1*, Köln 2017, S. 9.
»… *guten Gesellschaft* …« Hannah Arendt, *Elemente und Ursprünge totaler Herrschaft*, München 1986, S. 195 u. 538.
»… *den Gedanken an jenes Glück* …« Max Horkheimer u. Theodor W. Adorno, *Dialektik der Aufklärung*, Frankfurt/M. 2012, S. 181.
»… *nicht aus Staub* …« Bernd Heinrich, *Leben ohne Ende. Der ewige Kreislauf des Lebendigen*, Berlin 2019, S. 9.

Weiterführende Literatur

Ich knüpfe in diesem Kapitel stark an öko-marxistische Positionen an. Am Phosphor erläutere ich, was John B. Foster als »Stoffwechsel-Kluft« zwischen Stadt und Land diskutiert; s. John Bellamy Foster: »The Metabolism of Nature and Society«, S. 141-177, in: ders., *Marx's Ecology. Materialism and*

Nature, New York 2000. Eine ausführlichere Darstellung der Ablösung von Wasserkraft durch Öl sowie der Abspaltung von CO_2 im fossilen Kapitalismus liefert Andreas Malm; vgl.: Andreas Malm, »Fossil Capital: The Energy Basis of Bourgeois Property Relations«, S. 279-326 in: *Fossil Capital. The Rise of Steam Power and the Roots of Global Warming*, London 2016.

Meine Betonung der Nichtigmachung als notwendiger Teil des kapitalistischen Produktionsprozesses ließe sich als Verallgemeinerung von Andreas Malms Formel für fossiles Kapital folgendermaßen darstellen:

G – W (AK + PM (M + RS)) … P (Abspaltung von Nichtigem) … W′ – G

Meine Deutung der kapitalistischen Wertschöpfung basiert auf einer unorthodoxen *Kapital*-Lektüre, die die Arbeitswerttheorie übergeht. Ausführlich erläutert findet sich eine solche Lesart in Michael Heinrichs Kommentar: Michael Heinrich, »Der Fetischcharakter der Ware und sein Geheimnis«, 163-213 in: ders., *Wie das Marxsche »Kapital« lesen? Teil 1*, Stuttgart 2009.

Die für die Frankfurter Schule charakteristische Ideologie- und Kulturtheoretische Ausweitung der Kapitalismusanalyse hat ihren Urspung in Georg Lukács' Verdinglichungsbegriff; vgl.: Georg Lukács, »Das Phänomen der Verdinglichung«, 170-209 in: ders., *Geschichte und Klassenbewußtsein. Gesammelte Werke Band 2*, Darmstadt 1968.

ERSCHÖPFEN (Arbeit)

Zitatnachweise

»… *planvoll herstellen* …« Karl Marx, *Das Kapital, Band 1. Marx-Engels-Werke Band 23,* Berlin 1962, S. 193.

»… *füreinander produzieren* …« Karl Marx, »Auszüge aus James Mills«, S. 443-463 in: *Marx-Engels-Werke Band 40,* Berlin 2012, S. 462-463.

»… *auf dem Feld ihres Nachbarn* …« zit. nach: Silvia Federici, *Caliban und die Hexe. Frauen, der Körper und die ursprüngliche Akkumulation,* Wien 2012, S. 215.

»… *Grundlage des modernen Individuums* …« vgl. Charles Taylor, *Die Quellen des Selbst. Die Entstehung der neuzeitlichen Identität,* Frankfurt / M. 1996, S. 266; René Descartes, *Meditationen über die Grundlagen der Philosophie,* Hamburg 1993.

»… *Streit und Erpressungszahlungen* …« Peter Linebaugh, »The Tyburn Riots Against the Surgeons«, in: ders., Douglas Hay et al., *Albion's Fatal Tree. Crime and Society in Eighteenth-Century England,* London 2011.

»… *Konjunkturkrisen des Kapitalismus* …« Rosa Luxemburg, *Die Akkumulation des Kapitals. Gesammelte Werke Band 5,* Berlin 1975, S. 410.

»… *Gewebe des Lebens* …« Jason W. Moore, *Capitalism and the Web of Life,* London 2015, S. 3.

»… *die vornehmliche Stütze* …« W. E. B. Du Bois, *Darkwater: Voices from Within the Veil,* Mineola 1999, S. 33.

»… *sweeten the cup of man* …« Mary Wollstonecraft, »A Vindication of the Rights of Women«, in: dies.: *A Vindication of the Rights of Men and A Vindication of the Rights of Women,* Cambridge 1995, S. 235.

»... *Lohn des Weißseins ...*« W. E. B. Du Bois, *Black Reconstruction in America. An Essay Toward a History of the Part Which Black Folk Played in the Attempt to Reconstruct Democracy in America, 1860-1880*, New York 1935, S. 700.

»... *Lohn des Mannes zu drücken ...*« zit. nach: Barbara Taylor, *Eve and the New Jerusalem. Socialism and Feminism in the Nineteenth Century*, London 1983, S. 114.

»... *vorzeitige Ergrauung ...*« Bing Zhang, Sai Ma et al., »Hyperactivation of sympathetic nerves drives depletion of melanocyte stem cells«, S. 676-681 in: *Nature 577*, 2020.

Weiterführende Literatur

Die Entfremdungsanalyse des jungen Marx findet sich in den sogenannten »Pariser Manuskripten«, s.: Karl Marx, »Die entfremdete Arbeit«, S. 510-522 in: *Marx-Engels-Werke 40*, Berlin 1990. Mein Verständnis ist Lukas Küblers Deutung verpflichtet, vgl.: Lukas Kübler, »Marx's Theorie der Entfremdung«, S. 47-66 in: Rahel Jaeggi und Daniel Loick (Hrsg.), *Karl Marx: Perspektiven der Gesellschaftskritik*, Berlin 2013. Rahel Jaeggi hat den Entfremdungsbegriff für die aktuelle Gesellschaftskritik als »Beziehung der Beziehungslosigkeit« systematisiert, vgl.: Rahel Jaeggi, *Entfremdung. Zur Aktualität eines sozialphilosophischen Problems*, Frankfurt/M. 2005.

Eckpunkte für die intersektionale materialistische Debatte bilden Angela Y. Davis, *Women, Race & Class*, New York 1981, Carole Pateman, *The Sexual Contract*, Stanford 1988, sowie Nancy Fraser, »Behind Marx's Hidden Abode«, S. 55-72 in *New Left Review* 86, 2014.

ZERSTÖREN (Leben)

»... *Panik* ...« Greta Thunberg, *Ich will, dass ihr in Panik geratet! Meine Reden zum Klimaschutz*, Frankfurt/M. 2019, S. 48.

»... *death singing* ...« Patti Smith, »Death Singing« auf *Peace and Noise*, 1997.

»... *albtraumartiger Körper* ...« Patrick Heardman, »The meaning behind Extinction Rebellion's red-robed protesters« *dazeddigital*, 26.04.2019; online abrufbar: https://www.dazed-digital.com/politics/article/44238/1/meaning-behind-extinction-rebellions-red-robed-protesters-london-climate-change

»... *How dare you?* ...« Greta Thunberg, Rede auf dem UN-Weltklimagipfel 18.12.2019, online abrufbar unter: https://www.youtube.com/watch?v=Eo_-mxvGnq8

»... *Kassandra* ...« Christa Wolf, *Voraussetzungen einer Erzählung: Kassandra*, Frankfurt/M. 1983, S. 10.

»... *CO_2-Budget* ...« Greta Thunberg, Rede auf dem UN-Weltklimagipfel 18.12.2019.

»... *Illusionen* ...« Karl Marx, »Zur Kritik der Hegelschen Rechtsphilosophie. Einleitung«, S. 378-391 in: *Marx-Engels-Werke Band 1*, Berlin 1976, S. 379.

»... *seine wirkliche Sonne* ...« ebd.

»... *Achill, das Vieh* ...« Christa Wolf, *Kassandra*, München 2000, S. 31.

»... *nationalsozialistische Vernichtungspolitik* ...« Hannah Arendt, *Elemente und Ursprünge totaler Herrschaft*, München 1986, S. 616.

»... *Für den afrikanischen Kontinent* ...« zit. nach: Bamuturaki Musingwzi, »Nakate: African voices needed to save the planet«, in: *The East African*, 20. März 2020, online abrufbar unter: https://www.theeastafrican.co.ke/

magazine/Nakate-African-voices-needed-to-save-the-planet/434746-5498694-qcjaak/index.html
»… *eigene Seele zu retten …*« Hannah Arendt, *Vita activa oder Vom tätigen Leben*, München 1981, S. 54.
»… *Verbrauchslogik des Massenkonsums …*« ebd., S. 113.
»… *im Bereich des Handelns …*« ebd., S. 240.
»… *irreversible Kettenreaktion …*« Greta Thunberg, *Ich will, dass ihr in Panik geratet! Meine Reden zum Klimaschutz*, Frankfurt/M. 2019, S. 59.
»… *Drum sog der Wind …*« William Shakespeare, »Ein Sommernachtstraum«, in: ders. *Der Kaufmann von Venedig. Ein Sommernachtstraum*, Frankfurt/M. 2008, S. 115-116.
»… *von der aus alles gesehen werden kann …*« Olga Tokarczuk, »The Tender Narrator«, Nobelpreisrede 2018, online abrufbar unter: https://www.nobelprize.org/prizes/literature/2018/tokarczuk/104871-lecture-english/.

Weiterführende Literatur

Elisabeth Young-Bruehls Biographie verdeutlicht, wie zentral die Thematik der Liebe zur Welt für Arendts Gesamtwerk war; s. Elisabeth Young-Bruehl, *Hannah Arendt. Leben, Werk und Zeit*, Frankfurt/M. 1991.

Rahel Jaeggi zeigt, wie sich Arendts Theorie des Handelns mit marxistischen Anliegen verknüpfen lässt; vgl.: Rahel Jaeggi, *Welt und Person. Zum anthropologischen Hintergrund der Gesellschaftskritik bei Hannah Arendt*, Berlin 1997; einen arendtianischen Feminismus entwickelt Linda Zerilli, vgl. Linda Zerilli, *Feminismus und der Abgrund der Freiheit*, Wien 2010.

Das *die-in* als Form zivilen Ungehorsams diskutiere ich

ausführlicher in: »Vorgriff mit Nachdruck. Zu den queeren Bedingungen zivilen Ungehorsams«, S. 117-130 in: Friedrich Burschel et al. (Hrsg.), *Ungehorsam! Disobedience! Theorie und Praxis kollektiver Regelverstösse*, Münster 2014.

Zur allgemeinen Theorie gewaltfreien Widerstands s.: Judith Butler, *The Force of Nonviolence*, London 2020.

REVOLUTION

»*… O Fortuna …*« Günter Bernt (Hrsg.), *Carmina Burana.* Lateinisch/Deutsch, Stuttgart 2000, S. 32-33.

»*… keine wahren Besitztümer …*« Boethius, *Der Trost der Philosophie*, Frankfurt/M. 1997, S. 77.

»*… sich nicht mehr vergisst …*« Immanuel Kant, »Der Streit der Fakultäten«, in: ders., *Werkausgabe XI. Schriften zur Anthropologie, Geschichtsphilosophie, Politik und Pädagogik*, Frankfurt/M. 1977, S. 361.

»*… rebellischen Universalismus …*« Massimiliano Tomba, *Insurgent Universality: An Alternative Legacy of Modernity*, Oxford 2019, S. 20.

»*… proprietaristische Ideologie …*« Thomas Piketty, *Kapital und Ideologie*, München 2020, S. 164.

»*… Früher machten wir uns …*« Kate Tempest, *Brand New Ancients. Brandneue Klassiker*, Berlin 2017, S. 10-11.

»*… Interessen …*« Hannah Arendt, *Vita activa oder Vom tätigen Leben*, München 1981, S. 173.

»*… Rätebildungen …*« Hannah Arendt, *Über die Revolution*, München 2011, S. 327.

»*… von jedem Haufen …*« »Die Bundesordnung der oberschwäbischen Bauernhaufen vom 7. März 1525«, online abrufbar unter: http://www.bauernkriege.de/bundesordnung.html.

»… *Lokomotiven der Geschichte …*« Karl Marx, »Die Klassenkämpfe in Frankreich 1848-1850«, S. 64-94 in: *Marx-Engels-Werke Band 7*, Berlin 1960, S. 85.

»… *Notbremse …*« Walter Benjamin, *Gesammelte Schriften Band 1*, hrsg. v. Rolf Tiedemann und Hermann Schweppenhäuser, Frankfurt/M. 1991, S. 1232.

»… *anfangen zu verstehen …*« Frances Beal, »Double Jeopardy: To be Black and Female«, S. 19-34 in: Gale Lynch (Hrsg.), *Black Women's Manifesto*, New York 1969, S. 32.

»… *Das 21. Jahrhundert beginnt …*« Montserrat Galcerán Huguet, »The twenty-first-century begins: the right to live«, auf *transversal*, 03.2020; online abrufbar unter: https://transversal.at/blog/the-twenty-first-century-begins-the-right-to-live.

»… *Verbrechen gegen das Überleben …*« ebd.

»… *Wanderungen und Sommerlager …*« zit. nach: Andreas Malm, »In Wilderness is the Liberation of the World. On Maroon Economy and Partisan Nature«, S. 3-37 in: *Historical Materialism* 26:3, 2018, S. 26.

»… *Wunder des Handelns …*« Hannah Arendt, *Vita activa oder Vom tätigen Leben*, München 1981, S. 167.

Weiterführende Literatur

Zur Theorie der Revolution bin ich stark Bini Adamczaks Überlegungen verpflichtet, s. sowohl: *Der schönste Tag im Leben des Alexander Berkman. Vom womöglichen Gelingen der Russischen Revolution*, Münster 2017 als auch: *Beziehungsweise Revolution. 1917, 1968 und kommende*, Berlin 2017. Die Perspektive einer nichtsouveränen Revolution eröffnet auch Daniel Loick in *Kritik der Souveränität*, Frankfurt/M. 2012, S. 266-278.

Dass revolutionäres Handeln als radikale Sorgepraxis aufzufassen ist, demonstrieren Alexis P. Gumbs, China Martens und Mai'a Williams in ihrer Anthologie *Revolutionary Mothering. Love on the Front Lines*, Oakland 2016.

Eine umfassende Problematisierungen der entpolitisierenden Effekte, die die revolutionär errungenen subjektiven Rechte haben, leistet Christoph Menke in *Kritik der Rechte*, Berlin 2015.

Meine eigene Vorstellung einer langgezogenen Revolution aus den Zwischenräumen entwickele ich ausführlich in *Praxis und Revolution. Eine Sozialtheorie radikalen Wandels*, Frankfurt/M. 2018.

RETTEN (Leben)

»... *Tradition der Unterdrückten* ...« Walter Benjamin, »Über den Begriff der Geschichte«, S. 251-261 in: ders. *Illuminationen. Ausgewählte Schriften 1*, Frankfurt/M. 1977, S. 254.

»... *Verunmöglichung von Atmen* ...« Vanessa Thompson, »Black Feminism«, Beitrag zum Glossar *Kritische Theorie in der Pandemie*, produziert vom Frankfurter Arbeitskreis, 29. März 2020, online abrufbar unter: https://www.youtube.com/watch?v=lkLpkLCYF74.

»... *Nachleben des Eigentums* ...« Saidiya Hartmann, »Venus in Two Acts«, 1-14 in: *Small Axe. A Caribbean Journal of Criticism*, 2007, S. 13.

»... *mein Bruder* ...« Patrisse Khan-Cullors und asha bandele, *#BlackLivesMatter. Eine Geschichte vom Überleben*, Köln 2018, S. 223.

»… *Wahlfamilien …*« ebd., S. 96.
»… *[I]n den Treffen …*« ebd., S. 216 - 217.
»… *Atmet unsere Möglichkeiten ein …*« Unicorn Riot, *The Path Forward: Community Members with Minneapolis City Council Members,* Videomitschnitt, online abrufbar unter: https://www.youtube.com/watch?v=qpo5xQdJxQQ
»… *Wenn schwarze Frauen frei wären …*« Combahee River Collective, »Combahee River Collective Statement«, online abrufbar unter: https://combaheerivercollective.weebly.com/the-combahee-river-collective-statement.html
»… *Where life is precious …*« Rachel Kushner, »Is Prison Necessary? Ruth Wilson Gilmore Might Change Your Mind« in: *New York Times,* 17. April 2019.
»… *des nationalstaatlichen Prinzips …*« Hannah Arendt, *Elemente und Ursprünge totaler Herrschaft,* München 1986, S. 430.
»… *Recht auf Rechte …*«ebd., S. 465.
»… *diese Hilferufe …*« Lorenzo Tondo, »Sicilian fishermen risk prison to rescue migrants: ›no human would turn away‹«, in *The Guardian,* 3. August 2019; online abrufbar unter: https://www.theguardian.com/world/2019/aug/03/sicilian-fishermen-risk-prison-to-rescue-migrants-off-libya-italy-salvini.
»… *das nackte biologische Leben …*« Giorgio Agamben, »Wir sollten uns weniger sorgen und mehr denken«, Gastbeitrag in der *Neuen Zürcher Zeitung,* 7. April 2020; online abrufbar unter: https://www.nzz.ch/feuilleton/giorgio-agamben-zur-coronakrise-wir-sollten-uns-weniger-sorgen-und-mehr-nachdenken-ld.1550672.
»… *Lasst euch nicht verführen …*« Bertolt Brecht, *Große kommentierte Berliner und Frankfurter Ausgabe. Band 11,* hrsg. v. Jan Knopf et al., Frankfurt/M. 1988, S. 116.

»… *allein eine Tyrannei …*« Giorgio Agamben, »Wir sollten uns weniger sorgen und mehr denken«, Gastbeitrag in der *Neuen Zürcher Zeitung*, 7. April 2020.
»… *Naturzustand …*« Thomas Hobbes, *Leviathan*, Stuttgart 2010, S. 113 - 119.
»… *werden die Menschen zum Material*« Max Horkheimer u. Theodor W. Adorno, *Dialektik der Aufklärung*, Frankfurt/M. 2012, S. 94.
»… *wie Pilze …*« Thomas Hobbes, *De Cive. Vom Bürger. Lateinisch/Deutsch*, Stuttgart 2017, S. 293.
»… *Pestordnung einen neuen Typus …*« Michel Foucault, *Überwachen und Strafen. Die Geburt des Gefängnisses*, Frankfurt/M. 1994, S. 253 - 255.
»… *Ensemble biomolekularer …*« Paul B. Preciado, »Vom Virus lernen«, online abrufbar unter: https://www.hebbel-am-ufer.de/hau3000/vom-virus-lernen/.
»… *Hochziehen von Mauern …*« Wendy Brown, *Mauern: Die neue Abschottung und der Niedergang der Souveränität*, Berlin 2018.
»… *wie durch ein Fenster …*« Laboratorio Occupato Morion, »Packt den Giftsalber! Oder: die Rückkehr der Schandsäule in Zeiten der digitalen Quarantäne«, auf *tranversal*, März 2020; online abrufbar unter: https://transversal.at/transversal/0420/laboratoriooccupatomorion/de.
»… *Quarantänemaßnahmen und Frontex …*« Zeynep Gambetti, »Confinement«, Beitrag zum Glossar *Kritische Theorie in der Pandemie*, produziert vom Frankfurter Arbeitskreis, 29. März 2020, online abrufbar unter: https://www.youtube.com/watch?v=MhN7ugkkTw8.
»… *Anfälligkeit für den vorzeitigen Tod …*« Ruth Wilson Gilmore, *Golden Gulag: Prisons, Surplus, Crisis, and Opposition in Globalizing California*, Berkeley 2007, S. 28.
»… *uralte Leute umzubringen …*« Theodor W. Adorno,

Minima Moralia. Reflektionen aus dem beschädigten Leben, Frankfurt/M. 2001, S. 21.

Weiterführende Literatur

Einen guten Einblick in den abolitionistischen Debattenstand in den USA gibt Amna A. Akbar in *The New York Review of Books*: »How Defund and Disband became the Demands«, 15. Juni 2020; online abrufbar unter: https://www.nybooks.com/daily/2020/06/15/how-defund-and-disband-became-the-demands/. Weitere Dokumente und Informationen bietet die Website der abolitionistischen Gruppe Critical Resistance: http://criticalresistance.org/.

Grundtexte der Polizeikritik sowie neuere Studien zum deutschsprachigen Raum sind versammelt in: Daniel Loick (Hrsg.), *Kritik der Polizei*, Frankfurt/M. 2018. Einen Fokus auf die Praxis des *racial profiling* besonders in der Schweiz bieten: Mohamed Wa Baile, Serena O. Dankwa, Tarek Naguib, Patricia Purtschert und Sarah Schilliger (Hrsg.), *Racial Profiling. Struktureller Rassismus und antirassistischer Widerstand*, Bielefeld 2019.

Einen ausführlichen Kommentar zur Lage an den europäischen Außengrenzen bietet: Jean Ziegler, *Die Schande Europas. Von Flüchtlingen und Menschenrechten*, München 2020.

REGENERIEREN (Arbeit)

»*… andere Arbeit …*« Lea-Riccarda Prix, *Die andere Arbeit*. Im Entstehen begriffene Dissertationsschrift an der Humboldt-Universität zu Berlin. Es ist nicht zu viel gesagt, wenn ich bekenne, dass dieses ganze Buch im engen Austausch mit Lea entstanden ist – auch wenn der Austausch während der eigentlichen Schreibphase weitgehend telepathisch war.

»... *durch die Tat sich dessen beraubt* ...« Bundesgerichtshof, »Urteil vom 29. Oktober 2008«, Aktenzeichen 2StR 349/08, S. 7.

»... *Botschaft des Besitztums* ...« Rita L. Segato, »A Manifesto in Four Themes«, S. 198-211 in *Critical Times* 1:1, 2018; sowie auf Deutsch folgendes Interview: Rita L. Segato, »Häretikerin des Patriarchats«, online abrufbar unter: https://www.medico.de/haeretikerin-des-patriarchats-17529/.

»... *organische Intellektuelle* ...« Antonio Gramsci, *Gefängnis-Hefte: Hefte 12 bis 15*, hrsg. v. Klaus Bochmann, Hamburg 2012, H. 12, § 1.

»... *das Geräusch von Schwingungen* ...« Verónica Gago, »The Earth Trembles«, S. 158-177 in *Critical Times* 1:1, 2018, S. 159.

»... *solidarisch ist, wer* ...« Bini Adamczak, »Vielsamkeit eines ausschweifenden Zusammenhangs«, online abrufbar unter: https://www.medico.de/vielsamkeit-eines-ausschweifenden-zusammenhangs-17578/.

»... *If I can't dance* ...« Aufnahme von Audre Lorde, s. http://audrelordeberlin.com/de/?marker=76; s. auch: Dagmar Schultz, *Audre Lorde: the Berlin Years, 1984 to 1992*, Dokumentarfilm 2012.

»... *Der Generalstreik* ...« Gustav Landauer, »Das erste Flugblatt: Was will der Sozialistische Bund (Oktober 1908)«, S. 130-134 in: ders., *Antipolitik. Ausgewählte Schriften Band 3.1*, hrsg. v. Siegbert Wolf, S. 132-133.

»... *Forschungsinstrument* ...« Verónica Gago, *8 Thesen zur Feministischen Revolution. Impulse aus Argentinien, wo alles begann*, 31, online abrufbar unter: https://

www.rosalux.de/fileadmin/rls_uploads/pdfs/sonst_publikationen/8_Thesen-Feminist-Revolution_Gago.pdf.

»… *Wie streikst Du?* …« Verónica Gago, »#WeStrike. Notes Towards a Political Theory of the Feminist Strike«, S. 660-669 in: *The South Atlantic Quarterly* 117:3, 2018, S. 664.

»… *wie eine breite Meereswoge* …« Rosa Luxemburg, »Massenstreik, Partei und Gewerkschaft (1906)«, online abrufbar unter: https://www.marxists.org/deutsch/archiv/luxemburg/1906/mapage/kap4.htm.

»… *so far from the sea* …« Laura Theis, »The Ocean Is Nobody's Bitch«, *Badass Snow White*, Oxford 2016.

»… *verstreut unter den Männern* …« Simone de Beauvoir, *Das andere Geschlecht*, Hamburg 2009, S. 15.

»… *my grandmother was a siren* …« Laura Theis, »The Ocean Is Nobody's Bitch«, *Badass Snow White*, Oxford 2016.

»… *Indigene, Migrantinnen, Alte* …« Frauen aus Lateinamerika, »8. März: Manifest des Internationalen Frauenstreiks aus Lateinamerika«, online abrufbar unter: https://amerika21.de/dokument/196483/8-maerz-manifest-frauenstreik.

»… *Differenz* …« Audre Lorde; *Sister Outsider. Essays and Speeches*, Berkeley 2007, S. 111.

»… *Kognitionsforschung* …« Michael Tomasello, *A Natural History of Human Thinking*, Cambridge Mass. 2014, S. 96-97.

»… *Reisegesellschaften* …« Peter Kropotkin, *Gegenseitige Hilfe in der Tier- und Menschenwelt*, Leipzig 1908, S. 156; Gustav Landauer, *Die Revolution*, Leipzig 1907, S. 49.

»… *Gesetzt, wir hätten als Menschen produziert* …« Karl Marx, »Auszüge aus James Mills Buch …«,

S. 443-463 in: *Marx-Engels-Werke Band 40*, Berlin 2012, S. 462-463.

»... *Ich hätte 1.* ...« ebd.

»... *2. in deinem Genuß* ...« ebd.

»... *3. für dich der Mittler* ...« ebd.

»... *4. in meiner individuellen* ...« ebd.

»... *ebenso viele Spiegel* ...« ebd.

»... *Sie gibt mehr* ...« Hélène Cixous, »Das Lachen der Medusa«, S. 39-61 in: Esther Hutfless et al. (Hrsg.), *Hélène Cixous. Das Lachen der Medusa zusammen mit aktuellen Beiträgen*, S. 59-60.

»... *das Mehr ebenso das Minder* ...« Luce Irigaray, *Das Geschlecht, das nicht eins ist*, Berlin 1979, S. 203.

»... *liberty machine* ...« Jason Lemon, »Georgia Republican Candidate Promises to Give Away AR-15 Gun to Protect Against ›Looting hordes‹«, 8. April 2020; online abrufbar unter: https://paulbroun.com/articles/georgia-republican-candidate-promises-to-give-away-ar15-gun-to-protect-against-looting-hordes.

»... *Childism* ...« Elisabeth Young-Bruehl, *Childism. Confronting Prejudice Against Children*, New Haven 2012, S. 7 und 27-29.

»... *alter See* ...« Als »alte See« bezeichnet man hohen Seegang, der von bereits abgeklungenen Winden herrührt und deshalb oft besonders gefährlich und schwer einzuschätzen ist.

»... *Aminotechnik* ...« Sophie Lewis, *Full Surrogacy Now. Feminism Against the Family*, London 2019, S. 163.

»... *Amnion* ...« ebd.

Weiterführende Literatur

Für die aktuelle feministische Debatte im deutschsprachigen Raum empfehle ich Margarete Stokowskis Klassiker *Untenrum frei,* Hamburg 2016.

Eine ausführlichere Dokumentation von NiUnaMenos und der Frauenstreikbewegung findet sich in: Raquel Gutiérrez Aguilar et al., *8M – Der große feministische Streik,* Wien 2018.

Über kriminelle Gewalt an Frauen in Deutschland schreibt Christina Klemm; vgl. dies., *AktenEinsicht. Geschichten von Frauen und Gewalt,* München 2020.

Eine ausgesprochen zugängliche Darstellung der Grundidee solidarischer Produktion gibt Bini Adamczak in ihrem »Kinderkommunismus«: dies., *Kommunismus. Kleine Geschichte, wie endlich alles anders wird,* Münster 2014.

TEILEN (Güter)

»*… Gesellschaftliches Eigentum …*« Sabine Nuss, *Keine Enteignung ist auch keine Lösung,* Berlin 2019, S. 125.

»*… Sprecht über …*« Ende Gelände, »Bezugsgruppen-Checkliste (Stand 28. Mai 2019)«, online abrufbar unter: https://www.ende-gelaende.org/wp-content/uploads/2018/09/Bezugsgruppen-Checkliste2019.pdf.

»*… Bedürfnisse insgesamt …*« Simone Weil, »Studie für eine Erklärung der Pflichten gegen das menschliche Wesen«, S. 74-85 in: dies., *Zeugnis für das Gute,* Zürich 1998, S. 80.

»*… Aktionen die Blüten …*« Klima AG der Interventionistischen Linken Berlin (Hrsg.), *Solidarity will win. Alles eine Frage der Organisierung,* Berlin ohne Datum, S. 4.

»... *In der Alltagssprache* ...« Emanuele Coccia, *Die Wurzeln der Welt*, München 2018, S. 104-105.
»... *Eumeniden* ...« Bernd Seidensticker (Hrsg.): *Die Orestie des Aischylos*. München 1997, S. 157.
»... *geregelten Arbeit* ...« Strafgesetzbuch der Deutschen Demokratischen Republik, Berlin 1978, § 249.
»... *zweite erste Gabe* ...« Paul Ricœur, *Wege der Anerkennung. Erkennen, Wiedererkennen, Anerkanntsein*, Frankfurt/M. 2003, S. 293.
»... *Donner le depart* ...« Hélène Cixous, »Le sexe ou la tête«, S. 5-15 in: *Les Cahiers du GRIF 13*, 1976, S. 14.
»... *Hausfrauenrat* ...« Dania Alasti, *Frauen in der Novemberrevolution. Kontinuitäten des Vergessens*, Münster 2018, S. 78.

Weiterführende Literatur

Über die internationale Klimagerechtigkeitsbewegung gibt einen guten Überblick: Rosa-Luxemburg-Stiftung (Hrsg.): *maldekstra#7. Globale Perspektiven von links: Das Auslandsjournal*, Berlin März 2020.
Eine weitreichende Verteidigung von Plünderungen im Zuge politischer Proteste leistet: Vicky Osterweil, *In Defense of Looting. A Riotous History of Uncivil Action*, New York 2020.
Die Möglichkeiten einer kybernetischen Planwirtschaft durchdenkt dieser im Erscheinen begriffene Sammelband: Timo Daum und Sabine Nuss (Hrsg.), *Take back control. Jenseits des digitalen Kapitalismus*, Berlin 2020.

PFLEGEN (Eigentum)

»… *Ent-setzung* …« Daniel Loick, *Kritik der Souveränität*, Frankfurt/M. 2012, S. 215.

»… *für mich als Nishnaabekwe* …« Leanne Betasamosake Simpson, *As We Have Always Done. Indigenous Freedom Through Radical Resistance*, Minneapolis 2017, S. 25.

»… *Als ein Volk, das* …« zit. nach »Dakota Access Pipeline protests«, auf Wikipedia. The Free Encyclopedia, online abrufbar unter; https://www.youtube.com/watch?v=OLiuaxgz-DY.

»… *nationalen Opferstätte* …« »Power Moves Through People. An Interview with Nick Estes«, auf *Los Angeles Review of Books*, 15. März 2019, online abrufbar unter: https://lareviewofbooks.org/article/power-moves-through-people-an-interview-with-nick-estes/.

»… *hundertmal produktiver* …« John Locke, *Zweite Abhandlung über die Regierung*, Frankfurt/M. 2007, S. 41.

»… *kein flauschiges* …« zit. nach Sophie Lewis, *Full Surrogacy Now. Feminism Against the Family*, London 2019, S. 163.

»… *seit fünfhundert Jahren* …« vgl.: Unicorn Riot, *Black Snake Killaz. A #NoDAPL Story* (2017), Dokumentarfilm, online abrufbar unter: https://www.youtube.com/watch?v=OLiuaxgz-DY.

»… *Hunderte von Jahren* …« Leanne Betasamosake Simpson, *As We Have Always Done. Indigenous Freedom Through Radical Resistance*, Minneapolis 2017, S. 73.

»… *Tausende und Abertausende* …« ebd.

»… *ohne Demarkationslinien geschaffen* …« Chief Joseph, »An Indian View of Indian Affairs«, in: Isaac Kramnick und Theodore Lowi (Hrsg), *American Political Thought: A Norton Anthology*, New York 2009, S. 941.

»… *[U]nsere Existenz war immer international …*« Leanne Betasamosake Simpson, *As We Have Always Done. Indigenous Freedom Through Radical Resistance,* Minneapolis 2017, S. 56.

»… *einer Karte der Verluste …*« ebd., S. 14-15.

»… *Atlas …*« U.A. Fanthorpe, *Collected Poems,* Norwich 2015, S. 340.

»… *Bibelzitat …*« Deutsche Bibelgesellschaft (Hrsg.), *Biblia Sacra Vulgata,* Apostelgeschichte 2,44 und 4,32; online abrufbar unter: https://www.bibelwissenschaft.de/online-bibeln/biblia-sacra-vulgata/lesen-im-bibeltext/bibelstelle/Apostelgeschichte %204%2C32/bibel/text/lesen/ch/051d20f78209ddd838ffc62da 3e970ed/.

»… *alle creaturen zum aygenthumb*« zit. nach: Friedemann Stengel, »Omnia sunt communia. Gütergemeinschaft bei Thomas Müntzer?«, S. 133-174 in: *Archiv für Reformationsgeschichte 102,* 2011, S. 149.

»… *gegen den Besitz …*« Gustav Landauer, *Dichter, Ketzer, Aussenseiter. Essays und Reden zu Literatur, Philosophie, Judentum. Werkausgabe Band 3,* hrsg. v. Hanna Delf und Gert Mattenklott, Berlin 1997, S. 101.

»… *Weltinnenraum …*« Rainer Maria Rilke, »Es winkt zur Fühlung fast aus allen Dingen …«, S. 878-879 in: ders. *Die Gedichte,* Leipzig 1998, S. 879.

Weiterführende Literatur

Eine ausführliche Analyse der Dakota-Pipeline-Proteste leistet: Nick Estes, *Our History is the Future: Standing Rock Versus the Dakota Access Pipeline, and the Long Tradition of Indigenous Resistance,* London 2019.

Robert Nichols zeigt, wie sich die Kritik an kolonialer

Enteignung systematisch zum Ausgangspunkt kritischer Theorie nehmen lässt: ders., *Theft is Property! Dispossession and Critical Theory*, Durham 2020.

Die Übertragung von alternativen Landbau-Praktiken in den Kontext der Schwarzen Befreiungsbewegung leistet: Leah Penniman, *Farming While Black. Soul Fire Farm's Practical Guide to Liberation on the Land*, White River Junction 2018.

Und schließlich verdanke ich meiner Schwester unzählige Einsichten über die Möglichkeiten bäuerlicher Widerstandspraxis, einige davon lassen sich hier nachlesen: Sophie von Redecker und Christian Herzig, »The Peasant Way of a More than Radical Democracy: The Case of La Via Campesina«, in: *The Journal of Business Ethics* 2020.